범한대역

바가바드 기타

길희성 "종교와 영성 연구" 전집 8

범한대역 바가바드 기타

2022년 4월 15일 처음 펴냄

옮긴이 | 길희성
펴낸이 | 김영호
펴낸곳 | 도서출판 동연
등 록 | 제1-1383호(1992. 6. 12)
주 소 | 서울시 마포구 월드컵로 163-3
전 화 | (02)335-2630
전 송 | (02)335-2640
이메일 | yh4321@gmail.com
블로그 | https://blog.naver.com/dong-yeon-press

ISBN 978-89-6447-708-3 94150
ISBN 978-89-6447-700-7 (전집)

길희성 "종교와 영성 연구" 전집 8

범한대역

바가바드 기타

श्रीमद्भगवद्गीता

Bhagavad-Gītā

| **길희성** 역주 |

동연

전집 발간에 즈음하여

며칠 전 세브란스 병원에서 건강검사를 마치고 집으로 돌아오는 길에 차 안에서 동연 출판사 김영호 사장과 전화 통화를 할 기회가 있었다. 마침 그분도 세브란스 병원에 입원 중이라는 말을 듣고 깜짝 놀랐다. 다시 한번 생로병사의 고통을 말씀하시면서 인생의 지혜를 일깨워 주셨던 부처님의 말씀이 생각났다. 사실, 입원이 여의치 않아 거의 뜬눈으로 병실에서 검사를 기다리며 지내다 보니, 온통 환자들과 가운을 입은 의료진만을 볼 수밖에 없었다. 그러다 보니 내가 산 지난날의 모습을 회상하게 되었다. 지금은 근 80년을 산 셈이니, 이제 흙 속에 묻혀도 여한이 없겠다는 생각, 세상에는 몸이 아파 고통을 받는 사람이 너무 많구나 하는 생각이 새삼스럽게 들었고, 하느님께서 나의 삶을 비교적 순탄케 이끌어 주셨구나 하고 감사하는 마음도 절로 생겼다. 무엇보다도 병마에 고통스러워서 소리를 지르는 사람들을 보면서, 병마의 고통을 간접적으로나마 느껴보는 것도 그리 나쁘지 않은 경험이라는 생각이 들어, 내가 그동안 받은 많은 복을 너무 당연시하며 철없는 삶을 살았다는 반성도 하게 되었다.

여하튼 김영호 사장님의 쾌차를 빌면서 대화를 마쳤다. 그동안 나의 부족한 책들을 내시느라 노고가 많았던 분도, 소나무, 세창, 서울대학교출판부, 민음사 그리고 철학과현실사 등의 사장님들과 편집진에게 깊이 감사한다. 특히 애써 만들어 출판한 책을 이번 전집에 포함시킬 수 있도록 흔쾌히 동의해 주신 너그러우심에 대해

감사하지 않을 수 없다. 아무쪼록 이 너그러움과 어려운 여건 속에서도 저의 책을 사랑하는 마음으로 전집 발간을 해주시는 동연의 김영호 사장님의 용단이 합하여, 우리나라의 열악한 출판계와 학계의 발전에 큰 기여가 되기를 기대한다.

전집 발간을 계기로 그동안 출판한 책들과 글들을 모두 다시 한 번 읽어 보게 됨에 따라 눈에 띄는 오자, 탈자를 바로잡았다. 또 불가피한 경우에는 약간의 수정을 가하거나 아예 새 문장/문단으로 대체하기도 했다. 전집 발간은 자서전 쓰는 것과 유사하다. 자기가 쓴 글이라도 마음에 드는 글과 안 드는 글이 있기 마련이지만, 마치 정직한 자서전을 쓰는 사람이 자기가 살면서 저지른 잘못된 행동을 감추어서는 안 되듯이, 전집을 내는 것도 이제 와서 자기 마음에 안 든다고 함부로 누락시킬 수 없다. 이런 점에서 자서전과 전집은 정직을 요한다.

지금까지 자기가 쓴 줄도 모르고 있던 글도 있고, 자기 뜻과는 다른 논지를 편 글도 있을 수 있지만, 할 수 있는 대로 다 전집에 담으려 했다. 그러다 보니 전집의 부피가 커질 수밖에 없고, 마음에 안 드는 글은 빼려 하니 독자들을 속이는 것 같았다. 고심 끝에 양극단을 피하려 했지만, 결과는 만족스럽지 못했고, 결국 후학들이나 독자들의 판단에 맡기게 되었으니, 너그러운 양해를 구한다.

참고로, 현재까지 나온 책 9권과 앞으로 출판을 계획하고 있는 책 18권과 나머지 10권가량—아직도 공저 4권과 종교학 고전 번역서 3권을 전집에 포함시킬지 여부를 결정하지 못하고 있다—의 이름들은 다음과 같다는 점을 알려 드린다.

종교와 영성 연구 전집 (총 27권: 잠정적)

1. 『종교 10강 - 종교에 대해 많이 묻는 질문들』
2. 『종교에서 영성으로 - 탈종교 시대의 열린 종교 이야기』
3. 『아직도 교회 다니십니까? - 탈종교 시대의 그리스도교 신앙』
4. 『지눌의 선 사상』
5. 『일본의 정토 사상 : 신란의 절대 타력 신앙』
6. 『마이스터 에크하르트의 영성사상』
7. 『인도 철학사』
8. 길희성 역주, 『범한대역 바가바드 기타』
9. 『보살예수: 불교와 그리스도교의 창조적 만남』
10. 『포스트모던 사회와 열린 종교』 (이하 출간 예정)
11. 『신앙과 이성 사이에서』
12. 『인문학의 길: 소외를 넘어』
13-15. 『불교 연구』 1 · 2 · 3
16-18. 『영성 연구』 1 · 2 · 3

공저

19. 길희성, 김승혜 공저 『선불교와 그리스도교』(바오로딸, 1996)
20. 길희성 외 3인 공저, 『풀어보는 동양사상』(철학과현실사, 1999)
21. 길희성 외 3인 공저, 『전통, 근대, 탈근대의 철학적 조명』(철학과현실사, 1999)
22. 길희성, 류제동, 정경일 공저, 『일본의 종교문화와 비판불교』(대한민국학술원, 2017)

종교학 고전 번역

23. 루돌프 옷토, 『성스러움의 의미』, 길희성 역(분도출판사, 1987)
24. 윌프레드 캔트웰 스미스, 『의미와 목적』, 길희성 역(분도출판사, 1991)
25. 게르하르드 반델레우, 『종교현상학』, 길희성, 손봉호 공역(분도출판사, 199?)

기타

26. 『대담 및 단상』
27. 『영적 휴머니즘』(증보개정판, 동연, 2022)

차 례

『바가바드 기타』에 대해서

인도의 '위대한 영혼'(mahātma) 간디는 영국 유학 시절 에드윈 아놀드 경의 『바가바드 기타』 영문 번역서 *The Song Celestial*을 읽고서 큰 감명을 받고 이 인도 고전을 평생 자기 삶의 확고한 지침서로 삼았다고 한다. "『기타』는 나의 행동의 틀림없는 안내자가 되었으며, 모르는 영어 단어를 영어 사전에서 찾아보듯이 나는 나의 모든 어려움과 시련을 해결하기 위해 이 행동의 사전을 찾아보았다"고 간디는 그의 자서전에서 고백하고 있다. 그는 또 다음과 같이도 말했다.

> 나는 산상수훈에서조차 얻을 수 없는 위로를 『바가바드 기타』에서 발견한다. 실망이 나를 직시할 때, 그리고 외로이 한 줄기 빛도 보지 못할 때, 나는 『바가바드 기타』로 돌아간다. 나는 이 구절 저 구절을 찾아보며, 나를 압도하는 비극들 — 나의 삶은 외적 위기들로 가득 차 왔다 — 속에서도 즉시 미소를 짓기 시작한다. 그런 비극들이 나에게 눈에 보이는 지울 수 없는 상처를 하나도 남기지 않았다면, 그것은 전적으로 『바가바드 기타』의 가르침 덕택이다.[1]

이 고전이 지니는 힘과 영향력은 간디뿐 아니라 틸라크(B.G. Tilak), 오로빈도(Aurobindo), 비노바 바베(Vinoba Bhave), 라다크리슈난(S. Radhakrisnhan) 등 수많은 현대 인도 사상가와 정치 지도

1 M. K. Gandhi, *Young India*(1925), 1078-79쪽; Radhakrishnan 역, *The Bhagavadgītā*, 10쪽에서 재인용.

자에게도 마찬가지로 강했다. 사실『바가바드 기타』가 힌두교를 대표하다시피 하는 대중적 경전이 된 것은 19세기의 이른바 힌두 르네상스(Hindu Renaissance)에 힘입은 바가 크다. 영국의 오랜 식민 통치는 인도 지식인들에게 정치적 저항과 독립 의식을 고취했을 뿐 아니라 종교적-문화적 각성도 가져왔다. 특히 영국 선교사들을 통해 전해진 기독교와의 접촉은 인도 지식인들의 힌두교 이해와 개혁 운동에 지대한 영향을 끼쳤다. 힌두 지도자들은 처음에는 선교사들의 공격적 선교에 대해 방어적 자세를 취했지만, 시간이 지나면서 기독교가 서구에서도 많은 지식인들에 의해서 비판받는다는 사실을 깨달았다. 그들은 따라서 기독교와 서구 문명을 무조건 동일시하던 견해에서 벗어나 자신들의 고유한 종교인 힌두교 사상의 강점을 새롭게 의식하게 되었다. 힌두교를 비판과 개혁의 대상으로만 보던 부정적 시각을 버리고 그들은 오히려 서구 세계를 향해 힌두교 철학과 종교 사상이 지닌 장점과 매력을 적극적으로 천명하고 전파하기에 이르렀다.

이러한 변화에 누구보다도 핵심적 역할을 한 사람은 유명한 비베카난다(Vivekānanda. 1863~1902)였으며, 그의 사상 역시『바가바드 기타』없이는 생각하기 어렵다. 단적으로 말해서, 현대 힌두교를 만든 것은 바로『바가바드 기타』라 해도 과언이 아니다. 현대 힌두교 개혁가들에게 자신들의 종교 전통에 자긍심을 불어넣고 그들의 정신적 정체성 형성에 주춧돌로 작용한 책, 그리하여 힌두교의 바이블처럼 숭앙받는 책이 이 고전이기 때문이다. 이러한 사정에 힘입어『기타』는 현대 인도인뿐 아니라 전 세계 지식인과 종교인의 사랑을 받는 고전이 되었다.

그렇다고『기타』가 단지 현대 인도에 들어와서 비로소 부각된 책이라는 말은 아니다. 『기타』는 이미 힌두교 전통의 형성에 깊이 작용해 온 주요 경전 가운데 하나이다. 힌두교의 가장 권위 있는 경전은 물론 4종 베다(Veda)이며, 베다는 단지 인간의 저작이 아니라 신들의 계시(śruti)로 숭앙받고 있다. 특히 각 베다의 끝부분에 있다 하여 베단타(Vedānta)라는 별칭으로도 불리는 우파니샤드(Upaniṣad)들에 담긴 종교적·철학적 사상의 영향은 지대하다.

인도에는 전통적으로 힌두교 정통 사상을 대표하는 여섯 개의 철학학파(darśana)가 있는데, 그 가운데서 가장 권위 있고 영향력 있는 학파는 바로 이 우파니샤드 사상에 기초한 베단타(Vedānta) 학파이다. 이 학파는 우파니샤드들과 그 사상을 요약한 경전인 『브라마경』(Brahma-sūtra. Vedānta-sūtra라고도 불림) 그리고 『바가바드 기타』를 삼대 소의경전(所依經典)으로 삼고 있다. 이 세 경전을 어떻게 해석하는가에 따라 철학적, 신학적 입장을 달리하는 여러 베단타 학파가 형성되었으며, 이들은 인도 철학사상의 주류를 형성해 왔다. 그 가운데서도 8세기경에 이른바 불이론적(不二論)적 베단타(Advaita Vedānta) 사상을 정립한 샹카라(Śaṅkara)와 11세기에 한정불이론(限定不二論)적 베단타(Viśiṣṭādvaita Vedānta) 사상을 정립한 라마누자(Rāmānuja)의 영향이 가장 컸으며, 『기타』는 전통적으로 이 두 철학자가 남긴 주석서를 통해 이해되어왔다.

『바가바드 기타』(Bhagavadgītā)는 문자 그대로 '존귀한 자(bhagavat)의 노래(gītā)'라는 뜻으로, '존귀한 자' 혹은 '지존'은 힌두교에서 가장 친근한 대중적 신앙의 대상인 비슈누(Viṣṇu)의 화신(avatāra)으로 간주되는 크리슈나(Kṛṣṇa)를 가리키며, '노래'는 그의 가르침을 비유하는 말이다. 따라서 경건한 힌두교 신자들에게 『기타』는 단지 인간의 가르침이 아니라 최고 신, 즉 주님(Īśvara)의 계시와 같은 가르침이 담겨 있는 성스러운 경전이다.

문헌으로서의 『기타』는 본래 인도의 유명한 대서사시 『마하바라타』(Mahābharata)의 제6권(Bhīṣmpārvan)에 속해 있다. 『기타』를 이해하기 위해서 우리는 우선 이 대서사시의 뼈대가 되는 이야기의 줄거리를 대강 이해할 필요가 있다.

하스티나푸라(Hastināpura)에 자리 잡은 쿠루(Kuru) 족의 왕권은 드르타라슈트라(Dhṛtarāṣṭra)에게 계승되었다. 그러나 그는 장님이었고 쿠루 족 관례에 따라 통치자가 될 수 없었다. 그리하여 그의 동생 판두(Pāṇḍu)가 왕이 될 처지가 되었다. 그러나 판두는 저주를 받아 곧 왕국을 포기하고 드르타라슈트라를 왕좌에 남겨둔 채 그의 두 아내와 함께 은둔자로서 히말라야에 은거했다. 판두가 죽었을 때 그의 다섯 아들, 즉 유디스티라(Yudhiṣṭira), 브히마(Bhīma), 아르주나(Arjuna), 나쿨라(Nakula) 그리고 사하데바(Sahadeva)는 아직 어렸다. 따라서 그들은 드르타라슈트라의 아들 100명과 함께 교육을 받기 위해 하스티나푸라로 되돌려 보내졌다. 유디스티라가 성년이 되었을 때 그는 정식 후계자(법적 상속인)로 책봉되었다. 드르타라슈트라의 아들들은 아버지가 장님이었고 그의 통치가 임시적이었기 때문에 원칙적으로 왕권 후계자가 되지 못하는 입장에 있었다. 그러나 그들은 장남 두료다나(Duryodhana)의 주도 아래 판두의 아들 형제들에게 적개심을 품고 해칠 음모를 꾸몄다. 5형제는 생명을 위협하는 수많은 음모를 모면한 후 나라를 떠나기로 결심했다. 그들은 풍운아로 이곳저곳 왕들의 궁궐들을 돌아다녔다. 그러다가 판찰라(Pañcāla) 족의 왕이 있는 궁궐에서 남편 선택 대회가 열리자 셋째인 아르주나가 대회에서 드라우파디(Draupadī)를 아내로 얻게 되었다. 드라우파디는 다툼을 피하기 위해서 5형제 모두의 처가 되었다. 그곳에서 5형제는 그들의 위대한 친구이자 조력자인 야다바(Yādava) 족의 족장 크리슈나를 만난다. 이런 일이 있은 후 장님인 드르타라슈트라는 곧 그들을 다시 불러들이고 자신은 왕좌에서 물러나 5형제와 자기 아들들에게 왕국을 분할해 주었다. 5형제는 현재의 델리(Delhī)에서 멀지 않은 인드라프라스타(Indraprastha)에 새로운 도읍을 세웠다. 그러나 드르타라슈트라의 아들들은 이러한 해결에 만족하지 않았다. 두료다나의 삼촌인 샤쿠니(Śakuni)는 주사위 놀이의 모든 비밀을 알고 있어서 두료다나는 그의 도움으로 유디스티라로부터 그의 형제들과 그들의 공동 처를 포함한 전 왕국을 얻게 되었다. 결국 타협이 이루어져 5형제와 드라우파디는 13년 동안 추방되어 살되 마지막 해에는 신분을 숨기고 지낸다는 데 동의했다. 이후 그들은 그들의 왕국을 돌려받기로 되어 있었다. 13년이 지나자 그들은 두료다나에게 자기들의 신분을 밝히고 약속에 따라 왕국을 돌려달라고 요구했다. 하지만 두료다나는 아무런 답변을 하지 않았다. 5형제는 전쟁 준비를 할 수밖에 없었다. 그들은 인도의 왕들 가운데 친구가 많았으므로 함께 거대한 군대를 모을 수 있었다. 한편 쿠루왕가(두료다나와 그의 형제들)도 군사력을 정비했다. 전 인도의 왕들, 심지어 그리스인, 박트리아인, 중국인까지도 이쪽이나 저쪽 편을 들어 두 거대한 군대가 쿠루 평원에 집결하게 되었다. 18일 동안 치열한 전투가 계속되었다. 드디어 전투는 막을 내리고 5형제와 크리슈나 외에 이렇다 할 만한 족장은 한 사람도 살아남지 못했다. 유디스티라는 왕위에 올라 그와 그의 형제들은 수년 동안 평화롭고 영화롭게 통치했다. 유디스티라는 왕좌에서 물러나 아르주나의 손자 파리크시트(Parikṣit)를 자리에 앉혔다. 5형제는 그들의 공동 처와 함께 도보로 히말라야로 떠나 그곳에서 수미산에 올라 신들의 도시로 들어갔다.[2]

『바가바드 기타』는 바로 이 결정적인 전투가 벌어지려는 순간 판두 5형제 가운데 셋째인 아르주나와 그의 전차장(戰車掌) 크리슈나 사이에 오고간 대화를 기록한 책이다. 정작 싸움터에 선 아르주나는 자신의 일가친족들과 친구, 집안 어른들과 옛 스승들이 적진에 포진한 것을 보고는 크게 낙담해서 차라리 자기가 죽으면 죽었지 저들을 상대로 해서 싸울 수는 없다면서 자리에 주저앉는다. 이에 그의 친구이자 전차장인 크리슈나가 그에게 무사(kṣatriya)로서의 의무(dharma)를 상기시키면서 결연히 일어나 싸우라고 설득한다. 이렇게 시작된 두 사람의 대화는 점차 크리슈나의 일방적 설교로 변해 가고 내용도 철학적 깊이를 더해 간다.

『바가바드 기타』의 사상

『기타』의 사상을 한마디로 요약한다면 바로 요가(yoga)에 있다고 말할 수 있다. 『기타』를 구성하는 18장은 각 장이 끝날 때마다 어떠어떠한 요가라고 주제를 표시하는데, 이것이 보여 주듯이 『기타』는 요가에 관한 책이라 해도 과언이 아니다. '요가'라는 단어는 『기타』에서 매우 다양한 의미로 사용된다. 그중에서도 가장 중요하면서도 일반적으로 쓰이는 의미는 정신 혹은 마음이 한 대상에 집중되어 산만하지 않고 제어된 상태를 가리킨다. 'yoga'라는 말은 범어

---

2 A. L. Basham, *The Wonder That Was India* (New York: Grove Press, 1959), 408쪽에서 옮김.

'yuj'라는 동사 어근에서 형성된 명사로서, 'yuj'는 말을 수레에 '붙잡아 매다', 소에 '멍에(yoke)를 매다', 어디에 무엇을 '붙이다', '접합하다', 장비 등을 '갖추다' 등의 뜻을 가지고 있으며, 나아가서 정신을 '집중하다', '통일하다', '제어하다'라는 의미도 있다. 『기타』에는 'yuj'의 수동과거분사인 'yukta'라는 단어가 매우 빈번히 나오는데, 이는 각종 욕망에 이끌려 흐트러지고 산란해진 마음이 하나의 대상에 고정되거나 집중함으로써 통일되고 '제어된' 상태를 가리킨다.

『기타』에 따르면 인간의 마음은 감각기관들이 대상들과 부단히 접촉하는 동안 여러 갈래로 갈리고 각종 욕망과 충동에 흔들리며 갈피를 잡지 못한다. 일상적인 인간의 마음이란, 말하자면 마구 날뛰는 난폭한 말이나 끝없이 출렁이는 물과 같기 때문이다. 이렇듯 산만한 마음을 극복하기 위해서는 우선 감각기관들을 대상들과의 접촉으로부터 차단하고, 분리시켜서 날뛰는 감각기관들을 그 우두머리 격인 마음(manas, 意根)[3]과 지성(buddhi, 知性)[4]으로 단단히 제어하고 고정시켜야만 한다. 그럼으로써 우리는 난무하는 감각기관들의 횡포와 거기서 발생하는 각종 욕망의 지배에서 벗어나 확고부동한 마음의 안정과 평화를 얻게 된다. 이러한 상태가 곧 『기타』가 말하는 '제어된'(yukta) 상태이며, 이러한 상태에 있는 사람을 『기타』는 가장 이상적인 인간으로 간주한다. 끝없는 욕망과 갈구의 갈등과 악순환, 대립과 혼란을 넘어서 평안(śānti)을 얻은 무욕의 사람이다.

이러한 사상의 배후에는 일정한 철학적 인간관이 전제되어 있다.

---

3 의근은 인도 철학에서 시각, 청각, 후각, 미각, 촉각의 5근과 달리 외부 대상을 상대로 하는 감각기관들이 아니라 이미지나 기억 같은 정신 현상들을 지각하는 내적 감각기관으로서, 여섯 번째 감각기관으로 간주된다. 흔히 '마음'이라고 번역하나 사실은 영어의 'mind'나 'soul'과 정확히 일치하지는 않는다. 내적 감각기관임을 강조하기 위해서 '의근'이라고 번역하기도 한다.

4 의근보다도 더 상위의 정신적 기능.

실제로 『기타』가 대략 지금과 같은 모습으로 형성된 서력기원전 2세기경은 이른바 수론(Sāṁkhya, 數論) 철학 그리고 이와 짝을 이루는 요가(Yoga) 철학이 아직 체계적으로 완성되지는 않았으나 그 초기 형태는 이미 형성되어 있었으며, 이것이 『기타』에 많이 반영되어 있다. 수론 철학과 요가 철학 사상은 이미 『카타 우파니샤드』(Kaṭha Upaniṣad)나 『스베타스바타라 우파니샤드』(Śvetāśvatara Upaniṣad)와 같은 후기 우파니샤드에도 나타난다. 가령 『카타 우파니샤드』는 인간의 경험 세계를 달리는 마차에 비유하는데, 여기서 마차를 타고 가는 주인은 '인간의 불멸하는 자아'(ātman), 마차를 모는 자는 '지성'(buddhi), 그가 쥐고 있는 고삐는 '의근'(manas), 마차를 끄는 말들은 '5가지 외적 감각기관들' 그리고 마차가 달리는 길은 '감각기관들의 대상'을 가리킨다. 가장 주목할 개념은 '아트만' 즉 '자아'라는 개념으로서, 인간에 내재하는 불멸의 정신적 실체이며 인간의 참나를 가리키는 말이다. 수론-요가 철학에서는 그것을 '정신'(puruṣa)이라고 부르며 『기타』에서는 주로 '육신의 소유주'(dehin)라고 부른다. 자아, 정신, 육신의 소유주는 모두 동일한 개념으로서, 인간은 단지 소멸하는 물질적 존재가 아니라 영원불변하는 신적 존재임을 말한다. 이는 힌두교 사상 전체를 관통하는 영적 인간관이다.

수론 · 요가 철학은 존재하는 모든 것을 정신(puruṣa)과 물질(prakṛti)로 설명하는 이원론적 철학이다. 인간에 내재하는 불멸의 자아 이외의 모든 것, 즉 물질로 된 자연 세계는 물론이고 인간의 육신과 위에 언급한 여섯 가지 감각기관, 심지어 지성(buddhi)까지도 선(sattva), 격정(rajas), 암흑(tamas)의 성질을 지닌 세 가지 요소(guṇa)로 구성된 원초적 물질에서 전개되어 나온다. 두 철학에서 제시하는 인생의 최고 목표는 정신과 물질의 질적 차이를 분명히 깨달아 정신을 육신과 물질세계의 속박에서 해방시키는 해탈(mokṣa)에 있다.

『기타』는 이런 수론·요가 사상에 지대한 영향을 받고 있지만, 한 가지 점에서 결정적인 차이를 보인다. 즉 수론·요가 사상이 물질과 정신을 아우르는 하나의 궁극적 실재나 신의 존재를 인정하지 않는 무신론적 이원론인 반면, 『기타』는 존재하는 모든 것을 하나의 궁극적 실재에 돌리는 일원론적 그리고 유신론적 사상을 따른다는 사실이다. 이 점에서 『기타』는 우파니샤드의 주류 사상인 일원론적 형이상학을 따르고 있으며, 이것은 또한 『기타』가 베단타 사상의 주류에 속하는 근본 이유가 되기도 한다.

널리 알려진 대로 우파니샤드의 핵심 사상은 범아일여(梵我一如), 즉 우주의 궁극적 실재이며 만물의 근원인 무형 무명의 브라만(Brahman, 梵)이 인간에 내재하는 영원한 정신적 실체인 참자아(ātman, 我)와 아무런 차이가 없이 완전히 하나라는 사상이다. 여기서 이야기하는 참자아란 각기 차별을 지닌 인간의 개별적 자아 혹은 현상적 자아가 아니라 아무런 차별성도 지니고 있지 않은 순수한 자아, 모든 인간에 공통된 보편적 자아(universal self)이다. 그것은 인간뿐 아니라 우주 만물에 편재하는 우주적 자아(cosmic self)이다. 우파니샤드는 그것을 순수 존재(sat), 순수 정신 혹은 의식(cit) 그리고 희열(ānanda)로 묘사한다. 『기타』의 사상은 근본적으로 이러한 우파니샤드적 일원론에 기초하는 한편, 부분적으로 위에 언급한 수론-요가 철학의 인간관을 수용한다. 따라서 『기타』가 말하는 자아, 정신, 혹은 육신의 주는 기본적으로 수론 철학에서처럼 무수히 많은 개별적 자아나 정신이기보다는 보편적 자아이며 만물에 내재하는 본질 내지 정수인 브라만 그 자체이다.

이에 더하여 『기타』 사상의 또 하나의 중요한 특징은 이 보편적 자아와 브라만을 우주 만물의 근원이며 창조자인 대주재신(Maheśvara), 즉 비슈누-크리슈나라는 인격신과 동일시하고 있다는 사실이다. 따라서 인생의 궁극 목표인 해탈도 인간과 우주 만물의 궁극적 실재에 대한 지적 깨달음을 넘어서 인격신 비슈누-크리슈나에 대한 믿음과 사랑과 헌신을 통해서 이루어진다. 이러한 믿음과 사랑을 『기타』는 신애(信愛, bhakti)라 부르고 있으며, 신애를 통한 해탈의 길을 최고의 가르침으로 선포한다. 『기타』는 신을 인간을 사랑하며 혼란에 빠진 세계를 구원하기 위해 세상에 출현하는 존재로 묘사한다.

『기타』는 결코 엄격한 철학적 일관성을 지닌 논서가 아니다. 『기타』는 그것이 형성된 당시(서력기원전 약 2세기경) 인도에서 유행하던 다양한 사상적 흐름이 편입되고 종합된 문헌이다. 수론-요가 철학과 우파니샤드적 범아일여 사상 그리고 인격신에 대한 신애를 강조하는 사상이 혼재하면서 절묘하게 융합되기도 하지만 때로는 사상적 불협화음과 모호성이 노출되어서 해석상의 어려움을 제공하기도 한다.

앞서 『기타』 사상의 핵심이 요가에 있다고 말했지만, 『기타』의 융합적이고 절충적인 사상은 『기타』의 요가 사상에서도 그대로 나타난다. 『기타』는 세 가지 요가를 해탈의 길로 제시한다. 첫째는 지혜의 요가(jñāna-yoga)로서, 지혜를 통해서 요가를 성취하는 길이다. 여기서 '지혜'란 정신과 물질, 육신의 소유주와 육신을 엄격히 구별하는 수론 철학, 혹은 우파니샤드적인 범아일여를 깨닫는 지혜를 뜻한다. 『기타』는 이 지혜의 길을 이론적 지식에 치중하는 해탈의 길로 간주하면서, 힌두교의 전통적 삶의 양식인 법도(dharma)를 준수하는 실천적인 해탈의 길과 구별한다. 후자는 행위의 요가(karma-yoga), 즉 행위를 통한 요가와 해탈의 길로서, 『기타』 전체를 관통하는 사상이다. 『기타』는 해탈을 얻기 위해서 사회적 의무를 준수하는 행위를 포기하고 명상과 지혜의 추구에만 치중하는 전통적인 포기자(saṁnyāsin)의 길보다는 바른 행위를 하면서도 행위의 결과에 대한 집착과 욕망을 포기하는 순수한 행위의 길, 내면적 포기의 길을 더 우월하고 진정한 포기의 길로 제시한다. 따라서 행위의 요가는 행위 자체의 포기가 아니라 행위 속에서의 포기를 실천하는 해탈의 길이다. 행위의 요가 사상은 『기타』가 힌두교 사상사에 기여한 독특한 공헌 가운데 하나이다. 욕망 없는 순수한 행위를 강조하는 행위의 요가는 사회적 의무를 포기하는 『기타』 이전의 우파니샤드적인 해탈(mokṣa) 이념과 사회적 윤리와 질서를 중시하는 법도(dharma) 이념 사이의 갈등을 해소하는 절묘한 조화로서, 간디를 위시한 현대 힌두교 사상가들에게 지대한 영향을 주었다. 하지만 이론과 실천, 지혜의 요가와 행위의 요가가 결코 상반되는 것은 아니다. 결과에 대한 집착과 욕망을 초월하는 순수한 행위가 가능하기 위해서는 일체의 행위를 초월해 있는 초연한 자아, 즉 '육신의 소유주'와 행위를 하는 육신을 엄격히 구별하는 지혜가 필요하기 때문이다. 더 나아가서는 모든 존재를 차별 없이 보는 초월적 지혜의 시각도 요구되기 때문이다.

『기타』가 제시하는 세 번째 해탈의 길은 신애의 요가(bhakti-yoga)로서, 오로지 비슈누-크리슈나에 대한 사랑과 믿음을 통해 요가를 성취하는 길, 그리고 신의 사랑과 은총(prasāda)으로 그에게 이르는 해탈의 길이다. 『기타』에는 구원, 즉 해탈을 '나에게 온다'는 말로 자주 표현한다. 이는 신과 사랑의 연합을 이룬다는 뜻으로서, 우파니샤드적인 범아일여의 경지가 인간과 브라만 사이에 아무런 구별 없이 완전히 하나가 되는 해탈의 경지라면, 신애의 요가를 통한 해탈은 신과 인간의 구별이 어떤 형태로든 남아 있는 사랑의 연합—이 경우 인간의 정신, 자아, 육신의 소유주는 유한하지만, 영원한 개별적 정신으로 이해된다—과 같은 경지이다. 그러나 다른 한편 『기타』는 때때로 신애의 요가를 통해 도달하는 신과의 합일을 범아일여적인 신비적 일치의 경지와 구별하지 않는 듯한 인상을 주기도 한다. 여하튼 신과 인간 정신(puruṣsa) 혹은 자아(ātman)의 완전한 동일성을 최고의 경지로 간주하는지, 아니면 둘의 구별이 여전히 남아 있는 인격적 사랑의 일치를 궁극적 경지로 간주하는지는 비교종교 사상 내지 비교신비주의 연구에서 가장 중요한 문제 가운데 하나로 꼽히는데, 『기타』에는 두 사상이 다 보이며 양자의 관계가 다소 모호하게 처리되어 있다. 하지만 전반적으로 신애를 통해 이루어지는 신과 인간의 관계적 구원을 최고의 경지로 보는 경향이 더 강하다는 것은 분명하다.

이러한 문제는 『바가바드 기타』라는 문헌 자체의 형성 과정이나 근본 성격과 무관하지 않다. 학자들은 『기타』가 본래 인도 서북부 지방에서 바수데바(Vāsudeva)라는 신을 '존귀한'(bhagavant) 주님으로 숭배하던 바가바타(Bhagavatas) 파에 의해 만들어진 시가집이었을 것으로 추측한다. 이들은 적어도 서력기원전 2세기 말 이전부터 존재해 온 집단으로서, 고고학적 유물을 통해서 확인된다. 이들의 신앙 운동은 시간이 경과함에 따라 당시 인도에서 전개되던 다양한 사상과 신앙을 흡수하면서 기반을 넓히게 되었으며, 그 결과 그들의 시가집인 『기타』에도 다양한 사상이 편입되게 되었다. 이런 과정에서 가장 중요한 요소는 바가바타 파가 섬기던 바수데바를 베다에 등장하는 신 비슈누(Viṣṇu)와 동일시하는 한편 인도 중북부 마투라(Mathurā) 지역의 야두(Yadu) 족 출신의 영웅 크리슈나(Kṛṣṇa) 숭배를 흡수하여 바수데바-크리슈나로서 숭배하게 된 것이다. 그 결과 『기타』는 크리슈나를 바수데바라고 부르기도 하며 비슈누의 화신(avatāra)으로 간주하기도 한다.

여기서 우리가 주목할 점은 첫째, 이러한 일련의 과정을 통해 베다에서는 아직 그다지 중요한 신이 아니었던 비슈누에 대한 신앙이 바수데바-크리슈나 신앙과 합쳐짐으로써 힌두교 전통에서 시바(Śiva)와 더불어 가장 대중적 신앙의 대상으로 부상하기 시작했다는 사실이다. 특히 『기타』에서 처음으로 제시된 화신 사상은 비슈누 신앙과 여타 신앙 운동들을 흡수하는 데 매우 편리한 이론으로 작용했을 것이라 추측된다. 그 후 전개된 비슈누 파 신학에서는 전통적으로 비슈누의 10가지 주요 화신을 신앙의 대상으로 인정하는데,[5] 그 가운데서 크리슈나는 물론 가장 중요한 화신이며 비슈누 신앙과 불가분의 관계에 있다. 여하튼 『기타』는 근본 성격상 바수데바-크리슈나-비슈누라는 최고 인격신을 우주 만물의 근원이자 대주재자로 섬기는 신앙적 문헌으로서, 신애의 요가, 신애의 길을 가장 주요한 해탈의 길로 제시한다.

둘째로 주목한 점은, 『기타』에서의 신애(bhakti)는 중세 힌두교를 휩쓴 대중적 신애 운동에 나타나는 비슈누나 시바에 대한 강렬하고 열정적인 사랑으로서의 신애와 거리가 멀다는 사실이다. 『기타』의

---

5 비슈누 파 푸라나(Purāṇa)라는 문헌들에 따르면: 물고기(Matsya), 거북이(Kūrma), 멧돼지(Varāha), 인간사자(Narasiṁha), 난장이(Vāmana), 도끼를 든 라마(Paraśurāma), 라마(Rāma), 크리슈나(Kṛṣṇa), 붓다(Buddha) 그리고 미래에 나타날 화신 칼킨(Kalkin)이다. 크리슈나와 붓다를 제외하면 이들은 주로 신화적 존재들이며, 그 밖에도 비슈누의 화신으로 간주되는 존재들이 있다. 비슈누 신학자들에 따르면 신이 부처로 나타난 것은 악한 자들을 오도하여 베다의 권위를 부정하게 하기 위함이라고 말하는가 하면, 동물에 대한 자비로 동물 제사를 철폐하기 위한 것이라는 견해도 있다. 10가지 주요 화신에 대한 설명은 A. L. Basham, *The Wonder That Was India*, 300-07쪽을 참고할 것.

신애는 강렬한 사랑의 감정이기보다는 명상적이고 요가적이다. 신애는 오직 신만을 골똘히 생각하고 신에게 정신을 집중하고 마음을 다하는 태도 그리고 무슨 일을 하든지 사심 없이 전심으로 신에게 헌신하고 바치는 정신적 태도를 가리킨다. 이러한 차이에도 불구하고『기타』가 신애의 요가 사상을 통해서 신에 대한 사랑의 주제를 힌두교에 도입하는 데 결정적 역할을 한 것은 분명하다. 이를 통해『기타』는 결국 중세 힌두교의 대중적 신앙 운동이 전개되는 기초를 놓았고, 결과적으로 베다 의례를 중심으로 했던 고대 힌두교가 중세 이후 오늘에 이르는 대중적 힌두교로 변모하는 데 중요한 기여를 한 셈이다.

『바가바드 기타』의 우리말 번역에 대하여

『기타』는 이미 세계의 고전이 되었다. 수많은 현대어로 번역되었으며 역자가 가지고 있는 영어 번역서만 해도 10종에 달한다. 우리말로도 일찍이 함석헌 선생이 영문에서 번역한 것이 있고 그 밖에도 몇 가지 번역본이 있지만, 역자가 알기로는 범어 원문에서 직접 번역한 것은 이 책이 처음일 것이다. 본래 1988년에 현음사에서 출간했던 것으로 오역과 오자 등 결함이 적지 않았지만, 그동안 바로잡을 기회를 얻지 못하다가 이번에 새로운 해설과 더불어 수정, 교정본을 내게 되었다.

『기타』는 앞서 말했듯이 대서사시의 일부로서 도합 700절로 구성되어 있는데, 각 절은 범어 32음절로 된 운문이다.『기타』는 철학적 내용이 풍부하고 전문적 술어들이 많이 등장하는 문헌이므로 역자는 원문이 지닌 운문적 성격보다는 내용을 중시하는 차원에서 가능한 한 직역을 시도했다. 그리고 보다 학술적이고 전문적인 관심을 가진 독자들을 위해 범어 원문을 실어 범한 대역의 형식을 취했다.

이해를 돕기 위해 간단한 설명은 본문의 ( ) 속에 넣었으며, 범어 원문에는 없지만, 문맥이나 내용상 있어야 하는 단어는 [ ] 속에 넣었다. 좀 더 긴 설명을 요하는 부분들에는 따로 각주를 달았다. 번역에 어려움이 있거나 이견이 있을 수 있는 부분에서는 지금까지 나온 영문 번역서 가운데서 가장 철저하고 학구적인 번역서 3종을 주로 참고하면서 그중 하나를 선택하거나 아니면 역자 자신의 판단에 따라 번역했음을 밝힌다. 참고한 영문 번역은 W. Douglas P. Hill, *The Bhagavadgītā*(Oxford and London: Oxford University Press, 1928); Franklin Edgerton, *The Bhagavad Gītā*(New York: Harper & Row, 1944); R. C. Zaehner, *The Bhagavad-Gītā* (London and Oxford: Oxford University Press, 1969)이다. 번역에 사용한 범어 원문은 주로 S. Radhakrishnan, *The Bhagavadgītā* (London: George Allen & Unwin, 1948)의 로마자 표기본을 따랐으며, 다만 로마자 표기에서 이어지는 두 단어의 모음 접변일 경우 부득이한 경우를 제외하고는 모음 생략기호를 피하고 연음법칙에 따라 표기했다. 또 『기타』의 두 주인공인 아르주나와 크리슈나는 많은 별칭을 가지고 있지만, 대부분 내용과는 무관하게 범어 음절의 수를 맞추기에 편리한 이름을 저자가 선택적으로 사용했으므로, 번역에서도 편의상 별칭 대신 본명을 사용하기도 했다. 마지막으로, 이름의 우리말 표기는 주로 〈외래어표기법〉을 따랐음을 밝혀둔다.

바가바드 기타

Bhagavad Gītā

1장_ 아르주나의 낙심

드르타라슈트라가 말했다(dhṛtarāṣṭra uvāca):

1.

의(義)의 벌판, 쿠루 벌판에
나의 아들들과 판두의 아들들이
싸우려고 모여
어떻게 하였는가? 삼자야여.[1]

dharmakṣetre kurukṣetre
samavetā yuyutsavaḥ
māmakāḥ pāṇḍavāś cāiva
kim akurvata saṁjaya

1 삼자야는 드르타라슈트라 왕의 마부로서 크리슈나와 아르주나의 대화를 기억해서 왕에게 들려주고 있다. 쿠루 벌판은 지금의 델리 북쪽에 있는 평원이며 옛날에는 하스티나푸라(Hastināpura)라고 불렸다.

삼자야가 말했다(saṁjaya uvāca):

2.

그때 두료다나는

판두 군대가

전열을 가다듬은 것을 보고

스승(드로나)에게 나아가 말했습니다.[2]

dṛṣṭvā tu pāṇḍavānīkaṁ

vyūḍhaṁ duryodhanas tadā

ācāryam upasaṁgamya

rājā vacanam abravīt

3.

보십시오, 스승이시여.

당신의 지혜로운

제자 드루파다의 아들에 의해

정렬된 판두 아들들의

저 거대한 군대를.[3]

paśyāitāṁ pāṇḍuputrāṇām

ācārya mahatīṁ camūm

vyūḍhāṁ drupadaputreṇa

---

2 드로나는 쿠루 형제와 판두 형제 모두에게 전술을 가르쳐 준 스승이다.

3 드루파다는 판두 가의 다섯 형제의 공동 처(妻)인 드라우파디(Draupadī)의 아버지, 즉 그들의 장인이며, 그의 아들 드르슈타듐나(Dhṛṣṭadyumna)는 판두 군 총사령관.

tava śiṣyeṇa dhīmatā

4.
전투에서 비마나 아르주나와 대등한
용사들이고 위대한 궁수(弓手)들인
유유다나와 비라타 그리고 거대한 전차(戰車)를 모는
드루파다가 저기 있습니다.[4]

atra śūrā maheṣvāsā
bhīmārjunasamā yudhi
yuyudhāno virāṭaś ca
drupadaś ca mahārathaḥ

5.
드르슈타케투, 체키타나
그리고 카시족의 용맹스러운 왕과
푸루지트, 쿤티보자
그리고 시비족의 왕, 인간 황소,[5]

dhṛṣṭaketuś cekitānaḥ
kāśirājaś ca vīryavān
purujit kuntibhojaś ca

---

4 비마(Bhīma)는 유디스티라(Yudhiṣṭhira)와 같이 아르주나의 형이며 판두 형제 중 둘째. 판두 군의 가장 용맹스러운 전사.

5 푸르지트와 쿤티브호자는 형제. 쿤티보자는 판두 형제들의 어머니 쿤티(Kuntī)를 양녀로 삼았다.

śaibyaś ca narapuṁgavaḥ

6.

용감한 유다마뉴, 용맹스러운 웃타마우자스,
수바드라의 아들 그리고 드라우파디의 아들들,
모두 하나 같이
거대한 전차를 타고 있습니다.[6]

yudhāmanyuś ca vikrānta
uttamaujāś ca vīryavān
saubhadro draupadeyāś ca
sarva eva mahārathāḥ

7.

또한 들어 보십시오, 두 번 태어난 자들의 으뜸이시여.
우리 편의 뛰어난 자들, 내 군대의 주장들을
당신께서 아시도록
제가 그들을 말씀드리지요.[7]

asmākaṁ tu viśiṣṭā ye
tān nibodha dvijottama

---

6 수바드라는 아르주나의 아내. 아들의 이름은 아비마뉴(Abhimanyu).

7 '두 번 태어난 자들'이라는 말은 인도 사성 계급 가운데 상층 3계급, 즉 브라마나(바라문), 크샤트리아, 바이샤 출신들은 성인식을 거치는 순간 정신적으로 다시 태어나는 자(dvija, twiceborn)로 간주되기 때문에 생긴 말. 4계급 가운데 바라문이 최상 계급이기 때문에 바라문인 드로나를 그렇게 부르고 있다.

nāyakā mama sainyasya
saṁjñārthaṁ tān bravīmi te

8.
어르신과 비슈마와 카르나
그리고 승전자 크르파,
아슈밧타만, 비카르나
그리고 또 소마다타의 아들,[8]

bhavān bhīṣmaś ca karṇaś ca
kṛpaś ca samitiṁjayaḥ
aśvatthāmā vikarṇaś ca
saumadattis tathāiva ca

9.
그리고 각종 공격 무기를 지니고
하나같이 전쟁에 능한
또 다른 수많은 용사가
저를 위해 목숨을 걸었습니다.

anye ca bahavaḥ śūrā

---

8 비슈마는 드르타라슈트라와 판두를 키운 연로한 어른. 카르나는 아르주나의 이복형제로서 나중에 아르주나에 의해 죽는다. 크르파는 드로나의 매부. 아슈밧타만은 드로나의 아들로서 아버지의 원수를 갚기 위해 판두 군 총사령관 드르슈타듐나와 판두 형제들의 아들들을 죽인다. 비카르나는 드르타라슈트라의 아들 100명 가운데 셋째. 소마다타는 바히카(Bāhika) 족의 왕.

madarthe tyaktajīvitāḥ
nānāśastrapraharaṇāḥ
sarve yuddhaviśāradāḥ

10.
비슈마가 지키고 있는
우리 병력은 부족하나
비마가 지키고 있는
저들 병력은 충분합니다.

aparyāptaṁ tad asmākaṁ
balaṁ bhīṣmābhirakṣitam
paryāptaṁ tv idam eteṣāṁ
balaṁ bhīmābhirakṣitam

11.
[그런즉] 그대들은 모두
어디를 가든
맡은 바 위치에 서서
비슈마만을 지킬지어다.

ayaneṣu ca sarveṣu
yathābhāgam avasthitāḥ
bhīṣmam evābhirakṣantu
bhavantaḥ sarva eva hi

12.
그러자 그(두료다나)의 기운을 북돋우며
쿠루 족(族)의 연로한 조부 비슈마는
드높이 사자후를 발하고
당당하게 소라 나팔을 불었습니다.

tasya saṁjanayan harṣaṁ
kuruvṛddhaḥ pitāmahaḥ
siṁhanādaṁ vinadyoccaiḥ
śaṅkhaṁ dadhmau pratāpavān

13.
소라 나팔들과 소고(小鼓)들, 징과 북
그리고 나팔들 소리가
일제히 터져 나와
그 소리가 요란했습니다.

tataḥ śaṅkhāś ca bheryaś ca
paṇavānakagomukhāḥ
sahasāivābhyahanyanta
sa śabdas tumulo 'bhavat

14.
그때 마두의 자손(크리슈나)과
판두의 아들(아르주나)도

백마들이 이끄는 거대한 전차 위에 서서
천상의 소라 나팔들을 불어댔습니다.[9]

tataḥ śvetair hayair yukte
mahati syandane sthitau
mādhavaḥ pāṇḍavaś cāiva
divyau śaṅkhau pradadhmatuḥ

15.
크리슈나는 판차자냐를,
아르주나는 데바다타를,
무서운 짓을 하는 늑대 배 비마는
거대한 소라 나팔 파운드라를 불었습니다.

pāñcajanyaṁ hṛṣīkeśo
devadattaṁ dhanaṁjayaḥ
pauṇḍraṁ dadhmau mahāśaṅkhaṁ
bhīmakarmā vṛkodaraḥ

16.
쿤티의 아들 유디스티라 왕은
아난타비자야를 불었고
나쿨라와 사하데바는
수고샤와 마니푸슈파카를 불었습니다.[10]

9 크리슈나가 속한 부족은 마두(Madhu)를 조상으로 한다.

anantavijayaṁ rājā
kuntīputro yudhiṣṭhiraḥ
nakulaḥ sahadevaś ca
sughoṣamaṇipuṣpakau

17.

그리고 최고의 궁수 카시족의 왕과
거대한 전차를 모는 시칸딘,
또 드르슈타듐나와 비라타와
패한 적이 없는 사티아키,

kāśyaś ca parameṣvāsaḥ
śikhaṇḍī ca mahārathaḥ
dhṛṣṭadyumno virāṭaś ca
sātyakiś cāparājitaḥ

18.

드루파다와 드라우파디의 아들들
그리고 거대한 팔을 지닌 수바드라의 아들이
사방에서 각기 소라 나팔들을
불어댔습니다, 왕이시여.

drupado draupadeyāś ca

---

10 쿤티(Kuntī)는 판두 형제들의 어머니. 유디스티라는 5형제의 첫째로서 지혜롭고 덕 있는 왕. 나쿨라와 사하데바는 넷째와 다섯째이고 아르주나는 셋째, 비마는 둘째이다.

sarvaśaḥ pṛthivīpate
saubhadraś ca mahābāhuḥ
śaṅkhān dadhmuḥ pṛthak pṛthak

19.
그 요란한 소리가
하늘과 땅을 진동하면서
드르타라슈트라 아들들의 가슴을
찢어 놓았습니다.

sa ghoṣo dhārtarāṣṭrāṇāṁ
hṛdayāni vyadārayat
nabhaś ca pṛthivīṁ cāiva
tumulo vyanunādayan

20.
그때 원숭이 깃발을 앞세운 판두의 아들은
드르타라슈트라의 아들들이 정렬한 것을 보고는
병기들의 충돌이 시작되자
자기 활을 집어 들면서

atha vyavasthitān dṛṣṭvā
dhārtarāṣṭrān kapidhvajaḥ
pravṛtte śastrasaṁpāte
dhanur udyamya pāṇḍavaḥ

21.

크리슈나에게 이렇게 말했습니다, 왕이시여.
나의 전차를
양 군대 사이에 세우시오,
흔들림 없는 자여.

hṛṣīkeśaṁ tadā vākyam
idam āha mahīpate
senayor ubhayor madhye
rathaṁ sthāpaya me ʾcyuta

22.

싸우기를 원해 정렬한 이 사람들,
이 전쟁을 수행함에
내가 더불어 싸워야만 하는
저들을 볼 수 있도록.

yāvad etān nirīkṣe ʾhaṁ
yoddhukāmān avasthitān
kair mayā saha yoddhavyam
asmin raṇasamudyame

23.

싸우기를 원해 여기 모인 저들,
사악한 마음의 드르타라슈트라의 아들을

싸움에서 기쁘게 해주려는 자들을
내가 볼 수 있도록.

yotsyamānān avekṣe ʾhaṁ
ya ete ʾtra samāgatāḥ
dhārtarāṣṭrasya durbuddher
yuddhe priyacikīrṣavaḥ

24.

이렇게 아르주나가 말하자,
오, 바라타족의 자손이여,
크리슈나는 그 최상의 전차를
양쪽 군대 사이에 멈춘 다음[11]

evam ukto hṛṣīkeśo
guḍākeśena bhārata
senayor ubhayor madhye
sthāpayitvā rathottamam

25.

비슈마와 드로나
그리고 모든 왕 앞에서 말했습니다.
보시오, 프르타의 아들(아르주나)이여,

---

11 여기서 '바라타족의 자손'은 삼자야가 들려주는 전투 이야기를 듣고 있는 왕 드르타라슈트라를 가리킨다. 나중에는 주로 아르주나의 호칭으로 자주 사용된다. 바라타(Bharata)는 하스티나푸라 왕조 창시자의 아버지며 쿠루의 조부.

이 쿠루족 사람들이 모인 것을.

bhīṣmadroṇapramukhataḥ
sarveṣāṁ ca mahīkṣitām
uvāca pārtha paśyāitān
samavetān kurūn iti

26.
프르타의 아들은 그곳에 아버지들과 조부들,
스승들과 외숙부들, 형제들, 아들들과 손자들
그리고 또 친구들이
서 있는 것을 보았습니다.

tatrāpaśyat sthitān pārthaḥ
pitṝn atha pitāmahān
ācāryān mātulān bhrātṝn
putrān pautrān sakhīṁs tathā

27.
그리고 양 군대에 있는 장인들과 친구들도 보았습니다.
정렬해 있는 이들이 모두
자신의 친족들임을 보고
쿤티의 아들(아르주나)은

śvaśurān suhṛdaś cāiva

senayor ubhayor api
tān samīkṣya sa kaunteyaḥ
sarvān bandhūn avasthitān

28.
지극한 연민에 사로잡혀
낙담하면서 이렇게 말했습니다.
크리슈나여, 나의 이 친족들이
싸우기를 원해 가까이 모여 있는 것을 보니

kṛpayā parayāviṣṭo
viṣīdann idam abravīt
dṛṣṭvemaṁ svajanaṁ kṛṣṇa
yuyutsuṁ samupasthitam

29.
나의 사지는 주저앉고,
입은 바싹 타며
전율이 내 몸을 휩싸고
온몸의 털이 곤두서오.

sīdanti mama gātrāṇi
mukhaṁ ca pariśuṣyati
vepathuś ca śarīre me
romaharṣaś ca jāyate

30.

나의 활 간디바가 손에서 미끄러져 떨어지고
살갗은 온통 타고 있으며
버티고 서 있을 수도 없고
나의 마음은 오락가락하는 듯하오.

gāṇḍīvaṁ sraṁsate hastāt
tvak cāiva paridahyate
na ca śaknomy avasthātuṁ
bhramatīva ca me manaḥ

31.

나는 또한 불길한 징조들을 보오,
오, 크리슈나여.
전쟁에서 친족을 멸한다면
어떤 행복도 나는 예견할 수 없소.

nimittāni ca paśyāmi
viparītāni keśava
na ca śreyo 'nupaśyāmi
hatvā svajanam āhave

32.

크리슈나여, 나는 승리도 왕국도
그리고 어떤 즐거움도 원치 않소.

우리에게 왕국은 해서 무엇 하며
쾌락이나 삶이 무슨 소용이 있겠소?

na kāṅkṣe vijayaṁ kṛṣṇa
na ca rājyaṁ sukhāni ca
kiṁ no rājyena govinda
kiṁ bhogair jīvitena vā

33.
우리가 저들을 위해
왕국과 쾌락과 즐거움을 바라는 터에
저들은 생명과 재산을 포기하고
이 싸움터에 정렬해 있소.

yeṣām arthe kāṅkṣitaṁ no
rājyaṁ bhogāḥ sukhāni ca
ta ime 'vasthitā yuddhe
prāṇāṅs tyaktvā dhanāni ca

34.
스승들, 아버지들, 아들들
그리고 조부들,
외숙부들, 장인들, 손자들, 처남들
그리고 [다른] 친척들,

ācāryāḥ pitaraḥ putrās
tathāiva ca pitāmahāḥ
mātulāḥ śvaśurāḥ pautrāḥ
śyālāḥ saṁbandhinas tathā

35.
저들이 나를 죽인다 해도, 크리슈나여,
나는 저들을 죽이고 싶지 않소.
삼계(三界)의 통치권을 위해서라도 아니할 텐데
하물며 땅을 위해서겠소?[12]

etān na hantum icchāmi
ghnato 'pi madhusūdana
api trailokyarājyasya
hetoḥ kiṁ nu mahīkṛte

36.
드르타라슈트라의 아들들을 죽이고서
우리에게 무슨 기쁨이 있겠소? 크리슈나여.
저들이 활을 겨눈 자들이긴 하나 우리가 죽인다면
오직 악만이 우리에게 임할 것이오.

nihatya dhārtarāṣṭrān naḥ
kā prītiḥ syāj janārdana

12 삼계는 여기서 하늘, 공중, 땅을 가리킨다.

pāpam evāśrayed asmān
hatvāitān ātatāyinaḥ

37.
그런즉 우리는 우리의 친족
드르타라슈트라의 아들들을 죽여서는 안 되오.
친족을 죽이고서, 크리슈나여,
우리가 어찌 행복할 수 있겠소?

tasmān nārhā vayaṁ hantuṁ
dhārtarāṣṭrān sabāndhavān
svajanaṁ hi kathaṁ hatvā
sukhinaḥ syāma mādhava

38.
비록 저들의 마음이 탐욕에 사로잡혀
가족을 파괴하는 죄악과
친구를 배반하는 악을
알지 못한다 해도[13]

yady apy ete na paśyanti
lobhopahatacetasaḥ
kulakṣayakṛtaṁ doṣaṁ
mitradrohe ca pātakam

---

13 가족(kula)은 넓은 의미에서의 친족.

39.

가족을 파괴하는 것이 죄악임을
훤히 아는 우리가
어찌 이 악을 피할 줄 모르겠소?
크리슈나여.

kathaṁ na jñeyam asmābhiḥ
pāpād asmān nivartitum
kulakṣayakṛtaṁ doṣaṁ
prapaśyadbhir janārdana

40.

가족이 파괴되면
영원한 가족의 법도가 무너지며,
법도가 무너지면
온 집안에 불법이 횡행하오.[14]

kulakṣaye praṇaśyanti
kuladharmāḥ sanātanāḥ
dharme naṣṭe kulaṁ kṛtsnam
adharmo 'bhibhavaty uta

14 법도는 'dharma'의 번역으로서 인도의 전통적 윤리, 도덕 규범, 의무 등을 의미한다. 『기타』의 중요한 주제들 가운데 하나이다.

41.
불법이 횡행하면, 크리슈나여,
가문의 여인들이 타락하게 되고,
여인들이 타락하면, 브르스니족 사람이여,
계급의 혼잡이 일어나오.[15]

adharmābhibhavāt kṛṣṇa
praduṣyanti kulastriyaḥ
strīṣu duṣṭāsu vārṣṇeya
jāyate varṇasaṁkaraḥ

42.
계급의 혼잡이 일어나면 가족을 파괴한 자들과
[그들의] 가족을 지옥으로 이끌며,
떡과 물의 제사가 끊겨
그들의 조상들 또한 [지옥으로] 떨어지오.

saṁkaro narakāyāiva
kulaghnānāṁ kulasya ca
patanti pitaro hy eṣāṁ
luptapiṇḍodakakriyāḥ

15 계급(varṇa)은 인도의 전통적인 사성 계급(四姓階級)을 의미한다. 브르스니(Vṛṣṇi)는 크리슈나가 속한 야다바 족의 다른 이름.

43.

가족을 파괴하는 자들이 저지르는
계급의 혼잡을 초래하는 이 과오들로 인해
카스트의 법도와 영원한 가족의 법도는
파멸되어 버리고 말지요.[16]

doṣair etaiḥ kulaghnānāṁ
varṇasaṁkarakārakaiḥ
utsādyante jātidharmāḥ
kuladharmāś ca śāśvatāḥ

44.

가족의 법도가 파멸된 사람들은
크리슈나여,
반드시 지옥에 머물게 된다고
우리가 들었으니,

utsannakuladharmāṇāṁ
manuṣyāṇāṁ janārdana
narake niyataṁ vāso
bhavatīty anuśuśruma

16 사성 계급 제도(varṇa)와 카스트 제도(jāti)는 밀접히 연관되어 있으나 엄밀하게는 구별되어야 한다. 계급은 4종뿐이지만 카스트는 수천 개나 존재한다. 그렇지만 이미 『기타』가 형성될 당시부터 양자가 혼용되고 있음을 알 수 있다. 위 41절 참조.

45.
아, 우리가 왕권의 안락을 탐하여
친족을 죽이려는
이 엄청난 죄악을 저지르고자
마음먹다니!

aho bata mahat pāpaṁ
kartuṁ vyavasitā vayam
yad rājyasukhalobhena
hantuṁ svajanam udyatāḥ

46.
만일 무기를 손에 든 드르타라슈트라의 아들들이
저항도 않고 무기도 지니지 않은 나를
전투에서 죽이더라도,
그것이 나에겐 더 큰 행복일 것이오.

yadi mām apratīkāram
aśastraṁ śastrapāṇayaḥ
dhārtarāṣṭrā raṇe hanyus
tan me kṣemataraṁ bhavet

47.
전쟁터에서 이렇게 말하고서
아르주나는 전차석에 주저앉았습니다.

활과 화살을 떨구며
마음은 슬픔으로 괴로워하면서.

evam uktvārjunaḥ saṁkhye
rathopastha upāviśat
visṛjya saśaraṁ cāpaṁ
śokasaṁvignamānasaḥ

2장_ 이론의 요가

삼자야가 말했다(saṁjaya uvāca):

1.
이렇듯 연민에 사로잡혀
눈물 가득 젖은 눈으로
낙심하고 있는 그에게
크리슈나는 다음과 같이 말했습니다.

taṁ tathā kṛpayāviṣṭam
aśrupūrṇākulekṣaṇam
viṣīdantam idaṁ vākyam
uvāca madhusūdanaḥ

거룩하신 주께서 말씀하셨습니다(śrībhagavān uvāca):

2.
이 위급한 때 어디서 그대에게
이런 나약함이 생긴단 말이오, 아르주나여.

이는 귀족답지 못하고 하늘[의 복락으]로 이끌지도 못하며
수치를 가져올 것이오.

kutas tvā kaśmalam idaṁ
viṣame samupasthitam
anāryajuṣṭam asvargyam
akīrtikaram arjuna

3.
나약하게 굴지 마오, 프르타의 아들이여.
이것은 그대에게 걸맞지 않소.
조그마한 심약함을 떨쳐 버리고
일어서시오, 적을 괴롭히는 자여.

klaibyaṁ mā sma gamaḥ pārtha
nāitat tvayy upapadyate
kṣudraṁ hṛdayadaurbalyaṁ
tyaktvottiṣṭha paraṁtapa

아르주나가 말했습니다(arjuna uvāca):

4.
어떻게 내가 전투에서
공경받아야 할 두 어른이신

비슈마와 드로나에 대항하여
화살로 싸우겠소? 크리슈나여.
kathaṁ bhīṣmam ahaṁ saṁkhye
droṇaṁ ca madhusūdana
iṣubhiḥ pratiyotsyāmi
pūjārhāv arisūdana

5.
큰 존엄을 갖추신 스승들을 죽이느니
차라리 이 세상에서 빌어먹는 편이 낫기 때문이오.
스승들이 욕심 많다 하나 살해한다면
나는 바로 이 땅에서 피에 젖은 음식을 먹을 것이오.

gurūn ahatvā hi mahānubhāvān
śreyo bhoktuṁ bhaikṣyam apīha loke
hatvārthakāmāṁs tu gurūn ihāiva
bhuñjīya bhogān rudhirapradigdhān

6.
우리가 이기는 것과 저들이 우리를 이기는 것 가운데
어느 것이 우리에게 나을지 우리는 알지 못합니다.
우리가 [저들을] 죽인다면 살고 싶지 않을 사람들인
드르타라슈트라의 아들들이 우리 앞에 정렬해 있습니다.

na cāitad vidmaḥ kataran no garīyo

yad vā jayema yadi vā no jayeyuḥ
yān eva hatvā na jijīviṣāmas
te 'vasthitāḥ pramukhe dhārtarāṣṭrāḥ

7.
저의 존재가 연민의 허물로 무너져
무엇이 의로운 것인지 마음이 혼미하여 당신께 여쭈오니,
어느 편이 더 좋은지 확실히 저에게 말해 주십시오.
저는 당신의 제자이오니, 당신께로 나아온 저를 가르쳐 주십시오.[1]

kārpaṇyadoṣopahatasvabhāvaḥ
pṛcchāmi tvāṁ dharmasaṁmūḍhacetāḥ
yac chreyaḥ syān niścitaṁ brūhi tan me
śiṣyas te 'haṁ śādhi māṁ tvāṁ prapannam

8.
설령 제가 이 땅에 둘도 없을 번성하는 왕국과
신들의 통치권까지 얻는다 해도
감각기관들을 마르게 하는 저의 이 슬픔을
무엇으로 없애야 할지 알지 못하기 때문입니다.

na hi prapaśyāmi mamāpanudyād

---

1 이제 아르주나는 해결하기 어려운 딜레마에 빠져 자신의 무지를 고백하면서 겸손히 크리슈나의 가르침을 간청한다. 크리슈나는 단순히 전쟁 동료로서가 아니라 아르주나의 스승으로서 그리고 더 나아가서 위대한 비슈누 신의 화신으로서 점차 그 정체를 드러내게 된다.

yac chokam ucchoṣaṇam indriyāṇām
avāpya bhūmāv asapatnam ṛddhaṁ
rājyaṁ surāṇām api cādhipatyam

삼자야가 말했다(saṁjaya uvāca):

9.
이렇게 크리슈나에게 말하고
아르주나는 "저는 싸우지 않겠습니다"라고
고빈다(크리슈나)에게 말한 후
침묵에 빠졌습니다.

evam uktvā hṛṣīkeśaṁ
guḍākeśaḥ paraṁtapaḥ
na yotsya iti govindam
uktvā tūṣṇīṁ babhūva ha

10.
양 군대 사이에서
낙심하고 있는 그에게, 바라타족의 자손이여,
크리슈나는 미소 짓는 듯
다음과 같이 말했습니다.[2]

---

2 여기서부터 아르주나의 현실적 고민에 대한 크리슈나의 철학적 위로의 설교가 시작된다.

tam uvāca hṛṣīkeśaḥ
prahasann iva bhārata
senayor ubhayor madhye
viṣīdantam idaṁ vacaḥ

거룩하신 주께서 말씀하셨습니다(śrībhagavān uvāca):

11.

그대는 슬퍼해서는 안 될 자들을 위해 슬퍼했으나
[자못] 지혜로운 말을 하고 있도다.
산 자를 위해서나 죽은 자를 위해서나
현명한 사람은 슬퍼하지 않는다.

aśocyān anvaśocas tvaṁ
prajñāvādāṁś ca bhāṣase
gatāsūn agatāsūṁś ca
nānuśocanti paṇḍitāḥ

12.

내가 존재하지 않았던 때는 결코 없었으며
그대와 이 왕들도 그러하도다.
그리고 앞으로도 우리 모두는
존재하지 않는 일이 없을 것이다.

na tv evāhaṁ jātu nāsaṁ
na tvaṁ neme janādhipāḥ
na cāiva na bhaviṣyāmaḥ
sarve vayam ataḥ param

13.
육신(肉身)의 소유주가 이 육신에서
소년, 청년, 노년기를 보내듯,
이같이 [사후에] 또 다른 육신을 얻을 것인즉
현명한 자는 이에 미혹됨이 없다.[3]

dehino 'smin yathā dehe
kaumāraṁ yauvanaṁ jarā
tathā dehāntaraprāptir
dhīras tatra na muhyati

14.
그러나 감각 세계와의 접촉은 쿤티의 아들이여,
차가움과 뜨거움, 즐거움과 괴로움을 일으킨다.
이들은 왔다가 사라지고 마는 무상한 것인즉,
그것들을 참고 견디어라, 바라타족의 자손이여.

mātrāsparśās tu kaunteya

3 '육신의 소유주'(dehin)라는 말은 힌두교의 윤회 사상을 잘 나타내는 말로서, 윤회 사상은 인간의 불멸하는 자아(ātman) 혹은 정신(puruṣa)이 해탈(mokṣa)을 얻기 전까지는 전생의 업(karma)에 따라 새로운 육신을 취하면서 거듭해서 태어난다는 사상이다.

śītoṣṇasukhaduḥkhadāḥ
āgamāpāyino 'nityās
tāṁs titikṣasva bhārata

15.
이러한 것들에 동요되지 않고
괴로움과 즐거움을 평등하게 여기는
현명한 자는, 인간 황소(아르주나)여,
불사(不死)에 합당하기 때문이다.[4]

yaṁ hi na vyathayanty ete
puruṣaṁ puruṣarṣabha
samaduḥkhasukhaṁ dhīraṁ
so 'mṛtatvāya kalpate

16.
존재하지 않는 것은 존재할 수 없고
존재하는 것은 없어질 수 없나니,
진리를 보는 자들은
이 둘의 차이를 보도다.[5]

nāsato vidyate bhāvo

---

4 '불사'는 해탈 혹은 영생.

5 '존재하는 것'(sat)은 여기서 육신의 소유주, 즉 자아(ātman)를 가리키고, '존재하지 않는 것'(asat)은 육신을 가리킨다. 하지만 육신이 무상하다는 뜻이지 문자 그대로 존재하지 않는다는 뜻은 아니다. 『기타』에는 대체로 몸이나 물질세계가 환상(māyā)이라는 사상은 없다.

nābhāvo vidyate sataḥ
ubhayor api dṛṣṭo 'ntas
tvanayos tattvadarśibhiḥ

17.
세계 만물에 퍼져 있는
그것은 파멸되지 않음을 알라.
그 누구도 불멸의 그것을
파멸시킬 수 없다.[6]

avināśi tu tad viddhi
yena sarvam idaṁ tatam
vināśam avyayasyāsya
na kaścit kartum arhati

18.
영원하고 불멸하며 측량할 수 없는
육신의 소유주가 지닌 이 몸들은
유한하다 말하나니,
그런즉 싸워라, 바라타족의 자손이여.

antavanta ime dehā
nityasyoktāḥ śarīriṇaḥ

6 '그것'은 육신의 주, 즉 자아 혹은 정신을 가리키며, 그것이 세계 만물(idam sarvam)에 펼쳐져 있다는 관념은 인간의 불멸하는 자아는 곧 우주의 궁극적 실재 브라만(Brahman)이라는 우파니샤드의 근본 사상을 반영하고 있다.

anāśino 'prameyasya
tasmād yudhyasva bhārata

19.

그(자아)가 살해한다고 생각하거나
살해된다고 생각하는 자는
둘 다 알지 못하는 자로다.
그는 살해하지도 살해되지도 않는다.

ya enaṁ vetti hantāraṁ
yaś cāinaṁ manyate hatam
ubhau tau na vijānīto
nāyaṁ hanti na hanyate

20.

어느 때든 그는 태어나지도 않고 죽지도 않는다.
생겨나지 않았으니 앞으로 생기는 일도 없을 것이다.
불생(不生)이며 영원하고 항구적인 이 태고의 것은
육체가 살해된다 해도 죽지 않는다.

na jāyate mriyate vā kadācin
nāyaṁ bhūtvā bhavitā vā na bhūyaḥ
ajo nityaḥ śāśvato 'yaṁ purāṇo
na hanyate hanyamāne śarīre

21.
그가 불멸하고 영원하며
불생 불변임을 아는 사람이, 프르타의 아들이여,
어떻게 누구를 죽이거나
죽이게끔 하겠는가?

vedāvināśinaṁ nityaṁ
ya enam ajam avyayam
kathaṁ sa puruṣaḥ pārtha
kaṁ ghātayati hanti kam

22.
사람이 헌 옷을 벗어 버리고
다른 새 옷을 입는 것처럼,
그와 같이 육신의 소유주도 낡은 몸들을 던져 버리고
다른 새로운 몸들로 간다.

vāsāṁsi jīrṇāni yathā vihāya
navāni gṛhṇāti naro 'parāṇi
tathā śarīrāṇi vihāya jīrṇāny
anyāni saṁyāti navāni dehī

23.
그는 칼로도 베지 못하고
불로도 태우지 못하며,

또 물로도 적실 수 없고
바람으로도 말릴 수 없다.

nāinaṁ chindanti śastrāṇi
nāinaṁ dahati pāvakaḥ
na cāinaṁ kledayanty āpo
na śoṣayati mārutaḥ

24.
벨 수도 없고 태울 수도 없으며
적실 수도 말릴 수도 없나니,
그는 영구하고 무소부재하며
확고부동하고 영원하도다.

acchedyo 'yam adāhyo 'yam
akledyo 'śoṣya eva ca
nityaḥ sarvagataḥ sthāṇur
acalo 'yaṁ sanātanaḥ

25.
그는 드러나 있지 않고 사유(思惟)될 수 없으며
변할 수도 없다고 한다.
그런즉 그를 이렇게 알고
그대는 그로 인해 슬퍼해서는 안 된다.[7]

7 '드러나 있지 않다'(avyakta)라는 말은 감각기관으로 잡힐 수 있는 대상이 아니라는 뜻.

avyakto ’yam acintyo ’yam
avikāryo ’yam ucyate
tasmād evaṁ viditvāinaṁ
nānuśocitum arhasi

26.

설령 그가 끊임없이 태어나고
끊임없이 죽는다고 그대가 생각할지라도,
오, 거대한 팔을 지닌 자여,
그를 슬퍼해서는 안 된다.

atha cāinaṁ nityajātaṁ
nityaṁ vā manyase mṛtam
tathāpi tvaṁ mahābāho
nāinaṁ śocitum arhasi

27.

태어난 것은 반드시 죽고
죽은 것은 반드시 태어나기 때문이다.
그런즉 피할 수 없는 일에 대해
그대는 슬퍼해서는 안 된다.

jātasya hi dhruvo mṛtyur
dhruvaṁ janma mṛtasya ca
tasmād aparihārye ’rthe

na tvaṁ śocitum arhasi

28.

만물의 시작은 드러나 있지 않으며
중간은 드러나 있고
끝은 또 드러나 있지 않으니, 바라타족의 자손이여.
거기에 무슨 슬픔이 있겠는가?[8]

avyaktādīni bhūtāni
vyaktamadhyāni bhārata
avyaktanidhanāny eva
tatra kā paridevanā

29.

어떤 사람이 그(자아)를 본다는 것은 희귀한 일이고
어떤 사람이 그에 대하여 말하는 것도 희귀하며
어떤 사람이 그에 대하여 듣는 것도 희귀하도다.
들었다 해도 그를 아는 사람은 아무도 없도다.

āścaryavat paśyati kaścid enam
āścaryavad vadati tathāiva cānyaḥ
āścaryavac cāinam anyaḥ śṛṇoti
śrutvāpy enaṁ veda na cāiva kaścit

8 만물은 무한한 실재로부터 잠시 모습을 드러냈다가 다시 그리로 되돌아가는 유한한 것들이다.

30.
누구의 육신에서도, 바라타족의 자손이여,
이 육신의 소유주는 영원히 살해될 수 없은즉,
그대는 어떤 존재에 대해서도
슬퍼해서는 안 된다.

dehī nityam avadhyo 'yaṁ
dehe sarvasya bhārata
tasmāt sarvāṇi bhūtāni
na tvaṁ śocitum arhasi

31.
또 자신의 의무를 생각해서라도
그대는 흔들려서는 안 된다.
무사에게는 의무에 따른 싸움보다
더 좋은 다른 것은 없기 때문이다.[9]

svadharmam api cāvekṣya
na vikampitum arhasi
dharmyād dhi yuddhāc chreyo 'nyat
kṣatriyasya na vidyate

9 인간은 육체 이상의 영원한 존재임을 설한 후 크리슈나는 아르주나가 무사(kṣatriya) 계급으로서 자신의 의무(svadharma)에 따라 싸울 것을 명한다. 이 '자신의 의무' 개념은 힌두교 전통적 윤리 사상의 가장 특징적인 면이다.

32.

행복하도다, 프르타의 아들이여,
행운으로 주어진
하늘 문을 열어 주는
이런 전쟁을 맞이한 무사들은.[10]

yadṛcchayā copapannaṁ
svargadvāram apāvṛtam
sukhinaḥ kṣatriyāḥ pārtha
labhante yuddham īdṛśam

33.

그러나 그대가 만약
의무에 따른 이 싸움을 수행하지 않는다면,
자신의 의무와 명예를 저버리고
[자신에게] 악을 초래할 것이다.

atha cet tvam imaṁ dharmyaṁ
saṁgrāmaṁ na kariṣyasi
tataḥ svadharmaṁ kīrtiṁ ca
hitvā pāpam avāpsyasi

34.

그리고 사람들은 사라지지 않을

10 자신의 의무를 다한 무사들은 사후에 하늘의 복락을 누리게 된다는 뜻.

그대의 불명예를 이야기할 것이다.
존경받는 자에게 불명예는
죽음보다 더한 것이다.

akīrtiṁ cāpi bhūtāni
kathayiṣyanti te ’vyayām
sambhāvitasya cākīrtir
maraṇād atiricyate

35.

그대가 겁이 나서 전쟁을 그만두었다고
거대한 전차를 모는 자들은 생각할 것이며,
그대를 존경하던 자들도
그대를 업신여길 것이다.

bhayād raṇād uparataṁ
maṁsyante tvāṁ mahārathāḥ
yeṣāṁ ca tvaṁ bahumato
bhūtvā yāsyasi lāghavam

36.

그대의 능력을 비방하면서
그대의 불행을 바라는 사람들은
해서는 안 될 말들을 마음껏 지껄일 것인즉,
무엇이 이보다 더 고통스러울 것인가?

avācyavādāṁś ca bahūn
vadiṣyanti tavāhitāḥ
nindantas tava sāmarthyaṁ
tato duḥkhataraṁ nu kim

37.
죽임을 당하면 그대는 하늘을 얻을 것이요,
승리하면 땅을 누릴 것이다.
그러므로 쿤티의 아들이여,
싸움을 위해 결단하고 일어서라.

hato vā prāpsyasi svargaṁ
jitvā vā bhokṣyase mahīm
tasmād uttiṣṭha kaunteya
yuddhāya kṛtaniścayaḥ

38.
고(苦)와 낙(樂), 득(得)과 실(失),
승(勝)과 패(敗)를 동등하게 여기며
싸움을 위해 자신을 가다듬어라.
그러면 그대는 악을 초래하지 않을 것이다.

sukhaduḥkhe same kṛtvā
lābhālābhau jayājayau
tato yuddhāya yujyasva

nāivaṁ pāpam avāpsyasi

39.

이러한 지혜가 이론으로 그대에게 말해졌으니,
이제 실천에 대해 이(지혜)를 들어 보라.
이 지혜로 제어되어, 프르타의 아들이여,
그대는 행위의 속박에서 벗어나리라.[11]

eṣā te 'bhihitā sāṁkhye
buddhir yoge tv imāṁ śṛṇu
buddhyā yukto yayā pārtha
karmabandhaṁ prahāsyasi

40.

여기에는 어떤 노력도 헛되지 않고

11 여기서 이론(sāṁkhya)과 실천(yoga)이라는 말이 나오는데, 이론은 육신과 육신의 소유주(혹은 물질과 정신)가 전혀 다른 차원의 존재임을 식별하는 지혜(jñāna)를 말하며, 실천은 이러한 지혜에 근거한 행위(karma)를 말한다. 그러한 행위는 행위가 초래하는 속박을 벗어날 수 있다고 한다. 『기타』에서 'sāṁkhya'와 'yoga'는 아직 고전 육파 철학(六派哲學) 학파들을 의미하지는 않는다. 그러나 『기타』는 사상적으로 정신(精神, puruṣa)과 물질(物質, prakṛti)을 명확히 구분하는 수론(數論, Sāṁkhya) 철학과 요가 철학에 많은 영향을 받고 있다. '정신'은 인간의 영원한 자아(ātman) 혹은 육신의 소유주를 가리키며, '물질'은 매우 넓은 개념으로서 지성(buddhi, 知性), 의근(manas, 意根, 마음), 감각기관들의 기능까지도 포함한다. 수론 철학과 요가 철학에 관해서는 역자의 『인도 철학사』(민음사, 1984), 제7장을 참조할 것. '요가'를 여기서는 '실천'이라 번역했으나 『기타』에서 '요가'는 매우 다양한 의미로 사용되고 있으며, 『기타』 전체가 요가를 주제로 하고 있다 해도 과언이 아니다. '지혜'는 'buddhi'의 번역으로서, 후자는 수론 철학에서 지성을 가리키는 전문 용어지만 여기서는 지혜 혹은 통찰의 뜻으로 사용되고 있다.

퇴전(退轉)도 있을 수 없나니,
이 법(法)을 조금만 [알아도]
커다란 위험에서 [그대를] 구해줄 것이다.

nehābhikramanāśo 'sti
pratyavāyo na vidyate
svalpam apy asya dharmasya
trāyate mahato bhayāt

41.

결단적 성격의 지성은 쿠루의 자손이여,
여기서 하나이지만,
결단력 없는 자들의 지성은
여러 갈래이며 끝이 없기 때문이다.[12]

vyavasāyātmikā buddhir
ekeha kurunandana
bahuśākhā hy anantāś ca
buddhayo 'vyavasāyinām

42.

베다의 말을 즐거워하며,

---

12 쿠루(Kuru)는 드르타라슈트라가(家)와 판두가(家) 모두의 조상이기 때문에 아르주나를 '쿠루의 자손'이라고 부른다. '여기'는 39-40절의 맥락에 따라 지혜로 제어되는 일을 가리키며, 결단력 있는 성격의 지성이 '하나'라는 말은 지성이 하나로 집중되고 통일된다는 뜻이다.

프르타의 아들이여,
그것 외에는 아무것도 없다고 하는
무지한 자들의 이 화려한 말,

yām imāṁ puṣpitāṁ vācaṁ
pravadanty avipaścitaḥ
vedavādaratāḥ pārtha
nānyad astīti vādinah

43.

욕망을 본성으로 하고
하늘[의 복락을] 최고로 삼는 자들의 [말],
행위의 결과로 환생을 초래하며
향락과 권력을 지향하는 각종 의례로 가득 찬

kāmātmānaḥ svargaparā
janmakarmaphalapradām
kriyāviśeṣabahulāṁ
bhogāiśvaryagatiṁ prati

44.

말에 정신을 빼앗기고
향락과 권력에 집착하는 자들의
결단적 성격의 지성은
삼매(三昧)로 향하는 일이 없도다.[13]

bhogāiśvaryaprasaktānāṁ
tayāpahṛtacetasām
vyavasāyātmikā buddhiḥ
samādhau na vidhīyate

45.

베다들은 세 요소를 대상으로 삼노니,
이 세 요소를 벗어나라, 아르주나여.
모든 이원적 대립을 초월하여 항상 선에 굳게 서서
[부를] 얻고 지킨다는 [생각] 없이 그대 자신이 되어.[14]

traiguṇyaviṣayā vedā
nistraiguṇyo bhavārjuna
nirdvandvo nityasattvastho
niryogakṣema ātmavān

46.

사방에 홍수가 날 때
우물이 필요 없듯이,
통찰력 있는 바라문에게는

---

13 42-44절은 문법적으로 나눌 수 없게 연결되어 있지만 끊어서 번역했다. 베다에 규정된 제사 의무 등을 단지 현세와 내세의 세속적인 축복만을 생각하며 행하는 전통적 의례주의에 대한 비판이 담겨 있다. 삼매(samādhi)란 마음이 모든 내적, 외적 내용을 비우고 하나의 대상에 집중되어 있는 정신 상태를 가리킨다.

14 세 요소란 물질(prakṛti) 세계를 구성하고 있는 요소들로서 선(善, sattva), 격정(激情, rajas), 암흑(暗黑, tamas)을 가리킨다. 베다의 의례주의를 추구하면 물질세계를 벗어나지 못한다는 비판이다.

모든 베다가 그 정도뿐이로다.

yāvān artha udapāne
sarvataḥ saṁplutodake
tāvān sarveṣu vedeṣu
brāhmaṇasya vijānataḥ

47.
그대가 관여할 일은 오직 행위일 뿐,
어느 때이건 결과가 아니다.
행위의 결과를 동기로 삼지 말며
행위 하지 않음에 집착하지도 말라.

karmaṇy evādhikāras te
mā phaleṣu kadācana
mā karmaphalahetur bhūr
mā te saṅgo 'stv akarmaṇi

48.
요가에 굳게 서, 아르주나여,
성공과 실패를 평등하게 여기며
집착을 버리고 행동하라.
요가는 평등성이라 말한다.

yogasthaḥ kuru karmāṇi

saṅgaṁ tyaktvā dhanaṁjaya
siddhyasiddhyoḥ samo bhūtvā
samatvaṁ yoga ucyate

49.
행위는 지혜의 요가보다
훨씬 낮기 때문이다, 아르주나여.
지혜를 피난처로 삼을지니,
결과를 [행위의] 동기로 삼는 자들은 가련하도다.[15]

dūreṇa hy avaraṁ karma
buddhiyogād dhanaṁjaya
buddhau śaraṇam anviccha
kṛpaṇāḥ phalahetavaḥ

50.
지혜로 제어된 자는 이 세상에서
잘된 일이나 잘못된 일을 둘 다 버린다.
그러므로 요가를 위해 가다듬어라.
요가는 행위의 기술이다.[16]

---

15 지혜의 요가보다 열등한 행위란 결과에 집착하는 행위를 말한다.

16 여기서 요가는 지혜로 제어된 행위, 즉 행위의 결과에 집착하지 않는 초연한 '행위의 기술'이다. 이것이 곧 행위의 요가(karma-yoga)라는 것으로서, 앞으로 『기타』에서 누누이 강조되는 매우 중요한 사상이다. 그러나 72절까지는 우선 지혜(prajñā, buddhi)의 중요성과 지혜의 요가가 강조되고 있다.

buddhiyukto jahātīha
ubhe sukṛtaduṣkṛte
tasmād yogāya yujyasva
yogaḥ karmasu kauśalam

51.
지혜로 제어된 현명한 사람들은
행위가 낳는 결과를 포기하고
태어남의 속박에서 해방되어
고통 없는 곳에 이르기 때문이다.

karmajaṁ buddhiyuktā hi
phalaṁ tyaktvā manīṣiṇaḥ
janmabandhavinirmuktāḥ
padaṁ gacchanty anāmayam

52.
그대의 지성이
미망의 수렁을 건너면
그대는 [베다에서] 들은 것과
듣게 될 일을 혐오하게 될 것이다.[17]

17 힌두교의 최고 성전(聖典)인 베다는 다음 구절에도 나오듯이 계시(śruti)로 간주되며, 계시는 문자 그대로 '듣다'(śru)라는 동사에서 나온 말로서 옛 현자들이 직접 들은 것이라는 뜻이다. 그러나 여기서는 베다의 의례주의에 반대하여 베다를 무지한 사람들의 종교로 비판하고 있다. 간디는 다음 54-72절을 『기타』의 핵심, 진리(dharma)의 정수로 간주하며 자신에게 가장 큰 감명을 준 구절들이라고 말하고 있다. M. K. *Gandhi interprets the Bhagavadgita* (Orient Paperbacks, New Delhi), 9쪽.

yadā te mohakalilaṁ
buddhir vyatitariṣyati
tadā gantāsi nirvedaṁ
śrotavyasya śrutasya ca

53.
계시에 의해 오도된
그대의 지성이
흔들림 없이 삼매에 굳건히 서면
그대는 요가에 이를 것이다.

śrutivipratipannā te
yadā sthāsyati niścalā
samādhāv acalā buddhis
tadā yogam avāpsyasi

아르주나가 말했습니다(arjuna uvāca):

54.
삼매에 굳건히 서서, 크리슈나여,
확고한 지혜를 지닌 자의 모습은 어떠합니까?
굳건한 통찰력을 지닌 자는 어떻게 말하고,
어떻게 앉고, 어떻게 걷습니까?[18]

---

18 '지혜'는 'prajñā'의 번역으로서 'buddhi'와 거의 같은 뜻으로 쓰이고 있다.

sthitaprajñasya kā bhāṣā
samādhisthasya keśava
sthitadhīḥ kiṁ prabhāṣeta
kim āsīta vrajeta kim

거룩하신 주께서 말씀하셨습니다(śrībhagavān uvāca):

55.
오직 자아에만 스스로 만족하여
마음에 다가오는 모든 욕망을 버릴 때,
지혜가 확고하다고 한다,
프르타의 아들이여.

prajahāti yadā kāmān
sarvān pārtha manogatān
ātmany evātmanā tuṣṭaḥ
sthitaprajñas tadocyate

56.
괴로움 속에서도 마음이 흔들리지 않으며
즐거움 속에서도 욕망이 사라지고
탐욕과 두려움과 노여움을 떠난 사람은
확고한 통찰을 지닌 성자라 부른다.

duḥkheṣv anudvignamanāḥ
sukheṣu vigataspṛhaḥ
vītarāgabhayakrodhaḥ
sthitadhīr munir ucyate

57.

어떤 것에도 애착을 품지 않으며
좋은 것을 얻든 나쁜 것을 얻든
기뻐하거나 싫어하지 않는 사람의
지혜는 확고히 서 있나니,

yaḥ sarvatrānabhisnehas
tat tat prāpya śubhāśubham
nābhinandati na dveṣṭi
tasya prajñā pratiṣṭhitā

58.

거북이가 사방에서 사지를 거두어들이듯
감각기관들을 대상들로부터
거두어들이는 사람의
지혜는 확고히 서 있도다.

yadā saṁharate cāyaṁ
kūrmo 'ṅgānīva sarvaśaḥ
indriyāṇīndriyārthebhyas

tasya prajñā pratiṣṭhitā

59.
음식을 취하지 않는 육신의 소유주에게는
감각 대상들이 그 맛 이외에는 사라져 버린다.
지고의 것을 보았을 때는
그 맛마저 사라져 버린다.[19]

viṣayā vinivartante
nirāhārasya dehinaḥ
rasavarjaṁ raso 'py asya
paraṁ dṛṣṭvā nivartate

60.
현명한 사람이 아무리
애쓴다 해도, 쿤티의 아들이여,
괴롭히는 감각기관들은
강제로 마음을 앗아가기 때문이다.

yatato hy api kaunteya
puruṣasya vipaścitaḥ
indriyāṇi pramāthīni
haranti prasabhaṁ manaḥ

---

19 감각 대상들을 음식에 비유했다. 자아가 외계와의 접촉을 끊어도 그 '맛'은 기억으로 마음에 남아 있으며, 지고의 실재를 깨달을 때야 비로소 그 맛마저도 사라진다는 뜻.

61.

모든 감각기관을 제어하면서
나에게 열중하여 제어된 채 앉아 있을지어다.
감각기관들을 지배하는 사람의 지혜는
확고히 서 있기 때문이다.[20]

tāni sarvāṇi saṁyamya
yukta āsīta matparaḥ
vaśe hi yasyendriyāṇi
tasya prajñā pratiṣṭhitā

62.

[감각의] 대상들을 생각하는 사람에게는
그것들에 대한 집착이 생기며,
집착으로부터 욕망이 생기고
욕망으로부터 분노가 생긴다.

dhyāyato viṣayān puṁsaḥ
saṅgas teṣūpajāyate
saṅgāt saṁjāyate kāmaḥ
kāmāt krodho 'bhijāyate

---

20 '나에게 열중하여'라는 말은 문자 그대로 '나를 최고로 하여'라는 뜻으로서, 요가 행자가 신에게 정신을 집중하여 마음을 제어해서 삼매의 경지에 들어가는 것을 가리킨다.

63.
분노로부터 미혹이 일어나고
미혹으로부터 기억의 착란이 일어나나니,
기억의 착란으로 인해 지성의 파멸이 오며,
지성이 파멸되면 그는 망하도다.

krodhād bhavati saṁmohaḥ
saṁmohāt smṛtivibhramaḥ
smṛtibhraṁśād buddhināśo
buddhināśāt praṇaśyati

64.
그러나 애욕과 증오를 벗어나
자신의 통제 아래 있는 감각기관들로
대상들을 오가며 자신을 다스린 자는
청정함에 이르리니,[21]

rāgadveṣaviyuktais tu
viṣayān indriyaiś caran
ātmavaśyair vidheyātmā
prasādam adhigacchati

21 여기서 '자신'은 'ātman'을 번역한 말로서, 본래는 영원한 자아를 가리키지만 여기서는 지성(buddhi)을 중심으로 한 경험적, 현상적 자아를 가리킨다. 따라서 '자신'으로 번역했다.

65.

청정함 속에서 그는
모든 고통의 종식을 이룬다.
청정한 마음을 소유한 자에게는
지혜가 속히 확립되기 때문이다.

prasāde sarvaduḥkhānāṁ
hānir asyopajāyate
prasannacetaso hy āśu
buddhiḥ paryavatiṣṭhate

66.

제어되지 않은 자에게는 지혜가 없고
제어되지 않은 자에게는 수정(修定)이 없나니,
수정이 없는 자에게는 평안이 없으며,
평안이 없는 자에게 어찌 행복이 있겠는가?

nāsti buddhir ayuktasya
na cāyuktasya bhāvanā
na cābhāvayataḥ śāntir
aśāntasya kutaḥ sukham

67.

배회하는 감각들에
이끌리는 마음은

폭풍이 물 위의 배를 삼켜 버리듯
그의 지혜를 앗아가기 때문이다.

indriyāṇāṁ hi caratāṁ
yan mano 'nuvidhīyate
tad asya harati prajñāṁ
vāyur nāvam ivāmbhasi

68.
그러므로 아르주나여,
사방의 감각 대상들로부터
감각기관들을 거두어들인 사람은
지혜가 확고히 서 있는 자이다.

tasmād yasya mahābāho
nigṛhītāni sarvaśaḥ
indriyāṇīndriyārthebhyas
tasya prajñā pratiṣṭhitā

69.
모든 존재의 밤에
자제의 소유자는 깨어 있으며,
존재들이 깨어 있을 때
[진리를] 보는 성자에게는 밤이다.[22]

22 『기타』에서 가장 아름다운 구절 가운데 하나다. 간디는 여기서 어두운 세상 속에서 빛을

yā niśā sarvabhūtānāṁ
tasyāṁ jāgarti saṁyamī
yasyāṁ jāgrati bhūtāni
sā niśā paśyato muneḥ

70.
물이 바다로 들어가 채우나
바다는 흔들리지 않는 것처럼,
그렇게 모든 욕망이 들어간 자는 평안을 얻지만,
욕망을 갈구하는 자는 그렇지 못하다.

āpūryamāṇam acalapratiṣṭhaṁ
samudram āpaḥ praviśanti yadvat
tadvat kāmā yaṁ praviśanti sarve
sa śāntim āpnoti na kāmakāmī

71.
모든 욕망을 던져 버리고
아무런 갈망 없이 행하는 사람,
내 것과 나라는 생각이 없는 자는
평안에 이르나니,

vihāya kāmān yaḥ sarvān
pumāṅś carati niḥspṛhaḥ

발하는 진리 파지의 공동체(Satyagraha Ashram)의 이상을 발견한다(같은 책, 62쪽).

nirmamo nirahaṁkāraḥ
sa śāntim adhigacchati

72.
이것이 브라만의 경지이다, 프르타의 아들이여.
이것을 얻으면 미혹됨이 없나니,
마지막 순간(죽음)에라도 거기에 확고히 서면
그는 브라만의 열반에 이르노라.[23]

eṣā brāhmī sthitiḥ pārtha
nāināṁ prāpya vimuhyati
sthitvā ʾsyām antakāle ʾpi
brahmanirvāṇam ṛcchati

---

23 감각기관이 제어되고 자기수련이 된 자는 지혜가 확고해져서 청정함과 평안과 열반을 얻는다. 그는 곧 자아를 실현한 자로서 '브라만의 열반' 즉 해탈의 경지에 들어간다. 그러나 앞으로 보겠지만, 이러한 경지는 크리슈나-비슈누에 대한 신애(bhakti)를 통해서 신에게 가는 해탈의 경지와 구별된다.

3장_ 행위의 요가

아르주나가 말했습니다(arjuna uvāca):

1.
행위보다도 지혜가
더 중요하다고 생각하신다면, 크리슈나여,
왜 저에게 이런 끔찍한 행위를
명하십니까? 멋진 머리카락을 지닌 이여.

jyāyasī cet karmaṇas te
matā buddhir janārdana
tat kiṁ karmaṇi ghore māṁ
niyojayasi keśava

2.
당신은 혼란된 듯한 말로
저의 마음을 혼미하게 하는 것 같습니다.
그런즉 제가 더 나은 것을 얻도록
하나를 분명히 말씀해 주십시오.

vyāmiśreṇeva vākyena
buddhiṁ mohayasīva me
tad ekaṁ vada niścitya
yena śreyo ʾham āpnuyām

거룩하신 주께서 말씀하셨습니다(śrībhagavān uvāca):

3.

예로부터 이 세상에는, 아르주나여,
두 가지 길이 나에 의해 선포되었노라.
이론적인 사람에게는 지(知)의 요가이며
실천적인 사람에게는 행위의 요가로다.[1]

loke ʾsmin dvividhā niṣṭhā
purā proktā mayā ʾnagha
jñānayogena sāṁkhyānāṁ
karmayogena yoginām

4.

행위들을 하지 않음으로
무위(無爲)를 얻는 것이 아니며,
(행위의) 포기로만

1 지의 요가(jñāna-yoga)의 '지'는 지금까지 이미 여러 번 나온 지혜(buddhi, prajñā)를 가리키며, 지의 요가는 2:49-72의 주제였다. 3장에서는 행위의 요가(karma-yoga)를 주제로 하여 지혜와 행위가 상반되는 것이 아님을 설한다.

완성에 이르는 것도 아니다.[2]

na karmaṇām anārambhān
naiṣkarmyaṁ puruṣo 'śnute
na ca saṁnyasanād eva
siddhiṁ samadhigacchati

5.
인간은 결코 한순간도
행위를 하지 않고 있을 수 없기 때문이며,
누구나 물질적 본성에서 생긴 요소들에 의해
어쩔 수 없이 행위를 하게끔 되어 있기 때문이다.[3]

na hi kaścit kṣaṇam api
jātu tiṣṭhaty akarmakṛt
kāryate hy avaśaḥ karma
sarvaḥ prakṛtijair guṇaiḥ

6.
행위의 기관들을 억제하면서
마음으로는 감각 대상들을 생각하는 사람은

2 무위(naiṣkarmya)는 아무런 행위도 하지 않는 무행위(akarman)와 구별되어야 한다. 무위는 행위로부터 자유로운 상태를 가리키는 개념이며, 이러한 상태는 단순히 아무 행위도 하지 않는 행위의 포기(saṁnyāsa)로 이루어지는 것이 아님을 말하고 있다. 도가의 무위(無爲) 개념을 빌려서 번역했다.

3 요소들이란 선(sattva), 격정(rajas), 암흑(tamas)으로서, 물질(prakṛti)을 구성하는 세 가지 요소다.

미혹된 자로서,
위선자라 부른다.

karmendriyāṇi saṁyamya
ya āste manasā smaran
indriyārthān vimūḍhātmā
mithyācāraḥ sa ucyate

7.
그러나 의근으로 감각기관들을 제어하면서,
행위의 기관들로 집착 없이
행위의 요가를 행하는 사람은
뛰어난 자로다, 아르주나여.[4]

yas tv indriyāṇi manasā
niyamyārabhate 'rjuna
karmendriyaiḥ karmayogam
asaktaḥ sa viśiṣyate

8.
그대에게 부과된 행위를 하라.
행위는 무행위보다 낫기 때문이다.
행위 없이 그대는 몸의 부양조차

4 의근(manas)은『기타』와 수론 철학에서 대상 세계를 지각하는 다섯 가지 외적 감각기관과는 달리, 정신 현상들을 지각하는 내적 감각기관(여섯 번째 감각기관)으로 간주되며, 지성(buddhi)과도 구별된다. 철학적 용어로는 의근(意根)이라고 부른다.

할 수 없을 것이다.

niyataṁ kuru karma tvaṁ
karma jyāyo hy akarmaṇaḥ
śarīrayātrāpi ca te
na prasiddhyed akarmaṇaḥ

9.
제사를 목적으로 하는 행위 말고는
이 세상은 행위로 묶여 있도다.
집착에서 벗어나, 쿤티의 아들이여,
그것[제사]을 목적으로 한 행위를 하라.[5]

yajñārthāt karmaṇo 'nyatra
loko 'yaṁ karmabandhanaḥ
tadarthaṁ karma kaunteya
muktasaṅgaḥ samācara

10.
옛날 프라자파티는 제사와 함께
피조물들을 산출한 후 말했다.
"이것(제사)으로 그대들은 번성할지어다.
이것이 그대들의 소원을 들어주는 소가 될지어다."[6]

---

5 제사는 신에게 공물을 바치는 행위이므로, 행위를 자신의 목적을 위해 하지 말고 신에게 바치는 순수한 마음으로 하면 행위로부터 자유로움을 얻을 것이라는 뜻. 10-16절까지는 제사 행위의 중요성에 대한 설교가 나온다.

sahayajñāḥ prajāḥ sṛṣṭvā
purovāca prajāpatiḥ
anena prasaviṣyadhvam
eṣa vo 'stv iṣṭakāmadhuk

11.
그것(제사)으로 그대들은 신들을 부양하고
신들은 그대들을 부양할지어다.
서로 부양하면서 그대들은
지고의 선에 도달하리라.

devān bhāvayatānena
te devā bhāvayantu vaḥ
parasparaṁ bhāvayantaḥ
śreyaḥ param avāpsyatha

12.
신들은 제사로 부양을 받고 그대들에게
원하는 음식들을 줄 것이기 때문이니,
신들이 준 것을 즐기면서 그들에게
아무것도 바치지 않는 사람은 곧 도둑이니라.

---

6 프라자파티(Prajāpati)는 베다에 나오는 창조의 신으로서, 문자 그대로 '자손의 주'라는 뜻이다. 여기서 자손이란 넓은 의미로서 모든 피조물을 일컫는다. 『샤타파타 브라흐마나』 11.1.8.2-3에 따르면, 그는 자신을 신들에게 바침으로써 제사를 만들어냈고 제사는 신들을 부양하는 음식이 되었다고 한다. '소원을 들어주는 소'(kāmadhuk, 如意牛)는 인도의 전설적인 소(특히 인드라신과 관련된)로서, 원하는 바를 모두 성취시켜 주는 소이다.

iṣṭān bhogān hi vo devā
dāsyante yajñabhāvitāḥ
tair dattān apradāyāibhyo
yo bhuṅkte stena eva saḥ

13.
제사에서 남은 것을 먹는 선한 사람들은
모든 죄과에서 해방되지만,
자신만을 위해 음식을 짓는
악한 사람들은 죄악을 먹는 것이다.

yajñaśiṣṭāśinaḥ santo
mucyante sarvakilbiṣaiḥ
bhuñjate te tv aghaṁ pāpā
ye pacanty ātmakāraṇāt

14.
존재들은 음식으로부터 생기고
음식은 비로부터 생긴다.
비는 제사로부터 생기며
제사는 행위로부터 생긴다.

annād bhavanti bhūtāni
parjanyād annasambhavaḥ
yajñād bhavati parjanyo

yajñaḥ karmasamudbhavaḥ

15.
행위는 브라만으로부터 나옴을 알라.
브라만은 불멸자(不滅者)로부터 나오나니,
그러므로 만유에 편재한 브라만은
영원히 제사에 기초해 있도다.[7]

karma brahmodbhavaṁ viddhi
brahmākṣarasamudbhavam
tasmāt sarvagataṁ brahma
nityaṁ yajñe pratiṣṭhitam

16.
이렇게 돌기 시작한 바퀴를 이 세상에서
따라 돌리지 않는 사람은 악의적이고,
감각기관을 쾌락으로 삼아
헛되게 산다, 프르타의 아들이여.

evaṁ pravartitaṁ cakraṁ
nānuvartayatīha yaḥ
aghāyur indriyārāmo

7 첫째와 둘째 행의 브라만은 만유의 궁극적 실재를 가리키는 말이 아니라 물질(prakṛti) 혹은 우주의 창조적 힘을 의미하는 것 같다. 혹은 베다를 의미할 수도 있다. 14-15절은 논리적인 듯하지만, 뜻이 명확하지 않다. 제사가 처음이나 마지막 고리가 아니라 가운데 위치해 있기 때문이다. 불멸자(akṣara)는 만물의 근원적 실재, 곧 브라만을 가리킨다.

moghaṁ pārtha sa jīvati

17.

그러나 오직 자아에서 기쁨을 얻고
자아에 만족하며
오직 자아로 흡족한 사람에게는
해야 할 일이 없도다.[8]

yas tv ātmaratir eva syād
ātmatṛptaś ca mānavaḥ
ātmany eva ca santuṣṭas
tasya kāryaṁ na vidyate

18.

그는 세상에서 행한 일이나
행하지 않은 일을 목적으로 삼지 않으며,
어떠한 존재도 목적으로서
집착하지 않는다.

nāiva tasya kṛtenārtho
nākṛteneha kaścana
na cāsya sarvabhūteṣu
kaścid arthavyapāśrayaḥ

---

8 자아를 발견한 자는 욕망과 집착에 근거한 일상적인 행동 양식을 초월한다. 하지만 이것은 무행위가 아니라 행위의 요가를 의미한다.

19.

그러므로 항상 집착 없이
해야 할 행위를 하라.
집착 없이 행위를 하는 사람은
지고의 것을 얻기 때문이다.

tasmād asaktaḥ satataṁ
kāryaṁ karma samācara
asakto hy ācaran karma
param āpnoti pūruṣaḥ

20.

자나카 왕 등은 바로 행위에 의해
완성에 이르렀기 때문이다.
또 세상의 복리를 고려해서라도
마땅히 그대는 행위를 해야만 한다.[9]

karmaṇāiva hi saṁsiddhim
āsthitā janakādayaḥ
lokasaṁgraham evāpi
saṁpaśyan kartum arhasi

---

9 자나카(Janaka)는『브르하드아라니아카 우파니샤드』(Bṛhadāraṇyaka Upaniṣad) 4. 1-4에 나오는 비데하(Videha)의 왕으로서, 철학적 지혜에 많은 관심을 보이는 왕이다.

21.

가장 뛰어난 자가 행하는 것마다
다른 사람도 행한다.
그가 행하는 모범을
세상은 따라간다.

yad yad ācarati śreṣṭhas
tat tad evetaro janaḥ
sa yat pramāṇaṁ kurute
lokas tad anuvartate

22.

이 삼계에서, 프르타의 아들이여,
내가 행해야 할 것은 아무것도 없으며,
얻어야 하지만 얻지 못한 것도 없노라.
그러나 나는 여전히 행위에 종사한다.

na me pārthāsti kartavyaṁ
triṣu lokeṣu kiṁcana
nānavāptam avāptavyaṁ
varta eva ca karmaṇi

23.

만약 내가 지칠 줄 모르고
행위에 종사하지 않는다면, 프르타의 아들이여,

사람들은 어디서나
내 길을 따를 것이기 때문이다.

yadi hy ahaṁ na varteyaṁ
jātu karmaṇy atandritaḥ
mama vartmānuvartante
manuṣyāḥ pārtha sarvaśaḥ

24.
만약 내가 행위를 하지 않는다면
이 세계들은 파멸할 것이다.
그리고 나는 혼란을 야기하는 자가 되고
이 피조물들을 파괴하게 될 것이다.

utsīdeyur ime lokā
na kuryāṁ karma ced aham
saṁkarasya ca kartā syām
upahanyām imāḥ prajāḥ

25.
무지한 자들이 집착을 가지고
행위를 하듯, 바라타족의 자손이여,
현명한 사람은 집착 없이
세계의 복리를 바라며 행위를 할지어다.

saktāḥ karmaṇy avidvāṁso
yathā kurvanti bhārata
kuryād vidvāṁs tathāsaktaś
cikīrṣur lokasaṁgraham

26.

현명한 자는 행위에 집착하는 무지한 자들에게
지성의 갈등을 일으키지 말지어다.
제어된 가운데 행하면서
그들로 하여금 모든 행위를 즐기도록 하여라.

na buddhibhedaṁ janayed
ajñānāṁ karmasaṅginām
joṣayet sarvakarmāṇi
vidvān yuktaḥ samācaran

27.

행위는 전적으로
물질의 요소들에 의해 행해진다.
[그러나] 아만(我慢)에 의해 미혹된 자는
'나는 행위자다'라고 생각한다.[10]

---

10 아만(ahaṁkāra)은 의근(manas)이나 지성(buddhi)과 마찬가지로 물질(prakṛti)의 일부로서 거짓된 자아 의식과 자기 집착을 일으키는 요소이다. 그것 때문에 물질적 요소 대신 자아를 행위자로 착각한다. 그러나 자아(ātman)는 행위자가 아니며 행위와 무관한 초연한 존재이다.

prakṛteḥ kriyamāṇāni
guṇaiḥ karmāṇi sarvaśaḥ
ahaṁkāravimūḍhātmā
kartāham iti manyate

28.

그러나 요소들과 행위의 배분에 관하여
진실을 아는 자는, 거대한 팔을 지닌 자여,
요소들이 요소들에 작용한다 생각하며
[행위에] 집착하지 않는다.[11]

tattvavit tu mahābāho
guṇakarmavibhāgayoḥ
guṇā guṇeṣu vartanta
iti matvā na sajjate

29.

물질의 요소들에 의해 미혹된 자들은
요소들에 의한 행위에 집착한다.
부분만을 아는 그러한 우둔한 자들을
전체를 아는 자는 흔들지 말지어다.

prakṛter guṇasammūḍhāḥ

---

11 '요소들과 행위의 배분'이란 행위(karma)에 따라 사람들이 각기 다른 물질적 요소들을 지니고 자기가 속한 계급에 태어나는 것을 뜻한다. 4:13을 참조할 것. 행위는 전적으로 물질(세 요소)과 물질(세 요소)의 관계로 이루어진다.

sajjante guṇakarmasu
tān akṛtsnavido mandān
kṛtsnavin na vicālayet

30.
자아에 대한 생각으로
나에게 모든 행위를 맡기면서
바람도 없고 내 것이라는 생각도 없이 되어
열을 내지 말고 싸우라.[12]

mayi sarvāṇi karmāṇi
saṁnyasyādhyātmacetasā
nirāśīr nirmamo bhūtvā
yudhyasva vigatajvaraḥ

31.
이러한 나의 가르침을
신뢰하는 마음으로 불평 없이
항상 준행하는 사람들도
행위에서 해방될 것이다.

ye me matam idaṁ nityam
anutiṣṭhanti mānavāḥ

12 '나에게 모든 행위를 맡기고서'라는 말은 모든 행위를 자신을 위한 것이 아니라 주님이신 크리슈나에게 제사로 바친다는 것을 뜻한다. 3:9 참조. 앞으로 본격적으로 전개될 신애의 요가(bhakti-yoga) 사상이 이미 엿보이기 시작한다.

śraddhāvanto ʾnasūyanto
mucyante te ʾpi karmabhiḥ

32.
그러나 나의 이 가르침을
불평하면서 준행하지 않는 자들,
모든 지혜에 혼미한 지각없는 자들은
멸망한 자들임을 알아라.

ye tv etad abhyasūyanto
nānutiṣṭhanti me matam
sarvajñānavimūḍhāṁs tān
viddhi naṣṭān acetasaḥ

33.
지혜 있는 자라 할지라도
자신의 물질적 본성에 따라 행동한다.
모든 존재는 물질적 본성을 좇은즉,
억압해서 무엇 하겠는가?

sadṛśaṁ ceṣṭate svasyāḥ
prakṛter jñānavān api
prakṛtiṁ yānti bhūtāni
nigrahaḥ kiṁ kariṣyati

34.

감각기관이 상대하는 대상에
욕정과 증오는 자리 잡고 있다.
이 둘의 힘에 종속되지 말지니.
이 둘은 사람의 복병이기 때문이다.

indriyasyendriyasyārthe
rāgadveṣau vyavasthitau
tayor na vaśam āgacchet
tau hy asya paripanthinau

35.

공덕이 없다 해도 자신의 의무[를 행하는 것]가
다른 사람의 의무를 잘하는 것보다 낫다.
자신의 의무를 행하다가 죽는 것이 낫나니,
다른 사람의 의무는 위험을 초래한다.[13]

śreyān svadharmo viguṇaḥ
paradharmāt svanuṣṭhitāt
svadharme nidhanaṁ śreyaḥ
paradharmo bhayāvahaḥ

---

13 여기에 힌두교 윤리의 특색인 '자신의 의무'(svadharma), 특히 자신의 계급 의무에 충실하라는 특수 윤리 사상이 강조되고 있다.

아르주나가 말했습니다(arjuna uvāca):

36.
그러면 무엇에 몰려, 크리슈나여,
이 사람은 원치 않아도
악을 행하게 되는 것입니까?
마치 힘에 의해 강요된 것처럼.

atha kena prayukto 'yaṁ
pāpaṁ carati pūruṣaḥ
anicchann api vārṣṇeya
balād iva niyojitaḥ

거룩하신 주께서 말씀하셨습니다(śrībhagavān uvāca):

37.
욕망이 그것이며 분노가 그것이로다.
[그것은] 격정의 요소에서 생기며
게걸스럽고 대단히 악한 것이니,
그것을 이 세상에서 적으로 알라.

kāma eṣa krodha eṣa
rajoguṇasamudbhavaḥ
mahāśano mahāpāpmā

viddhy enam iha vairiṇam

38.

불이 연기로 가려지고
거울이 때로 더러워지듯,
태아가 막으로 덮여 있듯,
세계는 그것에 의해 가려 있도다.

dhūmenāvriyate vahnir
yathādarśo malena ca
yatholbenāvṛto garbhas
tathā tenedam āvṛtam

39.

이 영원한 적에 의해, 쿤티의 아들이여,
지혜로운 자의 지혜가 가려져 있다.
욕망의 형태를 지닌,
만족을 모르는 불과 같은 것에 의해.

āvṛtaṁ jñānam etena
jñānino nityavairiṇā
kāmarūpeṇa kaunteya
duṣpūreṇānalena ca

40.

감각기관들과 의근과 지성을
그 거주지라 하나니,
그것들을 통해 [욕망은] 지혜를 덮으면서
육신의 소유주를 미혹한다.

indriyāṇi mano buddhir
asyādhiṣṭhānam ucyate
etair vimohayaty eṣa
jñānam āvṛtya dehinam

41.

그러므로 바라타족의 황소여,
그대는 먼저 감각기관들을 제어하면서
지혜와 분별력을 망치는
이 악을 쳐부수라.

tasmāt tvam indriyāṇy ādau
niyamya bharatarṣabha
pāpmānaṁ prajahi hy enaṁ
jñānavijñānanāśanam

42.

감각기관들이 높다고 사람들은 말하나
감각기관들보다 더 높은 것이 의근이다.

의근보다도 더 높은 것은 지성이지만,
그는 지성보다도 높도다.[14]

indriyāṇi parāṇy āhur
indriyebhyaḥ paraṁ manaḥ
manasas tu parā buddhir
yo buddheḥ paratas tu saḥ

43.
이와 같이 지성보다 더 높은 것을 깨닫고
자아로 자신을 굳건히 하면서, 아르주나여,
욕망의 형태를 지닌
정복하기 어려운 적을 쳐부수어라.

evaṁ buddheḥ paraṁ buddhvā
saṁstabhyātmānam ātmanā
jahi śatruṁ mahābāho
kāmarūpaṁ durāsadam

---

14 지성보다 더 높은 '그'는 정신(puruṣa) 혹은 자아(ātman)를 가리킨다.

4장_ 지혜의 요가

거룩하신 주께서 말씀하셨습니다(śrībhagavān uvāca):

1.
나는 이 불변의 요가를
비바스바트에게 말해 주었노라.
비바스바트는 그것을 마누에게 전했고
마누는 그것을 이크슈바쿠에게 말해주었노라.[1]

imaṁ vivasvate yogaṁ
proktavān aham avyayam
vivasvān manave prāha
manur ikṣvākave 'bravīt

2.
이렇게 전승되어 온 요가를
왕족 현자들은 알았노라.
[그러나] 오랜 시간이 흐름에 따라, 아르주나여,

1 비바스바트(Vivasvat)는 인류의 조상 마누(Manu)의 아버지인 태양신. 이크슈바쿠(Ikṣuvāku)는 마누의 아들.

이 요가는 세상에서 망실되었도다.

evaṁ paramparāprāptam
imaṁ rājarṣayo viduḥ
sa kāleneha mahatā
yogo naṣṭaḥ paraṁtapa

3.
나는 오늘 바로 그 태고의 요가를
그대에게 말해 주었나니,
그대는 나를 신애(信愛)하는 자이며 또 나의 친구로서,
이것은 최고의 비밀이기 때문이다.

sa evāyaṁ mayā te 'dya
yogaḥ proktaḥ purātanaḥ
bhakto 'si me sakhā ceti
rahasyaṁ hy etad uttamam

아르주나가 말했습니다(arjuna uvāca):

4.
당신의 출생은 나중이었고
비바스바트의 출생은 그 이전이었습니다.
당신이 태초에 그것을 말해 주었다는 것을

제가 어떻게 이해할 수 있겠습니까?

aparaṁ bhavato janma
paraṁ janma vivasvataḥ
katham etad vijānīyāṁ
tvam ādau proktavān iti

거룩하신 주께서 말씀하셨습니다(śrībhagavān uvāca):

5.
나는 수많은 생을 거쳐 왔고
그대 또한 그러하도다, 아르주나여.
나는 그 모든 생을 알지만
그대는 알지 못한다, 적을 괴롭히는 자여.

bahūni me vyatītāni
janmāni tava cārjuna
tāny ahaṁ veda sarvāṇi
na tvaṁ vettha paraṁtapa

6.
나는 불생(不生) 불변하는 자이며
나는 모든 존재의 주(主)이지만,
내 자신의 창조력에 의해서

자신의 물질적 본성을 사용하여 [세상에] 출현한다.[2]

ajo ’pi sann avyayātmā
bhūtānām īśvaro ’pi san
prakṛtiṁ svām adhiṣṭhāya
saṁbhavāmy ātmamāyayā

7.
의가 쇠하고
불의가 흥할 때마다, 바라타족의 자손이여,
나는 자신을
[세상에] 내보낸다.

yadā yadā hi dharmasya
glānir bhavati bhārata
abhyutthānam adharmasya
tadātmānaṁ sṛjāmy aham

8.
선한 자들을 보호하고
악한 자들을 멸하기 위해,
의의 확립을 위해,

2 크리슈나는 여기서 처음으로 자신의 정체를 말해 준다. 본래 영원하고 불가시적인 존재이지만 자기 자신의 물질적 본성(prakṛti)을 사용하여 인간의 몸으로 화하여 시간의 세계에 태어난 존재라는 것이다. '자신의 창조력'(māyā)에 의해 육신을 가지고 태어난 신의 화신(avatāra)임을 말하고 있다.

유가마다 나는 세상에 출현한다.[3]

paritrāṇāya sādhūnāṁ
vināśāya ca duṣkṛtām
dharmasaṁsthāpanārthāya
saṁbhavāmi yuge yuge

9.
이와 같이 나의 신비한 출생과 행위를
진실로 아는 사람은
육신을 떠나도 환생하지 않고
나에게 온다, 아르주나여.

janma karma ca me divyam
evaṁ yo vetti tattvataḥ
tyaktvā dehaṁ punarjanma
nāiti mām eti so 'rjuna

---

3 크리슈나는 자신을 의(義, dharma), 즉 도덕적 질서의 보호자로 말한다. 유가(yuga)란 힌두교에서 말하는 세계의 주기적 변화의 시간적 단위로서, 4유가(kṛta, tretā, dvāpara, kali)는 1대 유가를 형성하며 71대 유가는 1마누기(manvantara) 그리고 14마누기는 1겁(kalpa)을 형성한다. 4유가를 거치는 동안 세계는 도덕이나 인간의 수명과 행복 등에서 점점 쇠퇴해간다고 한다. 1겁은 창조신 브라마(Brahmā)의 한 낮에 해당하며 같은 길이의 브라마의 밤이 오면 만물은 융해되었다가 낮이 오면 다시 출현한다. 이렇게 브라마의 100년이 경과하면 세계는 대해체기를 맞았다가 때가 되면 다시 브라마의 창조 활동이 다시 시작되면서 전 과정이 되풀이 된다. 힌두교의 순환적 세계관이다.

10.

많은 사람들이 애욕과 공포와 분노를 떠나
나와 같이 되고, 나에 의지해서
지혜와 고행으로 정화되어
나의 상태에 이르렀노라.

vītarāgabhayakrodhā
manmayā mām upāśritāḥ
bahavo jñānatapasā
pūtā madbhāvam āgatāḥ

11.

사람들이 어떤 방식으로 나에게 귀의하든,
나는 그 방식으로 그들을 사랑하노라.
사람들은 모든 면에서
나의 길을 따른다, 프르타의 아들이여.

ye yathā māṁ prapadyante
tāṁs tathāiva bhajāmy aham
mama vartmānuvartante
manuṣyāḥ pārtha sarvaśaḥ

12.

사람들은 행위의 성공을 바라면서
세상에서 신들에게 제사한다.

행위에 의해 생기는 성공은 인간 세상에서
신속히 이루어지기 때문이다.

kāṅkṣantaḥ karmaṇāṁ siddhiṁ
yajanta iha devatāḥ
kṣipraṁ hi mānuṣe loke
siddhir bhavati karmajā

13.
사성 계급 제도는 요소와 행위의 배분에 따라
나에 의해 산출되었도다.
나는 그 행위자이지만
변치 않는 무행위자임을 알라.[4]

cāturvarṇyaṁ mayā sṛṣṭaṁ
guṇakarmavibhāgaśaḥ
tasya kartāram api māṁ
viddhy akartāram avyayam

14.
행위는 나를 더럽힐 수 없고
나는 행위의 결과에 아무런 갈망이 없나니,
이렇게 나를 인식하는 자는
행위(業)에 의해 속박되지 않는다.

---

4 사성 계급과 행위와 요소의 배분에 관해서는 3:28절과 각주를 참고할 것.

na māṁ karmāṇi limpanti
na me karmaphale spṛhā
iti māṁ yo ’bhijānāti
karmabhir na sa badhyate

15.
이와 같이 알고 해탈을 바라던
옛사람들도 행위를 하였노라.
그러므로 그대도 행위를 하라.
오래전 옛사람들이 했던 것처럼.

evaṁ jñātvā kṛtaṁ karma
pūrvair api mumukṣubhiḥ
kuru karmāiva tasmāt tvaṁ
pūrvaiḥ pūrvataraṁ kṛtam

16.
무엇이 행위이며 무엇이 무행위인지
현자들조차 이 점에 미혹되어 있노라.
내가 그대에게 행위에 대해 설명하겠나니
그것을 알면 그대는 악에서 해방되리라.

kiṁ karma kim akarmeti
kavayo ’py atra mohitāḥ
tat te karma pravakṣyāmi

yaj jñātvā mokṣyase 'śubhāt

17.

실로 행위에 대하여 깨달아야 하며
그릇된 행위와 무행위에 대하여도
깨달아야 한다.
행위의 길은 심오하도다.

karmaṇo hy api boddhavyaṁ
boddhavyaṁ ca vikarmaṇaḥ
akarmaṇaś ca boddhavyaṁ
gahanā karmaṇo gatiḥ

18.

행위 가운데서 무행위를 보는 자,
무행위 가운데서 행위를 보는 자는
사람들 가운데 지혜로운 자로서,
제어된 가운데 모든 행위를 하는 자로다.[5]

karmaṇy akarma yaḥ paśyed
akarmaṇi ca karma yaḥ
sa buddhimān manuṣyeṣu
sa yuktaḥ kṛtsnakarmakṛt

---

5 3:4의 각주와 3:5-7절을 참고할 것.

19.

하는 모든 일이
욕망과 [이기적] 목적에서 벗어난 자,
행위가 지혜의 불로 타버린 자를
지혜 있는 사람들은 고명한 자라 부른다.

yasya sarve samārambhāḥ
kāmasaṁkalpavarjitāḥ
jñānāgnidagdhakarmāṇaṁ
tam āhuḥ paṇḍitaṁ budhāḥ

20.

행위의 결과에 대한 집착을 포기하고
항상 만족하며, 아무것에도 의존하지 않는 자는
행위에 개입된다 해도
아무것도 행하지 않는 자로다.

tyaktvā karmaphalāsaṅgaṁ
nityatṛpto nirāśrayaḥ
karmaṇy abhipravṛtto 'pi
naiva kiṁcit karoti saḥ

21.

아무런 바람 없이 제어된 몸과 마음으로
모든 소유욕을 포기하고

단지 육신으로만 행위를 하면
그는 죄과를 얻지 않는다.[6]

nirāśīr yatacittātmā
tyaktasarvaparigrahaḥ
śārīraṁ kevalaṁ karma
kurvan nāpnoti kilbiṣam

22.

주어지는 대로 만족하며
모든 대립을 초월하여 선망 없이
성공과 실패에 평등한 사람은
행위를 해도 속박되지 않는다.

yadṛcchālābhasaṁtuṣṭo
dvandvātīto vimatsaraḥ
samaḥ siddhāv asiddhau ca
kṛtvāpi na nibadhyate

23.

집착이 사라지고 자유로우며
지혜에 굳건히 선 마음을 지닌 자가
[오직] 제사를 위해 행하는 행위는
모두 녹아 없어진다.[7]

---

6 'ātman'을 6:10에서처럼 '마음'이라고 번역했으나 '자기' 혹은 '자신'으로 번역해도 좋다.

gatasaṅgasya muktasya
jñānāvasthitacetasaḥ
yajñāyācarataḥ karma
samagraṁ pravilīyate

24.
봉헌은 브라만이다.
브라만에 의해 브라만의 불에 바쳐진 공물도 브라만이다.
브라만의 행위(제사)에 열중하는 사람은
바로 브라만에 이른다.[8]

brahmārpaṇaṁ brahma havir
brahmāgnau brahmaṇā hutam
brahmāiva tena gantavyaṁ
brahmakarmasamādhinā

25.
어떤 요가행자들은 오직
신들에게만 제사를 바치고,
어떤 자들은 브라만의 불에

---

7 3:10-16절에서처럼 제사에 대한 부분이 4:24-32절에 걸쳐 나오고 있다. '제사'라는 말이 비유적으로 쓰이면서 각종 제사 행위에 대한 묘사와 칭찬이 나온다. 결과에 집착하지 않는 순수한 행위로서 제사의 참뜻을 밝히고 있다.

8 이 절에서 말하는 브라만의 의미는 분명하지 않으나, 제사 행위에 충만한 신비적 힘을 가리키는 것 같다. 3:15 참조할 것. 혹은 우주 만물의 궁극적 실재 브라만을 가리킬 수도 있다. 모든 것이 궁극적으로 브라만이기 때문이다. 여하튼 모든 행위를 신에게 바치는 제사로서 순수한 마음으로 행하라는 것이다.

바로 제사를 제사로서 바친다.[9]

daivam evāpare yajñaṁ
yoginaḥ paryupāsate
brahmāgnāv apare yajñaṁ
yajñenāivopajuhvati

26.
다른 사람들은 청각 등 감각기관을
자제의 불에 바치고,
다른 사람들은 소리 등 감각 대상을
감각기관의 불에 바친다.[10]

śrotrādīnīndriyāṇy anye
saṁyamāgniṣu juhvati
śabdādīn viṣayān anya
indriyāgniṣu juhvati

27.
또 어떤 사람들은
모든 감각기관의 행위와 호흡 행위를

---

9 에저튼(Edgerton)의 해석에 따르면, 첫 번째 부류는 의례주의자들(ritualists)을 가리키고, 두 번째 부류는 브라만을 아는 데 몰두하는 철학적 신비주의자들(philosophical mystics)에 대한 비유적 묘사이다.

10 에저튼에 따르면, 첫 번째 부류는 모든 감각기관을 무력화하려는 금욕주의자들(ascetics)이며, 두 번째 부류는 초연히 행위를 하는 자들로서 감각기관들의 대상들과 관계하되 집착이 없이 하는 자들이다.

지혜로 타오르는 자제의
요가의 불에 바친다.[11]

sarvāṇīndriyakarmāṇi
prāṇakarmāṇi cāpare
ātmasaṁyamayogāgnau
juhvati jñānadīpite

28.

어떤 사람들은 제물을 제사로 바치고 고행을 제사로 바치며,
또 어떤 이들은 요가를 제사로 바치고,
엄격한 맹세를 한 고행자들은
[베다] 학습과 지식을 제사로 바친다.

dravyayajñās tapoyajñā
yogayajñās tathāpare
svādhyāyajñānayajñāś ca
yatayaḥ saṁśitavratāḥ

29.

또 어떤 사람들은 들숨을 날숨에 바치며
날숨을 들숨에 바친다.
날숨과 들숨의 흐름을 억제하면서

---

11 에저튼에 따르면, 모든 행위를 단념하는 수론 철학에 기초한 '이론의 요가'를 따르는 자들이다.

제식(制息)을 최고 목표로 삼는다.[12]

apāne juhvati prāṇaṁ
prāṇe 'pānaṁ tathāpare
prāṇāpānagatī ruddhvā
prāṇāyāmaparāyaṇāḥ

30.
어떤 사람들은 음식을 억제하고
호흡을 호흡에 바친다.[13]
이들은 모두 제사를 아는 자들이며
제사에 의해 죄과가 소멸된 자들이다.

apare niyatāhārāḥ
prāṇān prāṇeṣu juhvati
sarve 'py ete yajñavido
yajñakṣapitakalmaṣāḥ

31.
제사 후 남은 불사(不死)의 음식을 먹으면서
그들은 영원한 브라만에 이른다.
제사를 드리지 않는 자에게는 이 세상도 없나니
어찌 다른 세상이 있겠는가, 쿠루 족의 뛰어난 자여.

---

12 역시 이론의 요가를 따르는 자들로서 제식(制息) 수행을 하는 자들이다.
13 자이나교의 수행자들처럼 스스로 목숨을 끊을 정도로 극심한 고행과 금욕을 행하는 자들이다.

yajñaśiṣṭāmṛtabhujo
yānti brahma sanātanam
nāyaṁ loko 'sty ayajñasya
kuto 'nyaḥ kurusattama

32.

이와 같이 다양한 제사가
브라만의 입 앞에 펼쳐져 있도다.
그것들 모두가 행위에서 생겨남을 알라.
이를 알면 그대는 해방되리라.

evaṁ bahuvidhā yajñā
vitatā brahmaṇo mukhe
karmajān viddhi tān sarvān
evaṁ jñātvā vimokṣyase

33.

재물의 제사보다 지혜의 제사가 더 우월하나니,
오, 적을 괴롭히는 자여,
모든 행위는 빠짐없이
지혜에서 완성된다, 프르타의 아들이여.[14]

śreyān dravyamayād yajñāj
jñānayajñaḥ paraṁtapa

---

14 33-42절에서는 2:49-72에서처럼 지혜(jñāna)가 강조되고 있다.

sarvaṁ karmākhilaṁ pārtha
jñāne parisamāpyate

34.
경외와 탐구와 섬김을 통해
이를 알지니,
진리를 보는 지혜로운 자들이
그대에게 지혜를 가르쳐 줄 것이다.

tad viddhi praṇipātena
paripraśnena sevayā
upadekṣyanti te jñānaṁ
jñāninas tattvadarśinaḥ

35.
지혜를 알면, 판두의 아들이여,
다시는 이와 같이 미혹되지 않을 것이니,
그럼으로써 그대는 [모든] 존재를 남김없이
[그대의] 자아 안에서 그리고 내 안에서 볼 것이다.[15]

yaj jñātvā na punar moham
evaṁ yāsyasi pāṇḍava
yena bhūtāny aśeṣena

15 우파니샤드적 범아일여(梵我一如) 사상이 암시되고 있으며, 동시에 브라만 대신 인격신 크리슈나-비슈누가 자아(ātman)와 동일시되고 있다.

drakṣyasy ātmany atho mayi

36.
그대가 모든 악한 자 가운데
가장 악한 자라 할지라도,
그대는 지혜의 배로
모든 사악함을 건널 것이다.

api ced asi pāpebhyaḥ
sarvebhyaḥ pāpakṛttamaḥ
sarvaṁ jñānaplavenāiva
vṛjinaṁ saṁtariṣyasi

37.
타는 불이 장작들을
재로 만들듯이, 아르주나여,
지혜의 불은 모든 행위를
재로 만든다.

yathāidhāṁsi samiddho 'gnir
bhasmasāt kurute 'rjuna
jñānāgniḥ sarvakarmāṇi
bhasmasāt kurute tathā

38.

이 세상에 지혜만 한
정화 도구가 없기 때문이나니,
요가가 완성된 사람은 시간이 지나면서
자기에서 이것을 스스로 발견한다.

na hi jñānena sadṛśaṁ
pavitram iha vidyate
tat svayaṁ yogasaṁsiddhaḥ
kālenātmani vindati

39.

믿음이 있는 사람은 감각기관을 제어하고
지혜에 몰두하여 지혜를 얻는다.
지혜를 얻고 나면 그는
머지않아 지고의 평안에 이른다.

śraddhāvāṁl labhate jñānaṁ
tatparaḥ saṁyatendriyaḥ
jñānaṁ labdhvā parāṁ śāntim
acireṇādhigacchati

40.

무지한 자와 믿음이 없는 자,
의심하는 자는 멸망하도다.

의심하는 자에게는
이 세상도 저 세상도, 즐거움도 없다.

ajñaś cāśraddadhānaś ca
saṁśayātmā vinaśyati
nāyaṁ loko 'sti na paro
na sukhaṁ saṁśayātmanaḥ

41.
요가로 행위를 단념하고
지혜로 의심을 끊어버리며
자아에 머무는 자는, 아르주나여,
어떤 행위도 속박할 수 없도다.

yogasaṁnyastakarmāṇaṁ
jñānasaṁchinnasaṁśayam
ātmavantaṁ na karmāṇi
nibadhnanti dhanaṁjaya

42.
그러므로 무지에서 생겨난,
가슴에 있는 이 의심을
[그대] 자신의 지혜의 검으로 베어 버리고
[행위의] 요가에 의지해 일어서라, 아르주나여.

tasmād ajñānasaṁbhūtaṁ
hṛtsthaṁ jñānāsinātmanaḥ
chittvāinaṁ saṁśayaṁ yogam
ātiṣṭhottiṣṭha bhārata

5장_ 행위의 포기 요가

아르주나가 말했습니다(arjuna uvāca):

1.
행위의 포기를 그리고 다시 [행위의] 요가를
당신은 찬양하고 있습니다, 크리슈나여.
이 둘 가운데 어느 것이 더 좋은지
저에게 확실하게 말씀해 주소서.

saṁnyāsaṁ karmaṇāṁ kṛṣṇa
punar yogaṁ ca śaṁsasi
yac chreya etayor ekaṁ
tan me brūhi suniścitam

거룩하신 주께서 말씀하셨습니다(śrībhagavān uvāca):

2.
포기와 행위의 요가는
둘 다 지고선에 이르게 한다.

그러나 이 둘 가운데 행위의 포기보다
행위의 요가가 더 우월하도다.[1]

saṁnyāsaḥ karmayogaś ca
niḥśreyasakarāv ubhau
tayos tu karmasaṁnyāsāt
karmayogo viśiṣyate

3.
혐오도 갈구도 하지 않는 사람을, 아르주나여,
영원한 포기자로 알아야 할지니,
그는 모든 이원적 대립을 벗어나
쉽게 속박에서 해방되기 때문이다.

jñeyaḥ sa nityasaṁnyāsī
yo na dveṣṭi na kāṅkṣati
nirdvandvo hi mahābāho
sukhaṁ bandhāt pramucyate

4.
어리석은 자들은 이론과 실천이 다르다고 말하나
현명한 자들은 그렇지 않다.
하나만이라도 올바르게 따르면
둘의 결과를 얻는다.[2]

---

1 지고선(至高善, niḥsreyasa, summum bonum)은 해탈(mokṣa)을 가리킨다.

sāṁkhyayogau pṛthag bālāḥ
pravadanti na paṇḍitāḥ
ekam apy āsthitaḥ samyag
ubhayor vindate phalam

5.
이론에 의해 도달된 경지는
실천에 의해서도 도달된다.
이론과 실천은 하나이니,
보는 자는 보도다.

yat sāṁkhyaiḥ prāpyate sthānaṁ
tad yogair api gamyate
ekaṁ sāṁkhyaṁ ca yogaṁ ca
yaḥ paśyati sa paśyati

6.
그러나 [진정한] 포기란, 거대한 팔을 지닌 자여,
[행위의] 요가 없이는 얻기 어렵다.
요가로 제어된 성자는
머지않아 브라만에 도달한다.

saṁnyāsas tu mahābāho

---

2 이론(saṁkhya)은 수론 철학에 근거한 지혜와 수행을, 실천(yoga)은 행위의 요가를 가리킨다. 2:39와 3:3을 참조할 것. 이 구절은 이제까지 들려준 가르침(2-4장)의 결론과도 같다.

duḥkham āptum ayogataḥ
yogayukto munir brahma
nacireṇādhigacchati

7.
요가로 제어되어 정결해진 자,
감각기관을 정복하여 자신을 이긴 자,
모든 존재의 자아가 된 자는
행위를 해도 더럽혀지지 않는다.[3]

yogayukto viśuddhātmā
vijitātmā jitendriyaḥ
sarvabhūtātmabhūtātmā
kurvann api na lipyate

8.
진리를 아는 제어된 자는
'나는 아무것도 행하지 않는다'고 생각할지어다.
보고, 듣고, 만지고, 냄새 맡으면서,
먹으면서, 걸으면서, 잠자면서, 숨 쉬면서,

nāiva kiṁcit karomīti
yukto manyeta tattvavit

---

3 이제부터는 집착 없는 '행위의 기술'로 행위의 요가를 실천하는 보다 구체적인 지침이 따른다.

paśyañ śṛṇvan spṛśañ jighrann
aśnan gacchan svapañ śvasan

9.
이야기하고, 배설하고, 잡으면서,
눈을 뜨고 감으면서도
감각기관들이 감각 대사들에 관계할 [뿐이라고]
생각하면서,

pralapan visṛjan gṛhṇann
unmiṣan nimiṣann api
indriyāṇīndriyārtheṣu
vartanta iti dhārayan

10.
집착을 포기하고
브라만에 행위를 바치면서 행위 하는 자는
연꽃잎이 물에 더럽혀지지 않듯이
악에 더럽혀지지 않는다.

brahmaṇy ādhāya karmāṇi
saṅgaṁ tyaktvā karoti yaḥ
lipyate na sa pāpena
padmapatram ivāmbhasā

11.
요가행자는 집착을 버리고
자신의 정화를 위해
단지 몸과 의근과 지성과
감각기관들만으로 행위를 한다.

kāyena manasā buddhyā
kevalair indriyair api
yoginaḥ karma kurvanti
saṅgaṁ tyaktvātmaśuddhaye

12.
제어된 자는 행위의 결과를 포기하고
영구한 평안을 얻지만
제어되지 않은 자는 결과에 집착하여
욕망의 행위로 속박된다.

yuktaḥ karmaphalaṁ tyaktvā
śāntim āpnoti naiṣṭhikīm
ayuktaḥ kāmakāreṇa
phale sakto nibadhyate

13.
마음으로 모든 행위를 포기하면서
육신의 소유주는 아홉 문의 성 안에

주인으로 편안히 앉아 있도다.
전혀 행위를 하지 않고 시키지도 않으며.[4]

sarvakarmāṇi manasā
saṁnyasyāste sukhaṁ vaśī
navadvāre pure dehī
nāiva kurvan na kārayan

14.

주(主)는 [행위의] 주체 노릇을 하지 않고
세상의 행위들을 산출하지도 않으며
행위와 결과를 연결시키지도 않지만
[물질적] 본성이 활동을 일으킨다.[5]

na kartṛtvaṁ na karmāṇi
lokasya srjati prabhuḥ
na karmaphalasaṁyogaṁ
svabhāvas tu pravartate

15.

편재주(遍在主)는 어느 누구의 죄악이나
선행[의 결과]도 받지 않는다.
지혜는 무지에 의해 가리어지나니,

---

4 '아홉 문의 성'은 인간의 몸을 가리킨다. 아홉 문은 외부 세계와 접촉하는 신체의 아홉 기관.
5 여기서 주(主, prabbu)란 앞 절에 언급된 성 안의 주인, 즉 육신의 소유주 혹은 자아를 말한다. 모든 행위는 물질적 본성(prakṛti, svabhāva)의 소산일 뿐, 자아와는 무관하다.

이 때문에 사람들은 미혹된다.[6]

nādatte kasyacit pāpaṁ
na cāiva sukṛtaṁ vibhuḥ
ajñānenāvṛtaṁ jñānaṁ
tena muhyanti jantavaḥ

16.
그러나 자신의 무지가
지혜에 의해 파괴된 사람들의
지혜는 태양처럼
저 지고의 것을 비춘다.[7]

jñānena tu tad ajñānaṁ
yeṣāṁ nāśitam ātmanaḥ
teṣām ādityavaj jñānaṁ
prakāśayati tat param

17.
그것(지고의 것)에 지성과 자신을 집중하고
그것을 기초로 삼고 그것을 최고 목표로 삼아
그들은 지혜로 허물이 씻겨
되돌아옴[환생]이 없는 [세계로] 간다.

---

6 14절의 '주'와 마찬가지로 여기서도 '편재주'(vibhu)는 인간의 자아(ātman)를 가리키는 말이다. 하지만 동시에 브라만 혹은 대주재신 크리슈나를 가리킬 수도 있다.

7 지고의 것(tat param)은 브라만을 가리킨다. 2:59 참조.

tadbuddhayas tadātmānas
tanniṣṭhās tatparāyaṇāḥ
gacchanty apunarāvṛttiṁ
jñānanirdhūtakalmaṣāḥ

18.
지식과 예절을 다 갖춘 바라문이든
소든 코끼리든
혹은 개든 천민이든
현명한 사람들은 평등하게 본다.

vidyāvinayasaṁpanne
brāhmaṇe gavi hastini
śuni cāiva śvapāke ca
paṇḍitāḥ samadarśinaḥ

19.
마음이 평등성에 고착된 사람들은
바로 이 세상에서 [다시] 태어남이 극복된 자들이다.
브라만은 결함이 없고 평등하기 때문이다.
그러므로 그들은 브라만에 서 있도다.

ihāiva tair jitaḥ sargo
yeṣāṁ sāmye sthitaṁ manaḥ
nirdoṣaṁ hi samaṁ brahma

tasmād brahmaṇi te sthitāḥ

20.
좋아하는 것을 얻어도 즐거워하지 말며
싫어하는 것을 얻어도 불쾌히 여기지 말지어다.
확고한 지성으로 미혹됨 없이
브라만을 아는 자는 브라만에 서 있도다.

na prahṛṣyet priyaṁ prāpya
nodvijet prāpya cāpriyam
sthirabuddhir asaṁmūḍho
brahmavid brahmaṇi sthitaḥ

21.
외적 접촉에 집착하지 않고
자아에서 행복을 발견하는 자는
브라만의 요가로 제어된 자로서,
불멸의 행복을 누린다.

bāhyasparśeṣv asaktātmā
vindaty ātmani yat sukham
sa brahmayogayuktātmā
sukham akṣayam aśnute

22.
접촉에서 오는 쾌락들은
바로 괴로움의 원천들이다.
그것들은 시작과 끝이 있나니, 쿤티의 아들이여,
지혜로운 자는 그것들을 즐거워하지 않는다.

ye hi saṁsparśajā bhogā
duḥkhayonaya eva te
ādyantavantaḥ kaunteya
na teṣu ramate budhaḥ

23.
육신으로부터 해방되기 전, 바로 이 세상에서
욕망과 분노에서 오는 동요를
견딜 수 있는 자는
제어된 사람이며 행복한 사람이로다.

śaknotīhāiva yaḥ soḍhuṁ
prāk śarīravimokṣaṇāt
kāmakrodhodbhavaṁ vegaṁ
sa yuktaḥ sa sukhī naraḥ

24.
내면의 행복과 내면의 기쁨을 얻고
오직 내면의 빛을 발견하는

요가행자는 브라만이 되어
브라만의 열반에 이른다.[8]

yo ʾntaḥsukho ʾntarārāmas
tathāntarjyotir eva yaḥ
sa yogī brahmanirvāṇaṁ
brahmabhūto ʾdhigacchati

25.
허물이 사라지고 의심이 끊기고
자기가 제어된 현자들은
모든 존재의 복리를 기뻐하며
브라만의 열반을 얻는다.

labhante brahmanirvāṇam
ṛṣayaḥ kṣīṇakalmaṣāḥ
chinnadvaidhā yatātmānaḥ
sarvabhūtahite ratāḥ

26.
욕망과 분노에서 벗어나
마음이 제어되고
자아를 아는 수행자들에게
브라만-열반은 가까이 다가온다.

---

8 2:72 참조

kāmakrodhavimuktānāṁ
yatīnāṁ yatacetasām
abhito brahmanirvāṇaṁ
vartate viditātmanām

27.
외적 접촉을 멀리하고
두 눈썹 사이에 시선을 고정시키며
코를 통해 드나드는
들숨과 날숨을 균등히 하고

sparśān kṛtvā bahir bāhyāṁś
cakṣuś cāivāntare bhruvoḥ
prāṇāpānau samau kṛtvā
nāsābhyantaracāriṇau

28.
감각기관과 의근과 지성을 제어하고
해탈을 최고 목표로 삼아
항상 욕망과 공포와 분노가 사라진 성자는
바로 해탈한 자로다.

yatendriyamanobuddhir
munir mokṣaparāyaṇaḥ
vigatecchābhayakrodho

yaḥ sadā mukta eva saḥ

29.

나를 제사와 고행의 향수자,
모든 세계의 대주재자,
모든 존재의 친구로 알아
그는 평안에 이른다.[9]

bhoktāraṁ yajñatapasāṁ
sarvalokamaheśvaram
suhṛdaṁ sarvabhūtānāṁ
jñātvā māṁ śāntim ṛcchati

9 인격신 크리슈나 자신에 대한 지식을 강조하는 이 구절은 다소 갑작스러운 느낌을 주나, 신애(bhakti) 사상을 나타내는 말로서 점차 전면으로 부상한다. 『기타』 전체를 통해서 탈인격적 실재인 브라만에 대한 앎이나 '브라만의 열반'이라는 해탈의 이념과 차별화되면서 긴장 관계를 이룬다.

6장_ 명상의 요가

거룩하신 주께서 말씀하셨습니다(śrībhagavān uvāca):

1.

행위의 결과에 의존하지 않고
해야 할 행위를 하는 사람이야말로
포기자이며 요가행자이다.
불을 지피지 않거나 의례를 행하지 않는 사람이 아니다.[1]

anāśritaḥ karmaphalaṁ
kāryaṁ karma karoti yaḥ
sa saṁnyāsī ca yogī ca
na niragnir na cākriyaḥ

2.

사람들이 포기라 부르는 것은
요가임을 알라, 판두의 아들이여.

---

1 포기자(saṁnyāsin)는 힌두교의 이상적 삶의 과정 가운데 제4기에 들어가서 세속적 삶을 버리고 고행과 명상에 전념하면서 해탈을 추구하는 사람이다. 그러나『기타』에서는 행위 속에서 포기를 실천하는 자를 진정한 포기자라고 한다. 제5장 초두에 제기된 포기와 요가의 문제를 다시 다루고 있다. '불을 지피지 않는다'의 '불'은 제사를 드리기 위한 불을 가리킨다.

목적의식을 포기하지 않고는
아무도 요가행자가 될 수 없기 때문이다.

yaṁ saṁnyāsam iti prāhur
yogaṁ taṁ viddhi pāṇḍava
na hy asaṁnyastasaṁkalpo
yogī bhavati kaścana

3.
요가에 오르고자 하는 성자에게는
행위를 수단이라 하며,
이미 요가에 오른 자에게는
적정(寂靜)을 수단이라 한다.

āruruksor muner yogaṁ
karma kāraṇam ucyate
yogārūḍhasya tasyāiva
śamaḥ kāraṇam ucyate

4.
감각 대상들이나 행위들에 집착하지 않고
모든 목적의식을 포기할 때
요가에 오른 자라
말하기 때문이다.

yadā hi ne 'ndriyārtheṣu
na karmasv anuṣajjate
sarvasaṁkalpasaṁnyāsī
yogārūḍhas tadocyate

5.
자신에 의해 자신을 높이고
자신을 비하하지 말지어다.
자기야말로 자기의 친구이며
자기야말로 자기의 적이기 때문이다.[2]

uddhared ātmanātmānaṁ
nātmānam avasādayet
ātmāiva hy ātmano bandhur
ātmāiva ripur ātmanaḥ

6.
자기에 의해 자기가 극복된 사람은
자기가 자기의 친구이지만,
자기를 상실한 자에게는
자기야말로 적과 같이 적대 행위를 할 것이다.

bandhur ātmātmanas tasya

2 이 구절과 다음 절에서 자신 혹은 자기(ātman)란 말은 주로 일반적 의미의 현상적 자아를 가리킨다. 그러나 그 이면에는 영원한 본질적 자아, 참자아의 뜻도 함축되어 있다. 이 구절들에는 일종의 의도적인 말놀이가 숨어 있다.

yenātmāivātmanā jitaḥ
anātmanas tu śatrutve
vartetātmāiva śatruvat

7.
자기를 이기고 평안해진 사람의
지고아(至高我)는 추위와 더위,
즐거움과 고통, 명예와 치욕 속에서도
삼매에 들어 있다.

jitātmanaḥ praśāntasya
paramātmā samāhitaḥ
śītoṣṇasukhaduḥkheṣu
tathā mānāpamānayoḥ

8.
지혜와 통찰로 충족된 자,
감각기관이 정복되어 흔들림이 없고
흙덩이와 돌과 황금이 동등한
요가행자는 제어된 자라 부른다.

jñānavijñānatṛptātmā
kūṭastho vijitendriyaḥ
yukta ity ucyate yogī
samaloṣṭrāśmakāñcanaḥ

9.
친구에게나 동료에게나 적에게나,
무관한 자에게나 중립적인 자에게나,
미운 자에게나 친족에게나, 선한 자에게나 악한 자에게나
평등한 마음을 지닌 자는 뛰어난 자로다.

suhṛnmitrāryudāsīna-
madhyasthadveṣyabandhuṣu
sādhuṣv api ca pāpeṣu
samabuddhir viśiṣyate

10.
요가행자는 항상 한적한 곳에 처하여
몸과 마음을 제어하고
바라는 것도 소유도 없이
홀로 자신을 수련할지어다.[3]

yogī yuñjīta satatam
ātmānaṁ rahasi sthitaḥ
ekākī yatacittātmā
nirāśīr aparigrahaḥ

3 10-20절에는 요가 수련의 방법에 대한 구체적 지침이 나온다. 10절의 'ātman'은 샹카라의 해석에 따라 '몸'으로 새겼다(4:21 참조).

11.

자신을 위해 깨끗한 곳에
헝겊이나 가죽이나 풀로 덮인
너무 높지도 너무 낮지도 않은
고정된 좌석을 마련하고

śucau deśe pratiṣṭhāpya
sthiram āsanam ātmanaḥ
nātyucchritaṁ nātinīcaṁ
cailājinakuśottaram

12.

거기서 마음을 한곳에 모으고
생각과 감각기관의 활동을 제어하고
자리에 앉아 자신의 정화를 위해
요가를 수련할지어다.

tatrāikāgraṁ manaḥ kṛtvā
yatacittendriyakriyaḥ
upaviśyāsane yuñjyād
yogam ātmaviśuddhaye

13.

몸과 머리와 목을
가지런히 하고 움직이지 말며

고정하여 자신의 코끝을 응시하면서
사방을 둘러보지 말며

samaṁ kāyaśirogrīvaṁ
dhārayann acalaṁ sthiraḥ
saṁprekṣya nāsikāgraṁ svaṁ
diśaś cānavalokayan

14.
고요한 마음으로 두려움 없이
금욕의 맹세에 굳게 서서
나를 생각하고 마음을 제어하면서
나에 열중하여 제어된 채 좌정할지어다.

praśāntātmā vigatabhīr
brahmacārivrate sthitaḥ
manaḥ saṁyamya maccitto
yukta āsīta matparaḥ

15.
이렇게 항상 자신을 훈련하는
수행자는 마음이 제어되어
열반을 구경(究竟)으로 하는
내 안에 있는 평안에 이를 것이다.[4]

4 열반의 평안이 신 안에 존재한다고 말함으로써 브라만의 열반과 신을 차별화하고 있다.

yuñjann evaṁ sadātmānaṁ
yogī niyatamānasaḥ
śāntiṁ nirvāṇaparamāṁ
matsaṁsthām adhigacchati

16.
그러나 요가는
과식하거나 너무 절식하는 사람,
잠을 너무 많이 자거나 (너무) 깨어 있는 사람에게는
있을 수 없도다, 아르주나여.

nātyaśnatas tu yogo 'sti
na cāikāntam anaśnataḥ
na cātisvapnaśīlasya
jāgrato nāiva cārjuna

17.
음식과 휴식에서 절제를 알고
행위에서 행동을 절제하며
잠과 깨어 있음에 절제를 아는 사람에게만
고통을 없애는 요가가 가능하다.

yuktāhāravihārasya
yuktaceṣṭasya karmasu

2:72, 5:24 참조.

yuktasvapnāvabodhasya
yogo bhavati duḥkhahā

18.
생각이 조복(調伏)되어
오로지 자아에 고정되어 있고
모든 욕망을 향한 갈망이 사라질 때
[마음이] 제어되었다고 말한다.

yadā viniyataṁ cittam
ātmany evāvatiṣṭhate
niḥspṛhaḥ sarvakāmebhyo
yukta ity ucyate tadā

19.
바람 없는 곳의 등불이 흔들리지 않듯이,
생각을 제어하고
자신의 요가를 수련하는
요가행자는 그와 같다고 전해진다.

yathā dīpo nivātastho
ne 'ṅgate sopamā smṛtā
yogino yatacittasya
yuñjato yogam ātmanaḥ

20.
요가를 봉행하여
마음이 억제되고 쉬는 곳,
그리고 스스로 자아를 보면서
자아에서 만족을 얻는 곳(경지),

yatroparamate cittaṁ
niruddhaṁ yogasevayā
yatra cāivātmanātmānaṁ
paśyann ātmani tuṣyati

21.
감각을 초월하고 지성에 의해 잡히는
지극한 즐거움을 알고
거기에 굳게 서서
진리를 벗어나지 않는 곳,

sukham ātyantikaṁ yat tad
buddhigrāhyam atīndriyam
vetti yatra na cāivāyaṁ
sthitaś calati tattvataḥ

22.
그것을 얻고 나면 다른 어떤 얻음도
그보다 높다고 생각하지 않으며

거기에 서서 아무리 심한 고통에도
동요되지 않는 곳,

yaṁ labdhvā cāparaṁ lābhaṁ
manyate nādhikaṁ tataḥ
yasmin sthito na duḥkhena
guruṇāpi vicālyate

23.

그것이 고통과의 연결을 풀어 주는
요가라 불리는 것임을 알지어다.
이 요가는 낙심하지 않는 마음으로
결연히 수련해야 한다.

taṁ vidyād duḥkhasaṁyoga-
viyogaṁ yogasaṁjñitam
sa niścayena yoktavyo
yogo 'nirviṇṇacetasā

24.

목적의식에서 생긴 모든 욕망을
남김없이 포기하고
의근으로 감각기관들의 군집을
전부 조복하면서,

saṁkalpaprabhavān kāmāṁs
tyaktvā sarvān aśeṣataḥ
manasāivendriyagrāmaṁ
viniyamya samantataḥ

25.
굳게 잡힌 지성으로
마음을 자아에 머물도록 하면서
조금씩 쉬며
그 어떤 것도 생각하지 말지어다.

śanaiḥ śanair uparamed
buddhyā dhṛtigṛhītayā
ātmasaṁsthaṁ manaḥ kṛtvā
na kiṁcid api cintayet

26.
흔들리고 불안정한 마음이
무엇으로 인해 방황하든,
그때마다 마음을 제어하면서
오직 자아에 복속시킬지어다.

yato yato niścarati
manaś cañcalam asthiram
tatastato niyamyāitad

ātmany eva vaśaṁ nayet

27.
마음이 고요해지고
격정이 평정되어 브라만이 된
흠 없는 요가행자에게는
최상의 즐거움이 임하기 때문이다.

praśāntamanasaṁ hy enaṁ
yoginaṁ sukham uttamam
upāiti śāntarajasaṁ
brahmabhūtam akalmaṣam

28.
이와 같이 항상 자신을 수련하여
흠이 사라진 요가행자는
브라만과의 접촉에서 오는
무한한 행복을 쉽게 누린다.

yuñjann evaṁ sadātmānaṁ
yogī vigatakalmaṣaḥ
sukhena brahmasaṁsparśam
atyantaṁ sukham aśnute

29.

요가로 제어된 자는
모든 존재에서 자아를 보며,
자아 안에서 모든 존재를 본다.
그는 어디서나 평등하게 본다.[5]

sarvabhūtastham ātmānaṁ
sarvabhūtāni cātmani
īkṣate yogayuktātmā
sarvatra samadarśanaḥ

30.

어디서나 나를 보며
나에게서 모든 것을 보는 사람,
그에게 나는 상실되지 않고
그도 나에게 상실되지 않도다.[6]

yo māṁ paśyati sarvatra
sarvaṁ ca mayi paśyati
tasyāhaṁ na praṇaśyāmi
sa ca me na praṇaśyati

---

5 물질적 요소들의 차이는 있지만 모든 존재의 자아(ātman) 즉 브라만은 동일하다는 뜻. 4:35 참조.

6 29절은 자아(브라만) 안에서 만물의 통일성을 말하는 데 반하여, 여기서는 인격신 안에서의 통일성을 강조하고 있다. 차이를 전제로 하는 자아와 신의 연합을 말하고 있다. '내 안에 거한다'는 31절의 말은 이를 더 강하게 암시하고 있다.

31.

일원성에 의거하여
모든 존재에 거하는 나를 신애하는 자,
그러한 요가행자는 어떤 형편에 처하든
내 안에 거하도다.

sarvabhūtasthitaṁ yo māṁ
bhajaty ekatvam āsthitaḥ
sarvathā vartamāno 'pi
sa yogī mayi vartate

32.

즐거움이든 괴로움이든, 아르주나여,
자기 자신에 비추어서
누구에게서나 동일한 것을 보는 자는
지고의 요가행자로 간주된다.

ātmaupamyena sarvatra
samaṁ paśyati yo 'rjuna
sukhaṁ vā yadi vā duḥkhaṁ
sa yogī paramo mataḥ

아르주나가 말했습니다(arjuna uvāca):

33.

당신이 평등함이라 말씀하신
이 요가의 흔들리지 않는 확고한 상태를
저는 (마음의) 불안정으로 인해
볼 수가 없습니다, 오, 마두를 죽인 자시여.[7]

yo 'yaṁ yogas tvayā proktaḥ
sāmyena madhusūdana
etasyāhaṁ na paśyāmi
cañcalatvāt sthitiṁ sthirām

34.

마음은 불안하고 격렬하고
힘세고 완고하기 때문입니다, 크리슈나시여.
생각하건대 마음을 제어하기란
바람을 제어하는 것처럼 몹시 어렵나이다.

cañcalaṁ hi manaḥ kṛṣṇa
pramāthi balavad dṛḍham
tasyāhaṁ nigrahaṁ manye
vāyor iva suduṣkaram

---

7 마두(Madhu)는 크리슈나가 죽인 악귀의 이름.

거룩하신 주께서 말씀하셨습니다(śrībhagavān uvāca):

35.

의심의 여지없이, 거대한 팔을 지닌 자여,
마음은 제어하기 어려우며 불안정하도다.
그러나 훈련과 이욕(離欲)을 통해
마음을 붙들 수 있다, 쿤티의 아들이여.

asaṁśayaṁ mahābāho
mano durnigrahaṁ calam
abhyāsena tu kaunteya
vairāgyeṇa ca gṛhyate

36.

제어되지 않은 자는
요가에 이르기 어렵다는 것이 나의 생각이지만,
노력해서 자신을 제어하는 자는
[올바른] 방법을 통해 도달할 수 있다.

asaṁyatātmanā yogo
duṣprāpa iti me matiḥ
vaśyātmanā tu yatatā
śakyo 'vāptum upāyataḥ

아르주나가 말했습니다(arjuna uvāca):

37.
믿음은 갖추었으나
마음이 요가에서 이탈하여 제어되지 못한 자는
요가의 완성을 얻지 못한 채
어떤 길을 가게 됩니까? 크리슈나시여.

ayatiḥ śraddhayopeto
yogāc calitamānasaḥ
aprāpya yogasaṁsiddhiṁ
kāṁ gatiṁ kṛṣṇa gacchati

38.
그는 둘 다에서 떨어져 나가
조각난 구름처럼 설 곳을 잃고
브라만의 길에 혼미해져
멸망하지 않습니까, 거대한 팔을 지닌 자시여.[8]

kaccin nobhayavibhraṣṭaś
chinnābhram iva naśyati
apratiṣṭho mahābāho
vimūḍho brahmaṇaḥ pathi

---

8 여기서 '둘 다'라는 것은 5장과 6장 초두에 나오는 행위의 포기(saṁnyāsa)와 행위의 요가(karma-yoga)의 두 길을 가리킨다.

39.

이러한 저의 의심을, 크리슈나시여,
남김없이 끊어 주셔야 합니다.
당신 외에는 이 의심을 끊을 분이
없기 때문입니다.

etan me saṁśayaṁ kṛṣṇa
chettum arhasy aśeṣataḥ
tvadanyaḥ saṁśayasyāsya
chettā na hy upapadyate

거룩하신 주께서 말씀하셨습니다(śrībhagavān uvāca):

40.

이 세상에서도 저 세상에서도, 프르타의 아들이여,
그러한 사람의 멸망은 결코 있을 수 없도다.
선행을 하는 자는 누구도, 친구여,
나쁜 길로 가지 않기 때문이다.[9]

pārtha nāiveha nāmutra
vināśas tasya vidyate
na hi kalyāṇakṛt kaścid
durgatiṁ tāta gacchati

9 '길'(gati)은 사후 환생의 길, 운명.

41.
요가에서 탈락한 자는
공덕을 행한 자들의 세계들로 가서
끝없는 해들을 살고는
고결하고 저명한 사람들의 가문에 태어난다.

prāpya puṇyakṛtāṁ lokān
uṣitvā śāśvatīḥ samāḥ
śucīnāṁ śrīmatāṁ gehe
yogabhraṣṭo 'bhijāyate

42.
아니면 현명한 요가행자들의
가계에 태어난다.
실로 이러한 출생은 세상에서
더욱 얻기 어렵노라.

athavā yoginām eva
kule bhavati dhīmatām
etad dhi durlabhataraṁ
loke janma yad īdṛśam

43.
거기서 그는 전생의 몸이 지녔던
지성과 결합된다.

그리고 거기서부터 더욱더
완성을 향해 노력한다, 쿠루 족의 아들이여.[10]

tatra taṁ buddhisaṁyogaṁ
labhate paurvadehikam
yatate ca tato bhūyaḥ
saṁsiddhau kurunandana

44.

그는 바로 전생에 했던 그 훈련에 의해
원치 않아도 이끌리기 때문이다.
단지 요가를 알고자 원했던 사람조차도
소리 브라만을 초월한다.[11]

pūrvābhyāsena tenāiva
hriyate hy avaśo 'pi saḥ
jijñāsur api yogasya
śabdabrahmātivartate

45.

그러나 힘써 노력해서

---

10 윤회의 주체가 知性(buddhi)임을 암시하고 있다. 지성은 현세와 내세를 이어 주는 업의 주체, 인격의 주체이다. 하지만 지성은 인간의 영원한 자아(ātman)는 아니다.

11 '소리 브라만'이란 베다 종교에서 주문을 사용하며 각종 의례를 행하는 의례주의를 가리키는 말이다. 브라만은 원래 성스러운 베다의 주문이나 구절들을 의미했다. 2:42-46 참조.

죄과가 정화된 요가행자는
많은 출생을 통해 완성되어
지고의 길(해탈)에 이른다.

prayatnād yatamānas tu
yogī saṁśuddhakilbiṣaḥ
anekajanmasaṁsiddhas
tato yāti parāṁ gatim

46.

요가행자는 고행자들보다 높고
지식 있는 자들보다도 높으며
[의례] 행위의 사람들보다 높다고 여겨진다.
그러므로 요가행자가 되어라, 아르주나여.

tapasvibhyo 'dhiko yogī
jñānibhyo 'pi mato 'dhikaḥ
karmibhyaś cādhiko yogī
tasmād yogī bhavārjuna

47.

모든 요가행자 가운데서도
나를 향한 내적 자아로써
믿음 가운데 나를 신애하는 사람을
나는 가장 제어된 자로 여긴다.

yoginām api sarveṣāṁ
madgatenāntarātmanā
śraddhāvān bhajate yo māṁ
sa me yuktatamo mataḥ

7장_ 지혜와 통찰의 요가

거룩하신 주께서 말씀하셨습니다(śrībhagavān uvāca):

1.

나에 밀착된 마음으로, 프르타의 아들이여,
나를 의지하여 요가를 수련하면서,
그대가 나의 전부를
의심 없이 알도록 들어 보아라.

mayy āsaktamanāḥ pārtha
yogaṁ yuñjan madāśrayaḥ
asaṁśayaṁ samagraṁ māṁ
yathā jñāsyasi tac chṛṇu

2.

내가 이 지혜와 통찰을
그대에게 남김없이 말해 주겠노라.
그것을 알면 이 세상에서 더 알아야 할
다른 어떤 것도 남지 않도다.

jñānaṁ te 'haṁ savijñānam
idaṁ vakṣyāmy aśeṣataḥ
yaj jñātvā neha bhūyo 'nyaj
jñātavyam avaśiṣyate

3.
수천의 인간들 가운데
혹시 한 명 정도나 완성을 향해 노력하며,
노력해서 완성된 자들 가운데서도
혹시 한 명 정도나 나를 진실로 안다.

manuṣyāṇāṁ sahasreṣu
kaścid yatati siddhaye
yatatām api siddhānāṁ
kaścin māṁ vetti tattvataḥ

4.
지(地), 수(水), 화(火), 풍(風), 공(空),
의근(意根), 지성(知性), 아만(我慢),
나의 물질적 본성은 이렇게
여덟 가지로 나뉘어 있다.

bhūmir āpo 'nalo vāyuḥ
khaṁ mano buddhir eva ca
ahaṁkāra itīyaṁ me

bhinnā prakṛtir aṣṭadhā

5.

이것은 나의 낮은 [본성]이다.
그러나 이것과 다른 나의 높은 본성,
[만물의] 생명이 된 본성을 알지니, 아르주나여,
그것으로 이 세계가 유지되도다.[1]

apareyam itas tv anyāṁ
prakṛtiṁ viddhi me parām
jīvabhūtāṁ mahābāho
yayedaṁ dhāryate jagat

6.

모든 존재가 그것을
모태로 하고 있음을 알지니,
나는 이 온 세계의 생성이며
또 해체로다.

etadyonīni bhūtāni
sarvāṇīty upadhāraya
ahaṁ kṛtsnasya jagataḥ
prabhavaḥ pralayas tathā

---

1 4절에서는 물질세계가 신의 낮은 본성(prakṛti)임을 언급했고, 이 절에서는 신이 정신(puruṣa)으로서 우주 만물의 생명(jīva)이며 정수 혹은 자아(ātman)임을 말하고 있다. 6-11절에서 부연 설명된다. 6:29-31 참조.

7.
나보다 더 높은 다른 어떤 것도
존재하지 않노라, 아르주나여.
구슬 다발들이 실에 꿰어 있듯이
이 모든 세계는 나에 꿰어져 있노라.

mattaḥ parataraṁ nānyat
kiṁcid asti dhanaṁjaya
mayi sarvam idaṁ protaṁ
sūtre maṇigaṇā iva

8.
나는 물의 맛이고 해와 달의 빛이며
모든 베다에서 성음 옴(聖音 oṁ)이고
공기 중의 소리이며
남성의 남성됨이로다, 쿤티의 아들이여.[2]

raso 'ham apsu kaunteya
prabhāsmi śaśisūryayoḥ
praṇavaḥ sarvavedeṣu
śabdaḥ khe pauruṣaṁ nṛṣu

2 'Oṁ'은 가장 성스러운 주문으로서 세 베다의 핵심으로 간주되며 우주의 궁극적 실재인 브라만을 상징한다.

9.
나는 땅의 좋은 향기이고
불의 빛이며
모든 존재의 생명이고
고행자들의 고행이로다.

puṇyo gandhaḥ pṛthivyāṁ ca
tejaś cāsmi vibhāvasau
jīvanaṁ sarvabhūteṣu
tapaś cāsmi tapasviṣu

10.
나는 모든 존재의
영원한 씨앗임을 알지니, 프르타의 아들이여,
나는 지성적인 자들의 지성이며
찬란한 자들의 찬란함이로다.

bījaṁ māṁ sarvabhūtānāṁ
viddhi pārtha sanātanam
buddhir buddhimatām asmi
tejas tejasvinām aham

11.
나는 또 힘센 자들의 힘이로되
욕망과 애욕에서 벗어났으며,

나는 모든 존재에서, 바라타족의 황소여,
법도에 어긋나지 않는 욕망이로다.

balaṁ balavatāṁ cāhaṁ
kāmarāgavivarjitam
dharmāviruddho bhūteṣu
kāmo 'smi bharatarṣabha

12.
선과 격정과 암흑의 요소를 지닌 존재들마다
바로 나에게서 옴을 알지어다.
그러나 나는 그들 안에 있지 않으며
그들은 내 안에 있도다.[3]

ye cāiva sāttvikā bhāvā
rājasās tāmasāś ca ye
matta eveti tān viddhi
na tv ahaṁ teṣu te mayi

13.
이 세 요소로 된 [존재들의] 상태에 의해
이 온 세계가 미혹되어

3 선(sattva)과 격정(rājas)과 암흑(tamas)은 신의 낮은 본성인 물질(prakṛti)을 구성하는 세 가지 요소(guṇa)로서, 모든 존재는 신의 낮은 본성으로부터 전개되어 나왔다. 그러나 "나는 그들 안에 있지 않다"라는 말은 만물이 무한한 신 안에 존재하며 신의 높은 본성이 만물의 정수지만 신은 그들의 지배를 받지 않는다는 뜻.

그것들을 넘어서는 불변의 나를
인식하지 못하도다.

tribhir guṇamayair bhāvair
ebhiḥ sarvam idaṁ jagat
mohitaṁ nābhijānāti
mām ebhyaḥ param avyayam

14.

요소들로 된 나의 이 신비한 창조력은
초월하기 어렵기 때문이다.
그러나 오직 나에게 귀의하는 자들은
이 창조력을 넘어선다.[4]

daivī hy eṣā guṇamayī
mama māyā duratyayā
mām eva ye prapadyante
māyām etāṁ taranti te

15.

악행을 하는 자, 미혹되고 비루한 사람들은
신비한 창조력에 의해 지혜를 빼앗겨

---

4 '신비한 창조력'(māyā)은 신의 낮은 본성, 즉 3요소로 구성된 물질계로서, 신의 인식을 가리기 때문에 베단타 철학에서 환술(幻術)이라고도 불린다. 하지만『기타』에서는 비록 물질세계가 신을 가리기는 하지만 신의 환술에 의한 환상으로 보지는 않고 신의 신비한 창조력의 산물로 본다. 4:6 참조.

악귀적 존재 양태에 의지하며
나에게 귀의하지 않는다.[5]

na māṁ duṣkṛtino mūḍhāḥ
prapadyante narādhamāḥ
māyayāpahṛtajñānā
āsuraṁ bhāvam āśritāḥ

16.

네 부류의 사람이, 아르주나여,
선행을 하며 나를 신애한다.
괴로움을 당한 자, 지혜를 구하는 자, 재물을 구하는 자,
그리고 지혜로운 자들이다, 바라타족의 황소여.

caturvidhā bhajante māṁ
janāḥ sukṛtino 'rjuna
ārto jijñāsur arthārthī
jñānī ca bharatarṣabha

17.

이들 가운데 지혜로운 자는
항상 제어되어 하나만을 신애하는 뛰어난 자이다.
나는 실로 지혜로운 자를 지극히 사랑하고

5 악귀적 존재 양태는 16:6-20에서 신적 존재 양태와 대별해서 묘사되고 있다. 9:12-13도 참조할 것.

그도 나를 사랑하도다.

teṣāṁ jñānī nityayukta
ekabhaktir viśiṣyate
priyo hi jñānino 'tyartham
ahaṁ sa ca mama priyaḥ

18.
이들 모두가 숭고하나
나는 지혜로운 자를 바로 나 자신으로 여긴다.
그는 자신을 제어하여 무상(無上)의 목표인
바로 나에 주착(住着)해 있기 때문이다.

udārāḥ sarva evāite
jñānī tv ātmāiva me matam
āsthitaḥ sa hi yuktātmā
mām evānuttamāṁ gatim

19.
지혜로운 자는 많은 출생 끝에
'바수데바가 모든 것이다'라고 생각하면서
나에게 귀의한다.
그런 위대한 자는 지극히 찾기 어렵도다.[6]

---

6 『기타』는 본래 바수데바(Vāsudeva)라는 신을 주님(Bhagavat)으로 신앙하던 바가바타 파(Bhāgavatas)의 시편이었으나 후에 크리슈나 신앙과 결합된 것으로 학자들은 추측하고 있다. '위대한 자'(mahātma)는 문자 그대로 '위대한 자아'라는 뜻으로, 간디에 대한 호칭(Mahatma

bahūnāṁ janmanām ante
jñānavān māṁ prapadyate
vāsudevaḥ sarvam iti
sa mahātmā sudurlabhaḥ

20.

이런저런 욕망에 지혜를 빼앗긴 사람들은
자신의 물질적 본성에 속박되어
이런저런 규율을 준수하면서.
다른 신들에 귀의한다.

kāmais taistair hṛtajñānāḥ
prapadyante ʾnyadevatāḥ
taṁtaṁ niyamam āsthāya
prakṛtyā niyatāḥ svayā

21.

신애의 사람 누구든지 믿음으로
각기 어떤 형상이든 숭배하기 원하면,
그러한 사람마다 나는
바로 그 믿음을 흔들리지 않게 해준다.

yo yo yāṁ yāṁ tanuṁ bhaktaḥ
śraddhayārcitum icchati

Gandhi)으로 잘 알려져 있다. 일반적 의미에서 '위대한 영혼'으로 번역해도 무방하다.

tasya tasyācalāṁ śraddhāṁ
tām eva vidadhāmy aham

22.
그는 믿음으로 제어되어
그(신)의 숭배를 원하며,
이로 인해 바로 나에 의해 수여된
욕망들을 성취한다.

sa tayā śraddhayā yuktas
tasyārādhanam īhate
labhate ca tataḥ kāmān
mayāiva vihitān hi tān

23.
그러나 지능이 떨어지는 사람들이
[얻는] 결과는 유한하도다.
신들에게 제사드리는 자는 신들에게 가고
나를 신애하는 자는 나에게 온다.

antavat tu phalaṁ teṣāṁ
tad bhavaty alpamedhasām
devān devayajo yānti
madbhaktā yānti mām api

24.
무지한 사람들은
나의 더 높은, 불변하는
무상(無上)의 상태를 알지 못하고
나를 현현된 미현현(未顯現)으로 생각한다.[7]

avyaktaṁ vyaktim āpannaṁ
manyante mām abuddhayaḥ
paraṁ bhāvam ajānanto
mamāvyayam anuttamam

25.
나는 [나 자신의] 신비한 힘의 환술로 가려져
모두에게 밝게 드러나 있지 않다.
이 세상은 미혹되어서
불생 불변의 나를 알지 못한다.[8]

nāhaṁ prakāśaḥ sarvasya
yogamāyāsamāvṛtaḥ
mūḍho 'yaṁ nābhijānāti
loko mām ajam avyayam

---

7 무지한 자는 크리슈나를 단지 물질(prakṛti)이라는 미현현으로부터 출현한(현현된) 유한한 물질적, 현상적 존재, 즉 한 인간으로만 이해한다는 뜻이다. 7:4-5 참조.

8 '신비한 힘의 환술'(yogamāyā)에서 '요가'는 신의 신비한 힘이나 창조적 행위를 가리킨다. '환술'은 7:14-15에서 '신비한 창조력'으로 번역했으며 신의 물질적 본성을 가리킨다. 여기서는 신의 참 모습을 가린다는 뜻이 강하기 때문에 '환술'로 번역했지만, 물질 자체나 인간의 몸으로 태어난 크리슈나가 환상에 지나지 않는다는 뜻은 아니다. 9:5; 10:7; 11:4 참조.

26.

나는 지나간 존재들과
현재의 존재들과
앞으로 올 존재들을 알건만
나를 아는 자는 아무도 없다, 아르주나여.

vedāhaṁ samatītāni
vartamānāni cārjuna
bhaviṣyāṇi ca bhūtāni
māṁ tu veda na kaścana

27.

욕망과 증오에서 생겨나는
대립성의 미혹에 의해, 바라타족의 자손이여,
모든 존재는 출생할 때
미혹에 이른다, 적을 괴롭히는 자여.[9]

icchādveṣasamutthena
dvandvamohena bhārata
sarvabhūtāni sammohaṁ
sarge yānti paraṁtapa

---

9 대립성(dvandva)은 생과 사, 고와 낙, 온과 냉 등 분별심과 집착을 일으키는 현상 세계의 이원적 대립성. 2:38, 48 참조.

28.

그러나 악이 사라지고
덕 있는 행위를 하는 사람들은
대립성의 미혹에서 해방되어
굳건한 원(願)으로 나를 신애한다.

yeṣāṁ tv antagataṁ pāpaṁ
janānāṁ puṇyakarmaṇām
te dvandvamohanirmuktā
bhajante māṁ dṛḍhavratāḥ

29.

늙음과 죽음에서 해방되기 위해
나를 의지하며 노력하는 사람들은
자아에 관련된 브라만 전부와
행위 일체를 안다.[10]

jarāmaraṇamokṣāya
mām āśritya yatanti ye
te brahma tad viduḥ kṛtsnam
adhyātmaṁ karma cākhilam

10 제너(Zaehner)의 견해에 따라 'adhyātman'을 명사가 아니라 브라만을 수식하는 형용사, 즉 '자아에 관련된'으로 번역했다. 다음 절 그리고 8장 1-4절에도 'adhi'라는 접두사가 여러 번 나오는데, 모두 '…에 관련한'이라는 뜻으로 번역했다.

30.

존재들과 신들과
그리고 제사와 관련된 나를 아는 자들은
세상을 떠날 때조차
제어된 마음으로 [나를] 알도다.[11]

sādhibhūtādhidaivaṁ māṁ
sādhiyajñaṁ ca ye viduḥ
prayāṇakāle 'pi ca māṁ
te vidur yuktacetasaḥ

11 여기서도 역시 'adhibhūta', 'adhidaivam'을 명사가 아니라 형용사적으로 취했다. 모든 존재, 신, 제사가 크리슈나로부터 왔고 크리슈나를 목표로 하고 있음을 암시하고 있다.

8장_ 불멸의 브라만 요가

아르주나가 말했습니다(arjuna uvāca):

1.
무엇이 브라만이며 무엇이 자아에 관한 것이며
무엇이 행위입니까? 오, 최고의 인간이시여.
그리고 존재들에 관해 무어라 말하며
신들에 관해 무어라 말합니까?

kiṁ tad brahma kim adhyātmaṁ
kiṁ karma puruṣottama
adhibhūtaṁ ca kiṁ proktam
adhidaivaṁ kim ucyate

2.
여기 이 몸에서 제사에 관해
누가 어떻게 말해지며,
자기를 제어한 자들은
세상을 떠날 때 어떻게 당신을 알아야 합니까?

adhiyajñaḥ kathaṁ ko 'tra
dehe 'smin madhusūdana
prayāṇakāle ca kathaṁ
jñeyo 'si niyatātmabhiḥ

거룩하신 주께서 말씀하셨습니다(śrībhagavān uvāca):

3.
브라만은 지고의 불멸자이고
[만물의] 자아와 관련된 본성이라 불린다.
존재들의 양태를 일으키는 산출력이
행위(業)라고 알려진 것이다.

akṣaraṁ brahma paramaṁ
svabhāvo 'dhyātmam ucyate
bhūtabhāvodbhavakaro
visargaḥ karmasaṁjñitaḥ

4.
존재들에 대해서는 소멸하는 양태이며,
또 신들에 대해서는 정신이며,
제사와 관련해서는 여기 몸에 있는 바로 나이로다,
육신을 지닌 자들의 으뜸이여.[1]

---

1 3-4절은 1절에서 제기된 물음들에 대한 대답이다.

adhibhūtaṁ kṣaro bhāvaḥ
puruṣaś cādhidaivatam
adhiyajño 'ham evātra
dehe dehabhṛtāṁ vara

5.
임종 시에 나만을 생각하면서
육신을 벗고 떠나는 자는
나의 상태에 이를 것이니,
여기에 아무 의심이 없도다.

antakāle ca mām eva
smaran muktvā kalevaram
yaḥ prayāti sa madbhāvaṁ
yāti nāsty atra saṁśayaḥ

6.
마지막에 어떤 상태를 생각하며
육신을 던져 버리든,
그는 언제나 그 상태가 되게끔 되어
바로 그 상태로 간다, 쿤티의 아들이여.[2]

yaṁ yaṁ vāpi smaran bhāvaṁ
tyajaty ante kalevaram

2 죽음 직전의 마지막 마음 상태가 다음 환생의 형태를 결정한다는 관념을 반영하고 있다.

taṁ tam evāiti kaunteya
sadā tadbhāvabhāvitaḥ

7.
그러므로 모든 때에
나를 기억하고 싸우라.
마음과 지성이 나에 고정되어
그대는 틀림없이 바로 나에게 올 것이다.

tasmāt sarveṣu kāleṣu
mām anusmara yudhya ca
mayy arpitamanobuddhir
mām evāiṣyasy asaṁśayaḥ

8.
그는 훈련의 요가로 제어되어
다른 것을 향하지 않는 생각으로
지고의 신적 정신을 명상하면서
[그에게] 간다, 프르타의 아들이여.[3]

abhyāsayogayuktena
cetasā nānyagāminā
paramaṁ puruṣaṁ divyaṁ
yāti pārthānucintayan

3 훈련의 요가(abhyāsayoga)란 마음을 한 곳에 집중시키려는 끊임없는 노력. 6:35 참조

9.
태고의 현자이고 통치자이며
미세한 것보다 더 미세하고
불가사의한 형태의, 어두움 너머 태양 빛깔을 지닌
만물의 제정자를 명상하는 자는

kaviṁ purāṇam anuśāsitāram
aṇor aṇīyāṁsam anusmared yaḥ
sarvasya dhātāram acintyarūpam
ādityavarṇaṁ tamasaḥ parastāt

10.
세상을 떠날 때 부동의 마음을 가지고
신애로 제어되어, 또 요가의 힘으로
호흡을 미간 사이로 정확히 몰아넣으면서,
지고의 신적 정신에 이른다.

prayāṇakāle manasācalena
bhaktyā yukto yogabalena cāiva
bhruvor madhye prāṇam āveśya samyak
sa taṁ paraṁ puruṣam upāiti divyam

11.
베다를 아는 사람들이 불멸자라 부르는 것,
애욕에서 해방된 수행자들이 들어가는 것,

금욕을 행하면서 바라는 그것을
내가 그대에게 간략히 말해 주겠노라.

yad akṣaraṁ vedavido vadanti
viśanti yad yatayo vītarāgāḥ
yad icchanto brahmacaryaṁ caranti
tat te padaṁ saṁgraheṇa pravakṣye

12.
[몸의] 모든 문을 제어하면서
의근을 심장에 가두고
자기의 호흡을 머리에 두면서
요가의 집지(執持)에 머물러[4]

sarvadvārāṇi saṁyamya
mano hṛdi nirudhya ca
mūrdhny ādhāyātmanaḥ prāṇam
āsthito yogadhāraṇām

13.
'옴'(oṁ)하고 한 음절 브라만을 발하면서
나를 명상하며
육신을 버리고 떠나가는 자는

---

4 '몸의 문'은 눈, 코, 귀, 입 등 열려 있는 신체 기관들. 집지(dhāraṇā)란 요가에서 한 대상에 마음을 집중시키는 것.

지고의 목표에 이른다.

oṁ ity ekākṣaraṁ brahma
vyāharan mām anusmaran
yaḥ prayāti tyajan dehaṁ
sa yāti paramāṁ gatim

14.
언제나 다른 생각 없이
항상 나를 생각하는 자,
그렇듯 항시 제어된 요가행자에게
나는 얻기 쉽도다, 프르타의 아들이여.

ananyacetāḥ satataṁ
yo māṁ smarati nityaśaḥ
tasyāhaṁ sulabhaḥ pārtha
nityayuktasya yoginaḥ

15.
나에게로 와
지고의 완성에 이른 위대한 자들은
[더 이상] 고통의 근원이고 항구하지 못한
환생을 얻지 않는다.

mām upetya punarjanma

duḥkhālayam aśāśvatam
nāpnuvanti mahātmānaḥ
saṁsiddhiṁ paramāṁ gatāḥ

16.
브라마의 세계에서조차도, 아르주나여.
사람들은 되돌아온다.
그러나 나에게 오면, 쿤티의 아들이여,
환생이란 없다.[5]

ābrahmabhuvanāl lokāḥ
punarāvartino 'rjuna
mām upetya tu kaunteya
punarjanma na vidyate

17.
브라마의 한 낮이 천 유가에 해당하며
한 밤이 천 유가가 됨을
아는 사람들은
밤과 낮을 아는 자들이다.

sahasrayugaparyantam
ahar yad brahmaṇo viduḥ

---

5 브라마(Brahmā, 남성명사)는 세계를 창조하는 인격신으로서, 우주의 궁극적 실재 브라만(Brahman, 중성명사)과 구별되어야 한다. 신들의 세계, 심지어 창조신 브라마의 세계에 태어나도 업이 소멸하면 다시 환생한다.

rātriṁ yugasahasrāntāṁ
te 'horātravido janāḥ

18.
[브라마]의 낮이 오면
미현현에서 모든 현현물이 출현하며,
밤이 오면 바로 거기
미현현이라 부르는 것에 융해된다.[6]

avyaktād vyaktayaḥ sarvāḥ
prabhavanty aharāgame
rātryāgame pralīyante
tatrāivāvyaktasaṁjñake

19.
이 존재들의 무리는 거듭거듭 생성되었다가
밤이 오면 힘없이 융해되어 버리며,
낮이 오면, 프르타의 아들이여,
다시 출현한다.

bhūtagrāmaḥ sa evāyaṁ
bhūtvā bhūtvā pralīyate
rātryāgame 'vaśaḥ pārtha

---

6 브라마의 낮과 밤에 대해서는 4:8의 각주 참고. '미현현'(avyakta)은 만물이 구체적 모습으로 출현하기 전의 원초적 물질(prakṛti)로서, 신의 낮은 본성이다.

prabhavaty aharāgame

20.

그러나 이 미현현보다 더 높은
또 다른 영원한 미현현의 상태가 있나니,
모든 존재가 소멸해도
그것은 소멸하지 않는다.[7]

paras tasmāt tu bhāvo ʾnyo
ʾvyakto ʾvyaktāt sanātanaḥ
yaḥ sa sarveṣu bhūteṣu
naśyatsu na vinaśyati

21.

이 미현현은 불멸자라 하며
사람들은 그것을 지고의 목표라고 말한다.
거기에 이르면 되돌아오지 않나니
그것은 나의 지고의 주처(住處)로다.

avyakto ʾkṣara ity uktas
tam āhuḥ paramāṁ gatim
yaṁ prāpya na nivartante
tad dhāma paramaṁ mama

---

7 7:4-5, 7:24-25 참조. 낮은 미현현은 신의 낮은 본성인 물질적 본성(prakṛti)이며, 그의 높은 미현현 혹은 본성은 그의 우주적 정신으로서 '지고의 정신'(puruṣa-uttama) 혹은 '지고의 인격'(puruṣa-para)이라 불리며 만물의 내적 생명 내지 정수이다.

22.
그는 지고의 정신이지만, 프르타의 아들이여
전심(專心)의 신애로 얻어질 수 있다.
그 안에 존재들이 거하고
그로 이 온 세계가 퍼져 있도다.

puruṣaḥ sa paraḥ pārtha
bhaktyā labhyas tv ananyayā
yasyāntaḥsthāni bhūtāni
yena sarvam idaṁ tatam

23.
그러나 요가행자들이 죽어서
어떤 때 환생하지 않고
어떤 때 환생하는지
그때를 내가 말해주겠노라, 아르주나여.

yatra kāle tv anāvṛttim
āvṛttiṁ cāiva yoginaḥ
prayātā yānti taṁ kālaṁ
vakṣyāmi bharatarṣabha

24.
불, 빛, 낮, [달의] 밝음,
[태양의] 북쪽 진로의 여섯 달,

이 안에 죽으면 브라만을 아는 사람들은
브라만으로 간다.

agnir jyotir ahaḥ śuklaḥ
ṣaṇmāsā uttarāyaṇam
tatra prayātā gacchanti
brahma brahmavido janāḥ

25.
연기, 밤, [달의] 어둠,
[태양의] 남쪽 진로의 여섯 달,
이 안에 죽으면 요가행자는
달빛을 얻으며 다시 돌아온다.[8]

dhūmo rātris tathā kṛṣṇaḥ
ṣaṇmāsā dakṣiṇāyanam
tatra cāndramasaṁ jyotir
yogī prāpya nivartate

26.
이 밝고 어두운 두 길은
세상의 영원한 길로 간주되기 때문이다.

---

8 24-25절은『찬도기야 우파니샤드』5, 10, 1-2,『브르하드 아라니아카우파니샤드』6, 2, 14에 근거한 사상으로서, 화장을 한 후 두 종류의 인간이 겪는 사후 운명에 관한 사변이다. 24절은 철학적 지혜와 고행의 인간이 가는 길인 신도(神道, devayāna)이며, 25절은 현세에서 선한 업을 쌓은 자들이 가는 길인 조도(祖道, pitṛyāna)이다.

하나에 의해서는 돌아옴 없는 [경지]로 가고
다른 하나에 의해서는 다시 돌아온다.

śuklakṛṣṇe gatī hy ete
jagataḥ śāśvate mate
ekayā yāty anāvṛttim
anyayāvartate punaḥ

27.

이 두 길을 알면, 프르타의 아들이여,
어떤 요가행자도 미혹되지 않는다.
그러므로 아르주나여, 어느 때이든
요가로 제어되어 있으라.

nāite sṛtī pārtha jānan
yogī muhyati kaścana
tasmāt sarveṣu kāleṣu
yogayukto bhavārjuna

28.

이것을 알면 요가행자는
베다들, 제사들, 고행들 그리고 보시(布施)들에 따른
공덕의 결과를 모두 초월하여
지고의 원초적 경지로 나아간다.

vedeṣu yajñeṣu tapaḥsu cāiva
dāneṣu yat puṇyaphalaṁ pradiṣṭam
atyeti tat sarvam idaṁ viditvā
yogī paraṁ sthānam upāiti cādyam

9장_ 으뜸 지식과 으뜸 비밀의 요가

거룩하신 주께서 말씀하셨습니다(śrībhagavān uvāca):

1.
그러나 나는 불평하지 않는 그대에게
통찰력을 동반하는
이 가장 비밀스러운 지혜를 말해 주겠나니,
그것을 알아 그대는 불행에서 해방될 것이다.

idaṁ tu te guhyatamaṁ
pravakṣyāmy anasūyave
jñānaṁ vijñānasahitaṁ
yaj jñātvā mokṣyase 'śubhāt

2.
이것은 으뜸가는 지식이고 으뜸가는 비밀이며
최고의 정화 도구이니,
눈앞에서 보듯 알 수 있으며 법(진리)에 부합하며
행하기 쉽고 불변하도다.

rājavidyā rājaguhyaṁ
pavitram idam uttamam
pratyakṣāvagamaṁ dharmyaṁ
susukhaṁ kartum avyayam

3.
이 법을 믿지 않는 사람은,
적을 괴롭히는 자여,
나에 이르지 못하며
죽음과 윤회의 길로 되돌아온다.

aśraddadhānāḥ puruṣā
dharmasyāsya paraṁtapa
aprāpya māṁ nivartante
mṛtyusaṁsāravartmani

4.
이 모든 세계는 미현현 형태의
나로 퍼져 있도다.
모든 존재가 나에 거하나
나는 그들에 거하지 않는다.

mayā tatam idaṁ sarvaṁ
jagad avyaktamūrtinā
matsthāni sarvabhūtāni

na cāhaṁ teṣv avasthitaḥ

5.

존재들은 또 나에 거하지 않나니,
주(主)로서의 나의 신비한 힘을 보라.
나의 자아는 존재들을 지탱하되 존재들에 거하지 않으며
존재들을 존재하게 하나니,[1]

na ca matsthāni bhūtāni
paśya me yogam aiśvaram
bhūtabhṛn na ca bhūtastho
mamātmā bhūtabhāvanaḥ

6.

마치 큰 바람이 어디로 불든
항상 허공에 거하듯
모든 존재가
나에 거한다고 생각하라.

yathākāśasthito nityaṁ
vāyuḥ sarvatrago mahān
tathā sarvāṇi bhūtāni
matsthānīty upadhāraya

1 신의 '신비한 힘'(yoga)에 대해서는 7:25의 각주를 참조할 것. 4-5절은 물질과 정신을 아우르는 신과 세계의 존재론적 일치와 차이, 신의 내재성과 초월성을 동시에 말하고 있다.

7.
한 겁(劫)이 끝날 때, 쿤티의 아들이여,
모든 존재는 나의 물질적 본성으로 온다.
또 한 겁이 시작될 때
나는 다시 그들을 방출한다.[2]

sarvabhūtāni kaunteya
prakṛtiṁ yānti māmikām
kalpakṣaye punas tāni
kalpādau visṛjāmy aham

8.
나 자신의 물질적 본성에 근거하여
나는 이 모든 무력한 존재의 무리를
(나의) 물질적 본성의 힘으로
거듭거듭 방출한다.

prakṛtiṁ svām avaṣṭabhya
visṛjāmi punaḥ punaḥ
bhūtagrāmam imaṁ kṛtsnam
avaśaṁ prakṛter vaśāt

---

2 1겁(kalpa)은 창조의 신 브라마(Brahmā)의 한 낮에 해당한다고 한다. 4,320,000,000년의 길이. 브라마의 낮이 끝나면 피조물들은 신의 물질적 본성으로 흡수되었다가 낮이 되면 다시 방출된다. 이같이 브라마의 밤과 낮이 365일 100년간 되풀이되며, 그 후 우주는 신(비슈누) 안으로 흡수되는 대해체가 일어나고 때가 되면 또 다시 창조신 브라마의 활동이 시작되면서 전 과정이 되풀이된다. 신의 물질적 본성(prakṛti)은 그의 낮은 본성이다. 7:4-5 참조. 힌두교의 순환적 세계관에 대한 것은 4:8의 각주 참조.

9.
그러나 이러한 행위들은, 아르주나여,
나를 속박하지 않는다.
그러한 행위들 가운데
집착 없이 초연하게 앉아 있는 나를.

na ca māṁ tāni karmāṇi
nibadhnanti dhanaṁjaya
udāsīnavad āsīnam
asaktaṁ teṣu karmasu

10.
나의 감독 아래 물질적 본성은
생물과 무생물을 산출한다.
이러한 이유로, 쿤티의 아들이여,
세계는 돌고 돈다.

mayādhyakṣeṇa prakṛtiḥ
sūyate sacarācaram
hetunānena kaunteya
jagad viparivartate

11.
어리석은 자들은 존재들의 대주재자인
나의 더 높은 상태를 알지 못하고

인간의 형상을 입은
나를 깔본다.

avajānanti māṁ mūḍhā
mānuṣīṁ tanum āśritam
paraṁ bhāvam ajānanto
mama bhūtamaheśvaram

12.
헛된 희망과 헛된 행위와
헛된 지혜로 정신이 나가
그들은 나찰(羅刹)과 아수라(阿修羅) 같은
허망한 물질을 좇는다.[3]

moghāśā moghakarmāṇo
moghajñānā vicetasaḥ
rākṣasīm āsurīṁ cāiva
prakṛtiṁ mohinīṁ śritāḥ

13.
그러나 위대한 자들은
존재의 시초인 불변의 나를 알아
[나의] 신적 본성에 의거하여
다른 생각 없이 나를 신애한다.

3 나찰(rākṣaṣa)과 아수라(asura)는 인도 신화와 민속에 나오는 악령들이다.

mahātmānas tu māṁ pārtha
daivīṁ prakṛtim āśritāḥ
bhajanty ananyamanaso
jñātvā bhūtādim avyayam

14.

언제나 나를 찬양하고
굳건한 원(願) 가운데 힘쓰면서
신애로 나를 경배하고
항상 제어되어 나를 숭배한다.

satataṁ kīrtayanto māṁ
yatantaś ca dṛḍhavratāḥ
namasyantaś ca māṁ bhaktyā
nityayuktā upāsate

15.

또 다른 사람들은 지혜의 제사로
제사드리면서 만방으로 얼굴이 향한 나를
하나로, 각각으로, 여러 가지로
숭배한다.

jñānayajñena cāpy anye
yajanto mām upāsate
ekatvena pṛthaktvena

bahudhā viśvatomukham

16.

나는 의례이고 나는 제사이며
나는 (조상께 바치는) 제물이고 나는 약초이다.
나는 만트라이고 나는 녹은 버터이며
나는 불이고 나는 불에 붓는 공물이로다.

aharṁ kratur aharṁ yajñaḥ
svadhāham aham auṣadham
mantro ʾham aham evājyam
aham agnir aharṁ hutam

17.

나는 이 세계의 아버지며
어머니며, 수립자며, 조부다.
나는 앎의 대상이며, 정화 도구이며, 옴(oṁ) 음절이며,
바로 리그[베다], 싸마[베다], 야주르[베다]로다.

pitāham asya jagato
mātā dhātā pitāmahaḥ
vedyaṁ pavitram oṁkāra
ṛk sāma yajur eva ca

18.
목표이며 유지자이며 주(主)이며 관조자이고
주처이며 피난처이며 친구로다.
나는 [우주의] 생성과 해체와 유지며
보고(寶庫)이고 불멸의 씨앗이로다.

gatir bhartā prabhuḥ sākṣī
nivāsaḥ śaraṇaṁ suhṛt
prabhavaḥ pralayaḥ sthānaṁ
nidhānaṁ bījam avyayam

19.
나는 열을 방출하고
나는 비를 억제하고 내리게 하기도 한다.
나는 영생이고 죽음이며
존재이고 비존재로다, 아르주나여.

tapāmy aham ahaṁ varṣaṁ
nigṛhṇāmy utsṛjāmi ca
amṛtaṁ cāiva mṛtyuś ca
sad asac cāham arjuna

20.
소마 주를 마시는 세 베다를 아는 사람들은 악이 정화되어
제사들로 나를 숭배하면서 하늘을 목표로 구하나니,

그들은 공덕에 따라 신들의 주(인드라)의 세계로 가
천상에서 신들의 신비한 즐거움을 누린다.

traividyā māṁ somapāḥ pūtapāpā
yajñair iṣṭvā svargatiṁ prārthayante
te puṇyam āsādya surendralokam
aśnanti divyān divi devabhogān

21.
그들은 넓고 넓은 천상 세계를 즐긴 다음
공덕이 다하면 [다시] 인간 세계로 들어온다.
이와 같이 세 가지 가르침(베다)을 좇아
욕망을 욕구하는 자들은 [이 세상으로] 오고 감을 얻는다.

te taṁ bhuktvā svargalokaṁ viśālaṁ
kṣīṇe puṇye martyalokaṁ viśanti
evaṁ trayīdharmam anuprapannā
gatāgataṁ kāmakāmā labhante

22.
나는 다른 생각 없이
나를 생각하면서 숭배하는
항시 꾸준한 사람들에게
[목표의] 획득과 보존을 가져다주노라.

ananyāś cintayanto māṁ
ye janāḥ paryupāsate
teṣāṁ nityābhiyuktānāṁ
yogakṣemaṁ vahāmy aham

23.
믿음이 충만하여 다른 신들을
신애하고 제사하는 자들이라도,
쿤티의 아들이여, 정식은 아니지만
바로 나에게 제사하는 것이다.

ye 'py anyadevatābhaktā
yajante śraddhayānvitāḥ
te 'pi mām eva kaunteya
yajanty avidhipūrvakam

24.
나는 바로 모든 제사의
향수자(享受者)요 주이기 때문이다.
그러나 그들은 나를 진실로 알지 못하므로
[천상의 세계에서] 떨어진다.

ahaṁ hi sarvayajñānāṁ
bhoktā ca prabhur eva ca
na tu mām abhijānanti

tattvenātaś cyavanti te

25.
신들의 신봉자들은 신들에게,
조상 신봉자들은 조상들에게,
귀신들에 제사한 자들은 귀신들에게 가며,
나에게 제사하는 자들은 나에게 온다.

yānti devavratā devān
pitr̄n yānti pitr̥vratāḥ
bhūtāni yānti bhūtejyā
yānti madyājino 'pi mām

26.
잎사귀든 꽃이든 열매든 물이든
어떤 사람이 신애로 나에게 바치면,
나는 그 순결한 자의
신애의 헌물을 받는다.

patraṁ puṣpaṁ phalaṁ toyaṁ
yo me bhaktyā prayacchati
tad ahaṁ bhaktyupahr̥tam
aśnāmi prayatātmanaḥ

27.

그대가 무엇을 하든, 무엇을 먹든,
무엇을 공물로 바치든, 무엇을 보시하든,
무슨 고행을 하든, 쿤티의 아들이여,
그것을 나를 위한 봉헌으로 할지어다.

yat karoṣi yad aśnāsi
yaj juhoṣi dadāsi yat
yat tapasyasi kaunteya
tat kuruṣva madarpaṇam

28.

그러면 그대는 행위에서 오는 속박인
좋고 나쁜 결과들에서 자유로워질 것이다.
포기의 요가로 제어된 자로서
그대는 해방되어 나에게 올 것이다.

śubhāśubhaphalair evaṁ
mokṣyase karmabandhanaiḥ
saṁnyāsayogayuktātmā
vimukto mām upāiṣyasi

29.

나는 모든 존재에게 평등하도다.
나에게는 미운 자도 사랑하는 자도 없다.

그러나 신애로 나를 사랑하는 자들은
내 안에 있으며 나 또한 그들 안에 있다.

samo ’haṁ sarvabhūteṣu
na me dveṣyo ’sti na priyaḥ
ye bhajanti tu māṁ bhaktyā
mayi te teṣu cāpy aham

30.
심한 악행을 하는 자라도
다른 것을 신애하지 않고 나를 신애한다면
실로 선하다고 간주되어야 할지니,
그가 옳게 결심했기 때문이다.

api cet sudurācāro
bhajate mām ananyabhāk
sādhur eva sa mantavyaḥ
samyag vyavasito hi saḥ

31.
그는 속히 의로운 자가 되어
영원한 평안에 이른다.
알지어다, 쿤티의 아들이여,
나를 신애하는 자는 멸망하지 않도다.

kṣipraṁ bhavati dharmātmā
śaśvacchāntiṁ nigacchati
kaunteya pratijānīhi
na me bhaktaḥ praṇaśyati

32.
나에게 귀의하면, 프르타의 아들이여,
천한 태생의 사람들,
여자들, 바이샤들 그리고 수드라들이라도
지고의 길로 가기 때문이다.[4]

māṁ hi pārtha vyapāśritya
ye 'pi syuḥ pāpayonayaḥ
striyo vaiśyās tathā śūdrās
te 'pi yānti parāṁ gatim

33.
하물며 덕 있는 바라문들과
신실한 왕족 현자들이겠는가?
이 무상하고 즐거움 없는 세상에 왔으니
나를 신애하라.

kiṁ punar brāhmaṇāḥ puṇyā

4 여기서 대중적이고 파격적인 신애의 길이 절정에 이른다. 신애의 요가에서는 '지고의 길', 즉 해탈이 남녀의 구별이나 신분의 고하를 막론하고 모두에게 열려 있다.

bhaktā rājarṣayas tathā
anityam asukhaṁ lokam
imaṁ prāpya bhajasva mām

34.
나를 생각하고 나를 신애하며
나에게 제사드리고 나를 경배하라.
이와 같이 자신을 제어하고 나를 최고 목표로 삼아
그대는 바로 나에게 올 것이다.

manmanā bhava madbhakto
madyājī māṁ namaskuru
mām evāiṣyasi yuktvāivam
ātmānaṁ matparāyaṇaḥ

10장_ 현현의 요가

거룩하신 주께서 말씀하셨습니다(śrībhagavān uvāca):

1.
[그대의] 복리를 바라기에
사랑하는 그대를 위해 내가 하고자 하는
나의 지고의 말을
더 들어 보라, 거대한 팔을 지닌 자여.

bhūya eva mahābāho
śrṇu me paramaṁ vacaḥ
yat te 'haṁ prīyamāṇāya
vakṣyāmi hitakāmyayā

2.
신들의 무리들이나 위대한 현자들도
나의 기원을 알지 못하도다.
나는 신들과 위대한 현자들 모두의
시초이기 때문이다.

na me viduḥ suragaṇāḥ
prabhavaṁ na maharṣayaḥ
aham ādir hi devānāṁ
maharṣīṇāṁ ca sarvaśaḥ

3.
나를 태어나지도 않고 시작도 없는
세계의 대주재자로 아는 자는
죽을 자들(인간들) 가운데서 미혹됨 없이
모든 악에서 해방된다.

yo mām ajam anādiṁ ca
vetti lokamaheśvaram
asammūḍhaḥ sa martyeṣu
sarvapāpaiḥ pramucyate

4.
깨달음, 지혜, 무망(無妄),
인내, 진실함, 절제, 적정(寂靜),
즐거움, 괴로움, 생성과 소멸
그리고 두려움과 무외(無畏),

buddhir jñānam asammohaḥ
kṣamā satyaṁ damaḥ śamaḥ
sukhaṁ duḥkhaṁ bhavo 'bhāvo

bhayaṁ cābhayam eva ca

5.

불상해, 평등성, 자족,
고행, 보시, 명예, 불명예 같은
존재들의 각종 상태는
바로 나로부터 생긴다.

ahiṁsā samatā tuṣṭis
tapo dānaṁ yaśo 'yaśaḥ
bhavanti bhāvā bhūtānāṁ
matta eva pṛthagvidhāḥ

6.

위대한 옛 일곱 현자와
네 마누도 마찬가지로
[나의] 마음에 의해 태어난 나의 양태들로서,
그들로부터 이 세상 자손들이 [왔도다].[1]

maharṣayaḥ sapta pūrve
catvāro manavas tathā
madbhāvā mānasā jātā
yeṣāṁ loka imāḥ prajāḥ

---

1 일곱 현자란 브르구(Bhṛgu) 등 인도의 고대 법전 제정자들을 가리키며, 네 마누란 4유가(yuga) 각각의 시초에 존재했던 인류의 조상들을 가리킨다.

7.
나의 이러한 현현(顯現)과 신비한 힘을
진실로 아는 자는
부동의 요가로 제어되는즉,
이에 의심이 없도다.[2]

etāṁ vibhūtiṁ yogaṁ ca
mama yo vetti tattvataḥ
so 'vikampena yogena
yujyate nātra saṁśayaḥ

8.
나는 만물의 기원,
나로부터 만물이 출현한다고
지혜로운 자들은 생각하면서
애정으로 가득 차 나를 신애한다.

ahaṁ sarvasya prabhavo
mattaḥ sarvaṁ pravartate
iti matvā bhajante māṁ
budhā bhāvasamanvitāḥ

---

2 현현(顯現, vibhuti)은 만물의 정수로 내재하는 신의 편재를 뜻한다. 신비한 힘은 요가(yoga)의 번역으로서, 여기서 요가는 신의 신비한 능력 혹은 권능을 뜻하는 특수한 의미를 지닌다.

9.

나를 생각하며 나에게 생명을 바치며
서로 깨우치면서,
그리고 항상 나를 이야기하면서
만족하고 기뻐한다.

maccittā madgataprāṇā
bodhayantaḥ parasparam
kathayantaś ca māṁ nityaṁ
tuṣyanti ca ramanti ca

10.

항상 제어되어
사랑으로 [나를] 신애하는 자들에게
나는 나에게 나아오도록
지혜의 요가를 준다.[3]

teṣāṁ satatayuktānāṁ
bhajatāṁ prītipūrvakam
dadāmi buddhiyogaṁ taṁ
yena māṁ upayānti te

11.

나는 그들을 가엾게 여겨

---

3 지혜의 요가(buddhi-yoga)에 관해서는 2:49-72 참조.

무지에서 생겨난 그들의 암흑을
나 자신의 상태에 머물면서
빛나는 지혜의 불로 소멸시켜 준다.

tesām evānukampārtham
aham ajñānajaṁ tamaḥ
nāśayāmy ātmabhāvastho
jñānadīpena bhāsvatā

아르주나가 말했습니다(arjuna uvāca):

12.

당신은 지고의 브라만, 지고의 주처(住處),
지고의 정화 도구이십니다.
영원한 신적 정신이시며
불생(不生)이시고 편재하시는 원초의 신이시라고

paraṁ brahma paraṁ dhāma
pavitraṁ paramaṁ bhavān
puruṣaṁ śāśvataṁ divyam
ādidevam ajaṁ vibhum

13.

모든 현자와 신의 현자

나라다, 아시타 데발라, 뱌사도
당신을 말하고,
당신 자신도 저에게 [그렇게] 말씀하십니다.[4]

āhus tvām ṛṣayaḥ sarve
devarṣir nāradas tathā
asito devalo vyāsaḥ
svayaṁ cāiva bravīṣi me

14.
당신이 저에게 말씀하신 이 모든 것을
저는 옳다 여깁니다, 크리슈나시여.
신들이나 귀신들도, 지존이시여,
당신의 시현(示現)을 알지 못하기 때문입니다.

sarvam etad ṛtaṁ manye
yan māṁ vadasi keśava
na hi te bhagavan vyaktiṁ
vidur devā na dānavāḥ

15.
당신 자신만이 스스로 자신을
아십니다, 오, 지고의 정신이시여,

4 나라다와 아시타 데발라는 『리그 베다』 송가를 지은 전설적 현자들 가운데 일부. 뱌사는 베다와 서사시 『마하바라타』의 전설적인 편집자.

존재들로 하여금 존재케 하시는 존재들의 주,
신 가운데 신, 세계의 주인이시여!

svayam evātmanātmānaṁ
vettha tvaṁ puruṣottama
bhūtabhāvana bhūteśa
devadeva jagatpate

16.

[저에게] 남김없이 말씀해 주셔야 합니다.
당신께서 이 세계들에 편재하고 계시는
[당신] 자신의 현현들은
신비하기 때문입니다.

vaktum arhasy aśeṣeṇa
divyā hy ātmavibhūtayaḥ
yābhir vibhūtibhir lokān
imāṁs tvaṁ vyāpya tiṣṭhasi

17.

저는 어떻게 항상 당신을 생각하면서
요가의 소유자이신 당신을 알아야 합니까?
어떠어떠한 상태에서 제가
당신을 생각해야만 합니까, 지존이시여.[5]

5 신을 '요가의 소유자'(yogin)라고 할 때 요가의 의미는 앞에서 누차 본 대로 신의 신비한 힘

kathaṁ vidyām ahaṁ yogiṁs
tvāṁ sadā paricintayan
keṣu keṣu ca bhāveṣu
cintyo ʾsi bhagavan mayā

18.
당신 자신의 힘과 현현을
자세히 더 말씀해 주소서, 크리슈나시여.
감로(甘露)를 듣는 저는
싫증이 나지 않기 때문입니다.[6]

vistareṇātmano yogaṁ
vibhūtiṁ ca janārdana
bhūyaḥ kathaya tṛptir hi
śṛṇvato nāsti me ʾmṛtam

거룩하신 주께서 말씀하셨습니다(śrībhagavān uvāca):

19.
좋다, 그대에게 말해 주겠노라.
나의 현현들은 신비하기 때문이다.
주요한 것부터 [말해 주리니], 아르주나여,

을 가리킨다. 18절에서도 마찬가지다.

6 감로(amṛta)는 신들이 마시는 불사의 음료. 여기서는 물론 생명이 되는 신의 말씀.

나의 범위는 끝이 없도다.

hanta te kathayiṣyāmi
divyā hy ātmavibhūtayaḥ
prādhānyataḥ kuruśreṣṭha
nāsty anto vistarasya me

20.
아르주나여, 나는 모든 존재의
중심에 있는 자아이며,
나는 존재들의 처음이고
중간이고 바로 끝이로다.

aham ātmā guḍākeśa
sarvabhūtāśayasthitaḥ
aham ādiś ca madhyaṁ ca
bhūtānām anta eva ca

21.
나는 아디탸들 가운데 비슈누이며
빛들 가운데 찬란한 태양이고
마루트들 가운데 마리치이며
별들 가운데는 달이로다.[7]

---

7 아디탸(āditya)는 천상의 신들의 무리. 마루트는 인드라 신과 관계된 폭풍우와 바람의 신이며 마리치는 그 우두머리.

ādityānām ahaṁ viṣṇur
jyotiṣāṁ ravir aṁśumān
marīcir marutām asmi
nakṣatrāṇām ahaṁ śaśī

22.
나는 베다들 가운데 사마 베다이며
신들 가운데 바사바이고
감각기관들 가운데서는 의근(意根)이며
존재들 가운데서는 의식이로다.[8]

vedānāṁ sāmavedo 'smi
devānām asmi vāsavaḥ
indriyāṇāṁ manaś cāsmi
bhūtānām asmi cetanā

23.
루드라들 가운데 샹카라이며
야차(夜叉)와 나차(羅叉)들 가운데 비테샤이고
바수들 가운데 불이며
산들 가운데서는 수미산이로다.[9]

8『사마 베다』는 신들에 바치는『리그 베다』의 송가들을 사제들이 노래(sāman)로 읊게 하는 베다의 일부로서, 베다 전체의 정수로 간주되기도 한다. 바사바는 베다의 주요 신 가운데 하나인 인드라(Indra).

9 루드라는 폭풍우와 파괴의 신이며 샹카라는 시바(Śiva), 빗테샤는 부(富)의 신 쿠베라(Kubera), 바수는 인드라와 관계된 바람, 불, 땅, 대기, 해, 달, 별, 하늘의 신.

rudrāṇāṁ śaṁkaraś cāsmi
vitteśo yakṣarakṣasām
vasūnāṁ pāvakaś cāsmi
meruḥ śikhariṇām aham

24.
나는 또 제관들의 우두머리
브르하스파티임을 알지어다, 아르주나여.
나는 군대를 거느린 자들 가운데 스칸다이며
물들 가운데서는 대양이로다.[10]

purodhasāṁ ca mukhyaṁ māṁ
viddhi pārtha bṛhaspatim
senānīnām ahaṁ skandaḥ
sarasām asmi sāgaraḥ

25.
위대한 현자들 가운데 나는 브르구이며
음성들 가운데 한 음절(옴, oṁ)이고
제사 가운데 지송(持誦) 제사이며
산들 가운데서는 히말라야로다.[11]

maharṣīṇāṁ bhṛgur ahaṁ

10 브르하스파티(Bṛhaspati, '기도의 주')는 신들의 사제. 스칸다(Skanda)는 전쟁의 신.
11 브르구(Bhṛgu)는 인류의 시조 마누(Manu)의 아들로서, 『마누 법전』을 암송한 현자로 전해지는 전설적 인물. 지송(持誦)은 베다 제사 때 낮은 소리로 읊조리는 기도.

girām asmy ekam akṣaram
yajñānāṁ japayajño 'smi
sthāvarāṇāṁ himālayaḥ

26.

모든 나무 가운데 성무화과(聖無花果)이며
신들의 현자들 가운데 나라다이고
건달바(乾達婆) 가운데 치트라라타이며
완성된 자들 가운데서는 성자 카필라로다.[12]

aśvatthaḥ sarvavṛkṣāṇāṁ
devarṣīṇāṁ ca nāradaḥ
gandharvāṇāṁ citrarathaḥ
siddhānāṁ kapilo muniḥ

27.

나는 말(馬)들 가운데
감로(甘露)에서 태어난 우챠이슈라바스,
거대한 코끼리 가운데 아이라바타
그리고 인간들 가운데서는 제왕임을 알지어다.[13]

uccaiḥśravasam aśvānāṁ

12 건달바(乾達婆, Gandharva)는 천상의 악사들이며 치트라라타는 그 우두머리. 카필라(Kapila)는 옛 현인의 이름이며 수론(數論, Sāṁkhya) 철학의 창시자로 전해지는 인물이다.

13 우챠이슈라바스는 인드라가 타는 말. 아이라바타는 인드라의 코끼리.

viddhi mām amṛtodbhavam
airāvataṁ gajendrāṇāṁ
narāṇāṁ ca narādhipam

28.
나는 무기들 가운데 금강저(金剛杵)이며
암소들 가운데 여의우(如意牛)이고
[신 가운데] 생산하게 하는 칸다르파이며
뱀들 가운데 [우두머리] 바수키로다.[14]

āyudhānām ahaṁ vajraṁ
dhenūnām asmi kāmadhuk
prajanaś cāsmi kandarpaḥ
sarpāṇām asmi vāsukiḥ

29.
나는 사룡(蛇龍)들 가운데 [우두머리] 아난타이며
수중 존재들 가운데 바루나이고
조상들 가운데 [우두머리] 아리야만이며
정복자들 가운데서 나는 야마로다.[15]

anantaś cāsmi nāgānāṁ
varuṇo yādasām aham

14 금강저는 인드라의 무기이고 여의우는 모든 소원을 성취시켜 주는 소. 칸다르파(Kandarpa)는 사랑과 욕망의 신으로서 카마(Kāma)로 불리기도 한다.

15 바루나는 물의 신, 야마는 죽음의 신.

pitṝṇām aryamā cāsmi
yamaḥ saṁyamatām aham

30.

나는 악령들 가운데 프랄라다이고
계산자들 가운데 시간이며,
나는 짐승들 가운데 짐승의 왕(사자)이고
새들 가운데서 비나타의 아들이로다.[16]

prahlādaś cāsmi daityānāṁ
kālaḥ kalayatām aham
mṛgāṇāṁ ca mṛgendro 'haṁ
vainateyaś ca pakṣiṇām

31.

정화하는 것들 가운데 바람이며
무기를 지닌 자들 가운데서 나는 라마이고
대어(大漁)들 가운데 악어이며
강들 가운데서는 갠지스로다.[17]

pavanaḥ pavatām asmi

---

16 프랄라다(Prahlāda)는 한때 신들의 적이었다가 비슈누 신자가 되어 구원받게 된 악귀의 이름. 비나타(Vinatā)는 새들의 왕이며 그 아들은 비슈누가 타고 다니는 새 가루다(Garuda)이다.

17 라마(Rāma)는 인도의 서사시 『라마야나』(Rāmāyaṇa)의 주인공인 성왕(聖王, 비슈누의 일곱 번째 화신으로 간주됨) 라마를 가리키거나 혹은 비슈누의 여섯 번째 화신인 '도끼를 쥔 라마(Paraśu-Rāma)'를 가리킬 수도 있다.

rāmaḥ śastrabhṛtām aham
jhaṣāṇāṁ makaraś cāsmi
srotasām asmi jāhnavī

32.
나는 출산물들(피조물들)의 시초요, 종말이요,
또 중간이다, 아르주나여.
지식들 가운데 자아에 관한 지식이며
나는 말하는 자들의 말이로다.

sargāṇām ādir antaś ca
madhyaṁ cāivāham arjuna
adhyātmavidyā vidyānāṁ
vādaḥ pravadatām aham

33.
글자들 가운데 '아' 자이며
복합어 가운데 병렬합성어이다.
나는 바로 불멸의 시간이며
만방으로 얼굴을 향한 [만물의] 제정자로다.[18]

akṣarāṇām akāro 'smi
dvandvaḥ sāmāsikasya ca

---

18 '아' 자는 범어(산스크리트어) 알파벳 가운데 첫 글자. 병렬합성어(dvandva)는 '과'(and)를 빼고 두 개의 명사를 연이어 쓰는 범어 용법.

aham evākṣayaḥ kālo
dhātāhaṁ viśvatomukhaḥ

34.
나는 또 모든 것을 앗아가는 죽음이자
[모든] 존재하게 될 것들의 기원이며
여성 명사들 가운데서 명성, 행운, 말(言),
기억, 총명, 굳셈, 인내로다.[19]

mṛtyuḥ sarvaharaś cāham
udbhavaś ca bhaviṣyatām
kīrtiḥ śrīr vāk ca nārīṇāṁ
smṛtir medhā dhṛtiḥ kṣamā

35.
나는 또 선율들 가운데 대선율이며
운율들 가운데 가야트리이고
달들 가운데 (첫째 달) 마르가슈르샤이며
계절들 가운데서는 꽃피는 계절이로다.[20]

bṛhatsāma tathā sāmnāṁ
gāyatrī chandasām aham
māsānāṁ mārgaśīrṣo 'ham

19 범어로 명성(kirtī), 행운(srī), 말(vāc) 등은 모두 여성명사이다.
20 대선율(bṛhatsāman)은 선율(sāman)의 일종이고 가야트리(gāyatrī)는 8음절 셋으로 된 운율의 형식.

ṛtūnāṁ kusumākaraḥ

36.

나는 사기꾼들의 도박이고
찬란한 자들의 찬란함이며
승리이며, 결심이며,
용기 있는 자들의 용기로다.[21]

dyūtaṁ chalayatām asmi
tejas tejasvinām aham
jayo 'smi vyavasāyo 'smi
sattvaṁ sattvavatām aham

37.

나는 브리슈니 족 가운데 바수데바이며
판두의 아들들 가운데 다남자야(아르주나)이고
성자들 가운데 나는 뱌사이며
시인들 가운데서는 시인 우샤나스로다.[22]

vṛṣṇīnāṁ vāsudevo 'smi
pāṇḍavānāṁ dhanaṁjayaḥ
munīnām apy ahaṁ vyāsaḥ
kavīnām uśanā kaviḥ

---

21 '용기'(sattvam)는 에저튼의 번역과 주해를 따른 것.

22 브리슈니(Vṛṣni)는 크리슈나의 종족 이름. 바수데바(Vāsudeva)에 관해서는 7:19 각주와 본서의 해설을 참조할 것. 우샤나스(Uśanas)는 신들의 현자들 가운데 하나.

38.

나는 굴복시키는 자들의 징벌이며
야욕자들의 통치술이며
비밀들의 침묵이며
나는 지혜 있는 자들의 지혜로다.

daṇḍo damayatām asmi
nītir asmi jigīṣatām
maunaṁ cāivāsmi guhyānāṁ
jñānaṁ jñānavatām aham

39.

또 모든 존재의 씨앗,
그것이 나로다, 아르주나여.
움직이는 것이든 움직이지 않는 것이든
나를 떠나 존재할 수 있는 것은 없다.

yac cāpi sarvabhūtānāṁ
bījaṁ tad aham arjuna
na tad asti vinā yat syān
mayā bhūtaṁ carācaram

40.

나의 놀라운 현현들에는
끝이 없지만, 적을 괴롭히는 자여,

나는 본보기로 이러한 [나의] 현현의
폭을 말해 주었노라.

nānto 'sti mama divyānāṁ
vibhūtīnāṁ paraṁtapa
eṣa tūddeśataḥ prokto
vibhūter vistaro mayā

41.
위력적이고 멋지고 활기찬 존재마다 [모두]
바로 내 영광의 파편에서
생긴 것임을
그대는 이해할지어다.

yad yad vibhūtimat sattvaṁ
śrīmad ūrjitam eva vā
tat tad evāvagaccha tvaṁ
mama tejo'ṁśasaṁbhavam

42.
그러나 이 많은 지식이, 아르주나여,
그대에게 무슨 소용이 있겠는가?
나는 이 온 세상을
[나의] 파편 하나로 지탱하고 있도다.

athavā bahunāitena
kiṁ jñātena tavārjuna
viṣṭabhyāham idaṁ kṛtsnam
ekāṁśena sthito jagat

11장_ 우주적 형상을 알현하는 요가

아르주나가 말했습니다(arjuna uvāca):

1.
저에 대한 은혜로
당신은 자아에 관한 것이라 불리는
최고 비밀을 말씀해 주셨고,
그것으로 저의 미혹은 사라졌습니다.

madanugrahāya paramaṁ
guhyam adhyātmasaṁjñitam
yat tvayoktaṁ vacas tena
moho 'yaṁ vigato mama

2.
존재들의 생성과 소멸에 대해
당신으로부터 자세히 들었으며
[당신의] 불멸의 위대성에 대해서도
들었기 때문입니다, 오, 연꽃잎 눈을 지니신 분이여.

bhavāpyayau hi bhūtānāṁ
śrutau vistaraśo mayā
tvattaḥ kamalapatrākṣa
māhātmyam api cāvyayam

3.
이는 당신께서 자신에 대해 말씀하신
그대로입니다, 지고의 주님이시여.
[그러나] 저는 주님으로서의 당신의 모습을
보기 원합니다, 지고의 정신이시여.[1]

evam etad yathāttha tvam
ātmānaṁ parameśvara
draṣṭum icchāmi te rūpam
aiśvaraṁ puruṣottama

4.
만약 제가 그것을 볼 수 있다고
생각하신다면, 주여,
당신의 불멸의 자아를
저에게 보여 주소서, 요가의 주이시여.[2]

manyase yadi tac chakyaṁ

---

1 '지고의 정신'(puruṣottama)을 '지고의 인격'으로 번역해도 좋다. 아르주나가 탈인격적 브라만 대신 인격신 크리슈나-비슈누의 모습을 보여 달라고 간청하고 있기 때문이다.
2 '요가의 주'에서 '요가'는 7:25, 9:5, 11:8에서처럼 신의 신비한 힘과 능력을 뜻한다.

mayā draṣṭum iti prabho
yogeśvara tato me tvaṁ
darśayātmānam avyayam

거룩하신 주께서 말씀하셨습니다(śrībhagavān uvāca):

5.
보라, 프르타의 아들이여,
온갖 종류의 신비하고 다양한
색깔과 형태를 지닌
수백 수천 가지 나의 형상들을.

paśya me pārtha rūpāṇi
śataśo 'tha sahasraśaḥ
nānāvidhāni divyāni
nānāvarṇākṛtīni ca

6.
아디티아들, 바수들, 루드라들,
아슈빈들 그리고 마루트들을 보라.
이전에 한 번도 본 적 없는
기이한 것들을 보라, 바라타족의 자손이여.[3]

---

3 아디티아, 바수 등 여기 등장하는 신들에 관해서는 10:21, 23절의 주를 참조할 것.

paśyādityān vasūn rudrān
aśvinau marutas tathā
bahūny adṛṣṭapūrvāṇi
paśyāścaryāṇi bhārata

7.
움직이는 것(생물)과 움직이지 않는 것(무생물)
그리고 그대가 보고 싶어 하는 다른 모든 것과 더불어
온 세상이 오늘 여기 나의 몸에
하나로 모여 있는 것을 보라, 아르주나여.

ihāikasthaṁ jagat kṛtsnaṁ
paśyādya sacarācaram
mama dehe guḍākeśa
yac cānyad draṣṭum icchasi

8.
그러나 그대는 자신의 그 눈으로는
나를 볼 수 없도다.
그대에게 신적 눈을 주노니
주로서의 나의 위력을 보라.

na tu māṁ śakyase draṣṭum
anenāiva svacakṣuṣā
divyaṁ dadāmi te cakṣuḥ

paśya me yogam aiśvaram

삼자야가 말했다(saṁjaya uvāca):

9.
이렇게 말하고서, 오, 왕이시여,
위대한 요가의 주 하리는
프르타의 아들에게
주로서의 지고의 형상을 보여주셨습니다.[4]

evam uktvā tato rājan
mahāyogeśvaro hariḥ
darśayām āsa pārthāya
paramaṁ rūpam aiśvaram

10.
수많은 입과 눈,
수많은 기이한 모습,
수많은 천상의 장식품,
수많은 천상의 무기를 치켜들고

anekavaktranayanam

4 하리(Hari)는 비슈누의 다른 이름. 10-31절에는 유명한 비슈누의 신현(神顯, theophany) 장면이 나온다.

anekādbhutadarśanam
anekadivyābharaṇaṁ
divyānekodyatāyudham

11.
천상의 화환과 옷을 걸치고
천상의 향유를 바른, 만방으로 얼굴을 향한,
온갖 기이한 것들로 된
무한한 신을 [보여 주셨습니다].

divyamālyāmbaradharaṁ
divyagandhānulepanam
sarvāścaryamayaṁ devam
anantaṁ viśvatomukham

12.
만약 하늘에 수천 개의 태양이
동시에 빛난다면
그 광채가 이 위대한 분의 빛과
같으리라.

divi sūryasahasrasya
bhaved yugapad utthitā
yadi bhāḥ sadṛśī sā syād
bhāsas tasya mahātmanaḥ

13.

그때 판두의 아들은
거기 신 중의 신의 몸 안에
온 우주가 다양하게 구분된 채
하나로 모여 있는 것을 보았습니다.

tatrāikasthaṁ jagat kṛtsnaṁ
pravibhaktam anekadhā
apaśyad devadevasya
śarīre pāṇḍavas tadā

14.

그러자 아르주나는 놀라움으로 가득 차
머리카락이 곤두서고,
신 앞에 머리를 조아리면서
합장하고 말했습니다.

tataḥ sa vismayāviṣṭo
hṛṣṭaromā dhanaṁjayaḥ
praṇamya śirasā devaṁ
kṛtāñjalir abhāṣata

아르주나가 말했습니다(arjuna uvāca):

15.
오, 신이시여, 저는 당신의 몸 안에서
모든 신과 다양한 존재의 무리를 보나이다.
연화좌에 앉으신 주 브라마와
모든 현자 그리고 천상의 뱀들을.

paśyāmi devāṁs tava deva dehe
sarvāṁs tathā bhūtaviśeṣasaṁghān
brahmāṇam īśaṁ kamalāsanastham
ṛṣīṅś ca sarvān uragāṅś ca divyān

16.
수많은 팔과 배와 입과 눈을 가지고
사방 무한한 형상을 지닌 당신을 보지만
당신의 끝과 중간과 시작은 볼 수 없나이다,
오, 만유의 주, 일체의 형상을 지니신 이여!

anekabāhūdaravaktranetraṁ
paśyāmi tvāṁ sarvato 'nantarūpam
nāntaṁ na madhyaṁ na punas tavādiṁ
paśyāmi viśveśvara viśvarūpa

17.
왕관과 곤봉과 원판을 지닌
온통 빛나는 광염 덩어리,
사방 타오르는 불과 태양의 광채를 지닌
쳐다보기 어렵고 측량할 수도 없는 당신을 보나이다.

kirīṭinaṁ gadinaṁ cakriṇaṁ ca
tejorāśiṁ sarvato dīptimantam
paśyāmi tvāṁ durnirīkṣyaṁ samantād
dīptānalārkadyutim aprameyam

18.
당신은 불멸자, 알아야 할 최고의 대상,
당신은 만유의 궁극의 저장소,
당신은 항구한 법도의 변치 않는 수호자,
당신은 영원한 정신이라고 저는 생각하나이다.

tvam akṣaraṁ paramaṁ veditavyaṁ
tvam asya viśvasya paraṁ nidhānam
tvam avyayaḥ śāśvatadharmagoptā
sanātanas tvaṁ puruṣo mato me

19.
시작과 중간과 끝이 없으시며
무한한 힘과 무수한 팔과 해와 달을 눈으로 지닌 당신,

자신의 열로 온 세상을 태워 버리며
타는 공물을 먹어 치우는 입을 지닌 당신을 보나이다.

anādimadhyāntam anantavīryam
anantabāhuṁ śaśisūryanetram
paśyāmi tvāṁ dīptahutāśavaktraṁ
svatejasā viśvam idaṁ tapantam

20.

하늘과 땅 사이의 이 공간과 사방이
실로 당신 하나로 편만해 있기 때문이옵니다.
당신의 이 놀랍고 무서운 모습을 보고
삼계가 전율하나이다, 오, 위대한 분이시여!

dyāvāpṛthivyor idam antaraṁ hi
vyāptaṁ tvayāikena diśaś ca sarvāḥ
dṛṣṭvādbhutaṁ rūpam ugraṁ tavedaṁ
lokatrayaṁ pravyathitaṁ mahātman

21.

저 신들의 무리가 당신 안으로 들어가고 있습니다!
어떤 자는 공포에 질려 합장하고 [당신을] 찬양합니다.
위대한 현자들과 완성된 자들의 무리들이 '복되도다'를 외치면서
풍성한 찬미로 당신을 찬양하고 있나이다.[5]

5 '완성된 자'(siddha)란 신통력을 지닌 성자들을 말한다.

amī hi tvāṁ surasaṁghā viśanti
kecid bhītāḥ prāñjalayo gṛṇanti
svastīty uktvā maharṣisiddhasaṁghāḥ
stuvanti tvāṁ stutibhiḥ puṣkalābhiḥ

22.
루드라들과 아디티아들과 바수들과 사디야들,
일체 신(一切神)들, 아슈빈들과 마루트들, 탕기(湯氣)를 마시는 자들,
건달바들, 야차와 아수라들, 완성된 자들의 무리들이
모두 당신을 쳐다보며 놀라고 있습니다.[6]

rudrādityā vasavo ye ca sādhyā
viśve 'śvinau marutaś co 'ṣmapāś ca
gandharvayakṣāsurasiddhasaṁghā
vīkṣante tvāṁ vismitāś cāiva sarve

23.
오, 강한 팔을 지니신 이여, 수많은 입과 눈,
수많은 팔과 넓적다리와 발, 수많은 배와
수많은 끔찍한 송곳니를 지닌 당신의 위대한 형상을 보면서
세계들이 그리고 저 또한, 전율하고 있나이다.

rūpaṁ mahat te bahuvaktranetraṁ

6 여기에 언급된 신들에 관해서는 10:21-23 참조할 것. '일체 신들'은 베다에 나오는 군소 신들의 총칭이며 '탕기를 마시는 자들'은 조상들을 가리킨다.

mahābāho bahubāhūrupādam
bahūdaraṁ bahudaṁṣṭrākarālaṁ
dṛṣṭvā lokāḥ pravyathitās tathāham

24.
각가지 색깔로 하늘을 찌르듯 타오르며
딱 벌어진 입과 작열하는 거대한 눈들을 지닌
당신을 보고서 [저의] 내면의 자아는 전율하며
안정과 평안을 얻지 못하나이다, 오, 비슈누시여!

nabhaḥspṛśaṁ dīptam anekavarṇaṁ
vyāttānanaṁ dīptaviśālanetram
dṛṣṭvā hi tvāṁ pravyathitāntarātmā
dhṛtiṁ na vindāmi śamaṁ ca viṣṇo

25.
시간의 불과 같은 끔찍한 송곳니들을 지닌
당신의 입들을 보고서
저는 갈피를 못 잡고 피난처를 얻지 못하나이다.
은총을 베푸소서, 신들의 주, 우주의 주처시여!

daṁṣṭrākarālāni ca te mukhāni
dṛṣṭvāiva kālānalasaṁnibhāni
diśo na jāne na labhe ca śarma
prasīda deveśa jagannivāsa

26.
저 드르타라슈트라의 아들들 모두가
땅의 보호자들(왕들)의 무리들과 함께,
비슈마, 드로나, 저 전차장의 아들(카르나)이
우리 편 으뜸가는 전사들과도 함께

amī ca tvāṁ dhṛtarāṣṭrasya putrāḥ
sarve sahāivāvanipālasaṁghaiḥ
bhīṣmo droṇaḥ sūtaputras tathāsau
sahāsmadīyair api yodhamukhyaiḥ

27.
끔찍한 송곳니를 가진 무시무시한
당신의 입들 속으로 서둘러 들어갑니다!
어떤 자들은 당신의 이빨 사이에 끼여
머리가 바스러진 것 같이 보입니다!

vaktrāṇi te tvaramāṇā viśanti
daṁṣṭrākarālāni bhayānakāni
kecid vilagnā daśanāntareṣu
saṁdṛśyante cūrṇitair uttamāṅgaiḥ

28.
수많은 강의 격류가
바다를 향해 치닫듯

저 인간 세계의 영웅들이
당신의 불타는 입들 속으로 들어갑니다!

yathā nadīnāṁ bahavo 'mbuvegāḥ
samudram evābhimukhā dravanti
tathā tavāmī naralokavīrā
viśanti vaktrāṇy abhivijvalanti

29.
나방들이 타오르는 불 속으로
파멸을 향해 돌진해 들어가듯
사람들이 당신의 입들 속으로
파멸을 향해 돌진해 들어갑니다!

yathā pradīptaṁ jvalanaṁ pataṅgā
viśanti nāśāya samṛddhavegāḥ
tathāiva nāśāya viśanti lokās
tavāpi vaktrāṇi samṛddhavegāḥ

30.
사방에서 당신은 타오르는 입으로
세계들을 모두 핥아 삼키고 있습니다.
당신의 무서운 광염이 온 세상을
열로 채우며 태웁니다, 오, 비슈누시여!

lelihyase grasamānaḥ samantāl
lokān samagrān vadanair jvaladbhiḥ
tejobhir āpūrya jagat samagraṁ
bhāsas tavogrāḥ pratapanti viṣṇo

31.
저에게 말씀해 주소서, 끔찍한 형상을 지닌 당신은 누구신지.
당신께 경배합니다, 신들 가운데 최고시여!
은총을 베푸소서, 원초이신 당신을 알기 원하나이다.
당신이 하시는 일을 저는 이해 못 하기 때문이옵니다.

ākhyāhi me ko bhavān ugrarūpo
namo 'stu te devavara prasīda
vijñātum icchāmi bhavantam ādyaṁ
na hi prajānāmi tava pravṛttim

거룩하신 주께서 말씀하셨습니다(śrībhagavān uvāca):

32.
나는 세계를 파멸시키는 다 찬 시간으로서
여기에 세계들을 거두어들이기 시작했도다.
그대가 아니더라도 적진에 정렬되어 있는 전사들
누구도 존재하지 않게 될 것이다.

kālo ʾsmi lokakṣayakṛt pravṛddho
lokān samāhartum iha pravṛttaḥ
ṛte ʾpi tvāṁ na bhaviṣyanti sarve
ye ʾvasthitāḥ pratyanīkeṣu yodhāḥ

33.
그런즉 일어나 영예를 얻어라.
적들을 정복하고 번성하는 왕권을 누려라.
이들은 이미 오래전 바로 나에 의해 죽었은즉
그대는 단지 수단이 되어라, 왼손잡이 궁수여.

tasmāt tvam uttiṣṭha yaśo labhasva
jitvā śatrūn bhuṅkṣva rājyaṁ samṛddham
mayāivāite nihatāḥ pūrvam eva
nimittamātraṁ bhava savyasācin

34.
드로나, 비슈마, 자야드라타, 카르나
그리고 다른 모든 전사도
[이미] 나에 의해 죽었은즉, 주저 말고 죽여라,
싸워라, 그대는 전투에서 적수들을 이기리라.

droṇaṁ ca bhīṣmaṁ ca jayadrathaṁ ca
karṇaṁ tathānyān api yodhavīrān
mayā hatāṁs tvaṁ jahi mā vyathiṣṭhā

yudhyasva jetāsi raṇe sapatnān

삼자야가 말했다(saṁjaya uvāca):

35.

케샤바(크리슈나)의 이 말을 듣고
아르주나는 떨며 합장하고서 경배한 후
더듬거리고 심히 두려워하면서
크리슈나께 계속해서 아뢨습니다.

etac chrutvā vacanaṁ keśavasya
kṛtāñjalir vepamānaḥ kirītī
namaskṛtvā bhūya evāha kṛṣṇaṁ
sagadgadaṁ bhītabhītaḥ praṇamya

아르주나가 말했습니다(arjuna uvāca):

36.

당신에 대한 찬양으로, 오, 크리슈나시여,
세상이 기뻐하며 즐거워하는 것은 합당하나이다.
공포에 질린 괴물들은 사방으로 달아나고
모든 완성된 자의 무리들은 당신을 경배하나이다.

sthāne hṛṣīkeśa tava prakīrtyā
jagat prahṛṣyaty anurajyate ca
rakṣāṁsi bhītāni diśo dravanti
sarve namasyanti ca siddhasaṁghāḥ

37.
어찌 그들이 브라마보다도 중한 태초의 창조자이신
당신을 경배하지 않겠나이까? 오, 위대하신 분,
무한하신 신들의 주, 세계의 주처시여,
당신은 불멸자, 존재, 비존재 그리고 그 이상이십니다.

kasmāc ca te na nameran mahātman
garīyase brahmaṇo 'py ādikartre
ananta deveśa jagannivāsa
tvam akṣaraṁ sadasat tatparaṁ yat

38.
당신은 태초의 신이시며 태고의 정신,
당신은 이 모든 세계의 궁극적 저장소,
당신은 앎의 주체이시고 대상이시며 지고의 주처,
당신으로 온 세계가 퍼져 있나이다, 무한한 형상을 지닌 분이시여.

tvam ādidevaḥ puruṣaḥ purāṇas
tvam asya viśvasya paraṁ nidhānam
vettāsi vedyaṁ ca paraṁ ca dhāma

tvayā tatam viśvam anantarūpa

39.

당신은 바유, 야마, 아그니, 바루나, 샤샹카,

프라자파티 그리고 증조부,

천 번 만 번 당신께 경배하고 경배하나이다.

그리고 또 경배하고 경배하나이다.[7]

vāyur yamo 'gnir varuṇaḥ śaśāṅkaḥ

prajāpatis tvaṁ prapitāmahaś ca

namo namas te 'stu sahasrakṛtvaḥ

punaś ca bhūyo 'pi namo namas te

40.

앞에서도 경배, 뒤에서도 경배,

어디서나 모두 당신께 경배.

당신은 무한한 힘과 측량 못 할 용맹을 지니신 분,

당신은 모든 것에 두루 미치시니 당신은 모든 것이나이다.

namaḥ purastād atha pṛṣṭhatas te

namo 'stu te sarvata eva sarva

anantavīryāmitavikramas tvaṁ

sarvaṁ samāpnoṣi tato 'si sarvaḥ

---

7 여기 열거된 신들은 모두 베다 시대의 신들(바람, 불 등). 프라자파티, '생명의 주'는 후에 창조신 브라마(Brahmā)를 지칭하게 된다.

41.
당신을 친구라 생각하여 함부로 한 말들,
"어이 크리슈나여", "어이 야다바여", "어이 친구여"라고
당신의 위대함을 모르고
부주의 또는 사랑으로라도 제가 한 말,[8]

sakheti matvā prasabhaṁ yad uktaṁ
he kṛṣṇa he yādava he sakheti
ajānatā mahimānaṁ tavedaṁ
mayā pramādāt praṇayena vāpi

42.
그리고 장난으로 당신께 한 무례한 짓,
놀 때나 침대에 있을 때, 앉아 있거나 식사할 때,
혼자 혹은 다른 사람들이 보는 가운데 한 짓에 대해
당신의 한없는 용서를 비나이다, 오, 흔들림 없는 분이시여.

yac cāvahāsārtham asatkṛto 'si
vihāraśayyāsanabhojaneṣu
eko 'thavāpy acyuta tatsamakṣaṁ
tat kṣāmaye tvām aham aprameyam

43.
당신은 움직이는 것과 움직이지 않는 것들의 세계의 아버지

8 '야다바'는 크리슈나가 속한 야두(Yādu) 족의 사람이라는 뜻.

그리고 세계의 공경 받을 가장 존경스러운 스승이십니다.
당신과 동등한 자는 없은즉, 삼계엔들 어찌 더 높은 분이
있사오리까? 오, 비할 데 없는 힘을 지니신 분이시여.

pitāsi lokasya carācarasya
tvam asya pūjyaś ca gurur garīyān
na tvatsamo 'sty abhyadhikaḥ kuto 'nyo
lokatraye 'py apratimaprabhāva

44.

그러므로 저는 머리를 조아리고 몸을 엎드려
칭송받으실 주이신 당신께 은총을 구하나이다.
아버지가 아들에게, 친구가 친구에게,
애인이 애인에게 하듯 저를 용서해 주셔야 합니다, 신이시여.

tasmāt praṇamya praṇidhāya kāyaṁ
prasādaye tvām aham īśam īḍyam
piteva putrasya sakheva sakhyuḥ
priyaḥ priyāyārhasi deva soḍhum

45.

이전에 본 적이 없는 것을 보고
저의 마음은 흥분되고 공포로 흔들리오니
바로 그 [예전] 모습을 저에게 보여 주소서, 신이시여.
은총을 베푸소서, 신들의 주, 세계의 주처시여.[9]

adṛṣṭapūrvaṁ hṛṣito ʾsmi dṛṣṭvā
bhayena ca pravyathitaṁ mano me
tad eva me darśaya deva rūpaṁ
prasīda deveśa jagannivāsa

46.
왕관 쓰고 곤봉을 지니고 손에는 원판을 쥔
당신을 저는 보기 원하나이다.
네 팔 지닌 바로 그 모습으로 되소서,
천 개의 팔을 지니신 분, 일체 형상을 지니신 분이시여.

kirīṭinaṁ gadinaṁ cakrahastam
icchāmi tvāṁ draṣṭum ahaṁ tathāiva
tenāiva rūpeṇa caturbhujena
sahasrabāho bhava viśvamūrte

거룩하신 주께서 말씀하셨습니다(śrībhagavān uvāca):

47.
그대를 향한 은총으로, 아르주나여,
나는 이 지고의 모습을 나의 신비한 힘으로 보여 주었다.
그대 외에는 아무도 본 적 없는

9 두려움 가운데 아르주나는 크리슈나가 '바로 그 모습', 즉 예전의 모습으로 되돌아와 줄 것을 간청한다.

나의 찬란하고 우주적이며 무한하고 원초적인 [모습을].

maya prasannena tavārjunedaṁ
rūpaṁ paraṁ darśitam ātmayogāt
tejomayaṁ viśvam anantam ādyaṁ
yan me tvadanyena na dṛṣṭapūrvam

48.
베다, 제사, 학습, 보시, 의례, 지독한 고행,
그 무엇에 의해서든, 쿠루 족의 영웅이여,
나의 이러한 모습은 인간 세계에서
그대 외에는 아무도 볼 수 없었도다.

na vedayajñādhyayanair na dānair
na ca kriyābhir na tapobhir ugraiḥ
evaṁrūpaḥ śakya ahaṁ nṛloke
draṣṭuṁ tvad anyena kurupravīra

49.
이토록 끔찍한 나의 모습을 보고
그대는 동요하거나 혼미하게 되지 말라.
두려움에서 벗어나 기쁜 마음으로
그대는 다시 바로 나의 이 [예전] 모습을 보아라.

mā te vyathā mā ca vimūḍhabhāvo

dṛṣṭvā rūpaṁ ghoram īdṛṅ mamedam
vyapetabhīḥ prītamanāḥ punas tvaṁ
tad eva me rūpam idaṁ prapaśya

삼자야가 말했다(saṁjaya uvāca):

50.

이렇게 아르주나에게 말하고는
바수데바는 다시 자신의 모습을 보여 주었습니다.
친근한 모습으로 되돌아가셔서
위대하신 분은 두려워하는 그를 위로해 주셨습니다.

ity arjunaṁ vāsudevas tathoktvā
svakaṁ rūpaṁ darśayām āsa bhūyaḥ
āśvāsayām āsa ca bhītam enaṁ
bhūtvā punaḥ saumyavapur mahātmā

아르주나가 말했습니다(arjuna uvāca):

51.

당신의 이 친근한 인간의 모습을 보니,
크리슈나시여, 저는 안정되어
정신을 차리고

제 상태로 돌아왔나이다.

dṛṣṭvedaṁ mānuṣaṁ rūpaṁ
tava saumyaṁ janārdana
idānīm asmi saṁvṛttaḥ
sacetāḥ prakṛtiṁ gataḥ

거룩하신 주께서 말씀하셨습니다(śrībhagavān uvāca):

52.
그대가 본 나의 이 모습은
지극히 보기 어려운 것이로다.
신들조차도 항상 그 모습을
보기 원하였도다.

sudurdarśam idaṁ rūpaṁ
dṛṣṭavān asi yan mama
devā apy asya rūpasya
nityaṁ darśanakāṅkṣiṇaḥ

53.
베다나 고행이나
보시나 제사에 의해서는
그대가 나를 본 것 같이

나를 볼 수 없도다.

nāhaṁ vedair na tapasā
na dānena na cejyayā
śakya evaṁvidho draṣṭuṁ
dṛṣṭavān asi māṁ yathā

54.

그러나 전심의 신애로서, 아르주나여,
그와 같이 나를 알 수 있고
진실로 볼 수 있으며
또 [나에게] 들어올 수 있도다, 아르주나여.[10]

bhaktyā tv ananyayā śakya
aham evaṁvidho 'rjuna
jñātuṁ draṣṭuṁ ca tattvena
praveṣṭuṁ ca paraṁtapa

55.

나의 일을 행하며 나를 최고로 삼고
나를 신애하며 집착에서 벗어나
어떤 존재에게도 적개심 없는 자는
나에게 온다, 판두의 아들이여.

---

10 오로지 크리슈나에 대한 신애(bhakti)만으로 신을 알고 볼 수 있을 뿐 아니라 그에게 '들어갈 수' 있다고 한다. 즉 신 안에서 해탈의 영원한 삶을 누릴 수 있다는 신애 사상의 극치가 보인다.

matkarmakṛn matparamo
madbhaktaḥ saṅgavarjitaḥ
nirvairaḥ sarvabhūteṣu
yaḥ sa mām eti pāṇḍava

12장_ 신애의 요가

아르주나가 말했습니다(arjuna uvāca):

1.
이렇게 항상 제어되어
신애로 당신을 숭배하는 자들과
불멸의 미현현을 숭배하는 자들 가운데
누가 더 요가를 잘 아는 사람들입니까?[1]

evaṁ satatayuktā ye
bhaktās tvāṁ paryupāsate
ye cāpy akṣaram avyaktaṁ
teṣāṁ ke yogavittamāḥ

1 아르주나가 인격신 크리슈나-비슈누 숭배와 탈인격적 실재인 불멸의 브라만 숭배의 우열을 묻고 있다. 전자는 신애의 길, 후자는 지혜의 길이 추구하는 목표라고 말할 수 있다. 이 두 길은『기타』에서 일치와 차별의 긴장 속에 있지만, 대체로 신애의 길이 우세하다.

거룩하신 주께서 말씀하셨습니다(śrībhagavān uvāca):

2.

나에게 마음을 고정시키면서
항상 제어된 가운데 지고의 믿음으로
나를 공경하는 자들을
나는 가장 제어된 자로 생각한다.

mayy āveśya mano ye māṁ
nityayuktā upāsate
śraddhayā parayopetās
te me yuktatamā matāḥ

3.

그러나 규정할 수 없으며
무소부재하고 사유할 수 없으며
우뚝 서 움직이지 않고 항구한
불멸의 미현현을 숭배하는 자들,

ye tv akṣaram anirdeśyam
avyaktaṁ paryupāsate
sarvatragam acintyaṁ ca
kūṭastham acalaṁ dhruvam

4.
감각기관들의 무리를 제어하면서
어디서나 평등한 마음을 지니고
모든 존재의 복리를 기뻐하는 자들 [역시]
바로 나에 이른다.

saṁniyamyendriyagrāmaṁ
sarvatra samabuddhayaḥ
te prāpnuvanti mām eva
sarvabhūtahite ratāḥ

5.
[하지만] 미현현에 생각이 고착된 자들의
번뇌는 더 크도다.
육신을 지닌 자로서
드러나지 않은 목표에 도달하기란 어렵기 때문이다.[2]

kleśo 'dhikataras teṣām
avyaktāsaktacetasām
avyaktā hi gatir duḥkhaṁ
dehavadbhir avāpyate

---

2 모든 형상과 속성을 여읜 보이지 않는 미현현의 브라만('드러나지 않은 목표')을 추구하는 것은 인격적 형상을 지닌 신을 섬기는 길보다 따르기 어렵다는 뜻.

6.
그러나 나에게 모든 행위를 포기하면서
나에게 열중하고
전심의 요가로 나를 명상하면서
공경하는 자들,

ye tu sarvāṇi karmāṇi
mayi saṁnyasya matparāḥ
ananyenāiva yogena
māṁ dhyāyanta upāsate

7.
나에게 생각을 고정시킨 자들에게
나는 오래지 않아, 프르타의 아들이여,
죽음과 윤회의 바다에서
건져 주는 자가 된다.

teṣām ahaṁ samuddhartā
mṛtyusaṁsārasāgarāt
bhavāmi nacirāt pārtha
mayy āveśitacetasām

8.
오직 나에게만 마음(의근)을 두며
나에게 의식(지성)을 들게 하여라.

그 후 그대는 의심 없이
바로 내 안에 거할 것이다.

mayy eva mana ādhatsva
mayi buddhiṁ niveśaya
nivasiṣyasi mayy eva
ata ūrdhvaṁ na saṁśayaḥ

9.
그러나 그대가 나에게 마음을
확고히 집중할 수 없다면
훈련의 요가로 나에 이르기를
바라라, 아르주나여.[3]

atha cittaṁ samādhātuṁ
na śaknoṣi mayi sthiram
abhyāsayogena tato
mām icchāptuṁ dhanaṁjaya

10.
훈련조차도 그대가 할 수 없다면
나를 위한 행위를 최고로 삼아라.
나를 위해 행위를 하면서도

3 훈련의 요가(abhyāsayoga)란 마음을 한 곳에 집중시키려는 끊임없는 노력을 가리킨다. 6:35, 8:8절 참조.

그대는 완성에 이를 것이다.

abhyāse 'py asamartho 'si
matkarmaparamo bhava
madartham api karmāṇi
kurvan siddhim avāpsyasi

11.
그러나 이것조차 그대가 할 수 없다면,
나의 요가에 의지해서
자신을 제어한 채
모든 행위의 결과를 단념하라.[4]

athāitad apy aśakto 'si
kartuṁ madyogam āśritaḥ
sarvakarmaphalatyāgaṁ
tataḥ kuru yatātmavān

12.
훈련보다는 지혜가 더 좋으며,
지혜보다는 명상,
명상보다는 행위의 결과의 단념이 뛰어나기 때문이다.
포기는 즉시 평안을 낳는다.[5]

---

4 여기서 '나의 요가'는 크리슈나 자신이 행하며 가르쳐 준 행위의 요가(karma-yoga), 즉 결과에 연연하지 않는 행위의 길을 가리킨다. 4:13-15 참조.

5 행위의 요가는 가장 쉬운 길이지만 훈련, 지혜, 명상보다도 더 뛰어난 길임을 말한다.

śreyo hi jñānam abhyāsāj
jñānād dhyānaṁ viśiṣyate
dhyānāt karmaphalatyāgas
tyāgāc chāntir anantaram

13.
어떤 존재도 미워하지 않는 자,
다정하고 자비로우며
'나의 것'이나 '나'라는 생각 없이
괴로움과 즐거움에 평등하며 인내하는 자,

adveṣṭā sarvabhūtānāṁ
maitraḥ karuṇa eva ca
nirmamo nirahaṁkāraḥ
samaduḥkhasukhaḥ kṣamī

14.
항상 만족하는 요가행자,
자신을 제어하고 굳건한 결심으로
나에게 마음(의근)과 의식(지성)을 경주하고
나를 신애하는 자는 나에게 사랑스럽도다.

saṁtuṣṭaḥ satataṁ yogī
yatātmā dṛḍhaniścayaḥ
mayy arpitamanobuddhir

yo madbhaktaḥ sa me priyaḥ

15.

그로 인해 사람들이 방해받지 않고
그도 사람들에 의해 방해받지 않는 자,
기쁨과 조급함과 두려움과 동요로부터
자유로운 자는 나에게 사랑스럽도다.

yasmān nodvijate loko
lokān nodvijate ca yaḥ
harṣāmarṣabhayodvegair
mukto yaḥ sa ca me priyaḥ

16.

바라는 것 없고 순결하며 능력 있고 초연하며
동요를 모르고 모든 일을 포기하고
나를 신애하는 자는
나에게 사랑스럽도다.

anapekṣaḥ śucir dakṣa
udāsīno gatavyathaḥ
sarvārambhaparityāgī
yo madbhaktaḥ sa me priyaḥ

17.

기뻐하지도 않고 미워하지도 않으며
슬퍼하지도 않고 갈구하지도 않으며
좋고 나쁨을 던져 버리고 신애로 가득한 자는
나에게 사랑스럽도다.

yo na hṛṣyati na dveṣṭi
na śocati na kāṅkṣati
śubhāśubhaparityāgī
bhaktimān yaḥ sa me priyaḥ

18.

원수와 친구,
존경과 멸시를 동등하게 여기고
냉(冷)과 온(溫), 고(苦)와 낙(樂)을
동등하게 여기며 집착을 떠난 자,

samaḥ śatrau ca mitre ca
tathā mānāpamānayoḥ
śītoṣṇasukhaduḥkheṣu
samaḥ saṅgavivarjitaḥ

19.

비난과 칭찬을 똑같이 여기며
말이 없고 무엇에나 만족하는 자,

주처가 없고 마음이 고정되고 신애로 가득한 자는
나에게 사랑스러운 사람이로다.

tulyanindāstutir maunī
saṁtuṣṭo yena kenacit
aniketaḥ sthiramatir
bhaktimān me priyo naraḥ

20.

그러나 이 법(진리)의 감로를
말한 대로 숭앙하며
믿음을 가지고 나를 최고로 삼아
신애하는 자들은 나에게 지극히 사랑스럽도다.

ye tu dharmāmṛtam idaṁ
yathoktaṁ paryupāsate
śraddadhānā matparamā
bhaktās te ʾtīva me priyāḥ

13장_ 밭과 밭을 아는 자를 구별하는 요가

아르주나가 말했습니다(arjuna uvāca):

물질과 정신,
밭과 밭을 아는 자,
지식과 지식의 대상에 대하여
알기 원하나이다, 크리슈나시여.[1]

prakrtiṁ puruṣaṁ cāiva
kṣetraṁ kṣetrajñam eva ca
etad veditum icchāmi
jñānaṁ jñeyaṁ ca keśava

---

1 이 구절은 어떤 판본에는 없는 것으로서, 내용으로 보아 누군가에 의해 나중에 추가된 것으로 보인다. 이 구절을 제외하면 『기타』는 도합 700절이 된다. 이런 이유로 해서 이 구절은 추가된 것이 아니라 본래부터 있었던 것을 700이라는 숫자를 맞추기 위해 고의로 누락시켰다는 설도 있다. '밭'과 '밭을 아는 자'의 의미는 앞으로 분명해지겠지만, 일반적으로 인식의 객체와 주체, 물질(prakṛti)과 정신(puruṣa)을 가리킨다. '밭을 아는 자'의 개념은 『스베타스바타라 우파니샤드』(Śvestāśvatara Upaniṣad) 6. 16에 이미 나오는데, 거기서는 개별 정신(puruṣa)을 가리키고 있다.

거룩하신 주께서 말씀하셨습니다(śrībhagavān uvāca):

1.
이 몸은, 쿤티의 아들이여, 밭이라 부르며,
그것(몸)을 아는 사람은
밭을 아는 자라고
그것을 아는 사람들은 말한다.

idaṁ śarīraṁ kaunteya
kṣetram ity abhidhīyate
etad yo vetti taṁ prāhuḥ
kṣetrajña iti tadvidaḥ

2.
나 역시, 바라타족의 자손이여,
모든 밭에 있는 밭을 아는 자임을 알아라.
밭과 밭을 아는 자에 관한 지식을
나는 [참]지식으로 간주한다.

kṣetrajñaṁ cāpi māṁ viddhi
sarvakṣetreṣu bhārata
kṣetrakṣetrajñayor jñānaṁ
yat taj jñānaṁ mataṁ mama

3.
이 밭이란 무엇이며 어떤 것인지,
어떤 양태를 지녔고 어디로부터 온 것인지
그리고 그(밭을 아는 자)가 누구이며 무슨 힘을 지녔는지
나에게 간략히 들어 볼지어다.

tat kṣetraṁ yac ca yādṛk ca
yadvikāri yataś ca yat
sa ca yo yatprabhāvaś ca
tat samāsena me śṛṇu

4.
[밭]은 현자들에 의해 여러 가지로
다양한 [베다의] 송가로 각기 노래 되었고,
또 합리적이고 결정적인 브라마 경(經)의 구절들로
노래 되었나니,[2]

ṛṣibhir bahudhā gītaṁ
chandobhir vividhaiḥ pṛthak
brahmasūtrapadaiś cāiva
hetumadbhir viniścitaiḥ

2『브라마 경』(Brahmsūtra)은 바다라야나(Bādarāyana)의 저서로서, 우파니샤드의 사상을 요점적으로 다룬 베단타(Vedānta) 학파의 주요 경전이다.

5.

조대원소(粗大元素), 아만(我慢)
지성 그리고 미현현,
11개의 감각기관과
감각기관들이 상대하는 5가지 대상,[3]

mahābhūtāny ahaṁkāro
buddhir avyaktam eva ca
indriyāṇi daśāikaṁ ca
pañca cendriyagocarāḥ

6.

욕망, 혐오, 낙(樂), 고(苦),
집합체, 생각, 항심(恒心),
이것을 요컨대 밭과
그 양태들이라 한다.[4]

icchā dveṣaḥ sukhaṁ duḥkhaṁ
saṁghātaś cetanā dhṛtiḥ
etat kṣetraṁ samāsena
savikāram udāhṛtam

---

3 여기에 열거된 물질계의 요소들에 관해서는 2:39의 각주와 역자의 『인도철학사』 제7장을 참조할 것.

4 '집합체'라는 단어는 의미가 확실하지 않으나 여러 요소가 합쳐 형성된 사물이나 몸을 가리키는 것 같다. 힐(Hill)의 논의(174쪽, 각주)를 참고할 것.

7.
겸손, 진실, 불상해,
인내, 정직,
스승에 대한 공경,
순결, 굳건함, 자제,

amānitvam adambhitvam
ahiṁsā kṣāntir ārjavam
ācāryopāsanaṁ śaucaṁ
sthairyam ātmavinigrahaḥ

8.
감각 대상들에 대한 이욕(離欲)
그리고 바로 아만(我慢)의 결여,
생, 사, 노(老), 병(病), 고(苦)의
악에 대한 통찰,

indriyārtheṣu vairāgyam
anahaṁkāra eva ca
janmamṛtyujarāvyādhi-
duḥkhadoṣānudarśanam

9.
아들, 아내, 집 등에 대한
무집착과 무애착,

원하는 것과 원하지 않는 것이 일어날 때
항상 평등한 마음가짐,

asaktir anabhiṣvaṅgaḥ
putradāragṛhādiṣu
nityaṁ ca samacittatvam
iṣṭāniṣṭopapattiṣu

10.
전심의 요가를 통한
나에 대한 변함없는 신애,
외딴곳을 찾고
사람들의 군집을 싫어함,

mayi cānanyayogena
bhaktir avyabhicāriṇī
viviktadeśasevitvam
aratir janasaṁsadi

11.
자아에 관한 앎의 항구함,
진리를 아는 목적에 대한 통찰,
이것을 앎(知)이라 말하며,
무지란 이것과 다른 것이다.

adhyātmajñānanityatvaṁ
tattvajñānārthadarśanam
etaj jñānam iti proktam
ajñānaṁ yad ato ʾnyathā

12.
[다음은] 알아야 할 대상에 관해 말해 주겠나니,
그것을 알면 불사(不死)를 누리리라.
무시(無始)의 지고 브라만,
그것은 존재도 아니고 비존재도 아니라 한다.

jñeyaṁ yat tat pravakṣyāmi
yaj jñātvāmṛtam aśnute
anādimat paraṁ brahma
na sat tan nāsad ucyate

13.
그것은 어디든 손과 발이 있고
어디든 눈과 머리와 입이 있으며,
세계 어디든 귀를 지니고 있고
모든 것을 감싸며 있도다.

sarvatah pāṇipādaṁ tat
sarvato ʾkṣiśiromukham
sarvataḥśrutimal loke

sarvam āvṛtya tiṣṭhati

14.
모든 감각기관의 성질(기능)을 지닌 것 같으나
어떤 감각기관도 없고,
초연해 있으나 모든 것을 지탱하며
[물질적] 요소들을 지니지 않으나 요소들을 향수한다.[5]

sarvendriyaguṇābhāsaṁ
sarvendriyavivarjitam
asaktaṁ sarvabhṛc cāiva
nirguṇaṁ guṇabhoktṛ ca

15.
존재들 밖에 있으나 안에 있으며
움직이지 않으나 움직인다.
그것은 미세함으로 인해 파악할 수 없고
멀리 있으나 또 가까이 있도다.

bahir antaś ca bhūtānām
acaraṁ caram eva ca
sūkṣmatvāt tad avijñeyaṁ
dūrasthaṁ cāntike ca tat

5 요소들이란 물질(pṛakti)을 구성하는 3요소(sattva, ragas, tamas). 개인의 정신과 마찬가지로 브라만은 다양한 물질계를 대상으로 향수(享受), 즉 경험하는 우주적 주체 혹은 정신이다.

16.
분할되지 않으나
존재들 안에 분할된 것 같으니,
이 알아야 할 대상은 존재들의 유지자,
삼키는 자 그리고 산출자로다.

avibhaktaṁ ca bhūteṣu
vibhaktam iva ca sthitam
bhūtabhartṛ ca taj jñeyaṁ
grasiṣṇu prabhaviṣṇu ca

17.
그것은 어두움 너머 있는
빛 가운데 빛이라 불리나니,
앎이고 앎의 대상이며 앎의 목적으로서
모두의 가슴에 자리 잡고 있도다.

jyotiṣām api taj jyotis
tamasaḥ param ucyate
jñānaṁ jñeyaṁ jñānagamyaṁ
hṛdi sarvasya viṣṭhitam

18.
이와 같이 밭과 앎과 앎의 대상이
간략히 설명되었나니,

나를 신애하는 자는 이것을 인식하면서
나의 상태에 이른다.

iti kṣetraṁ tathā jñānaṁ
jñeyaṁ coktaṁ samāsataḥ
madbhakta etad vijñāya
madbhāvāyopapadyate

19.
물질과 정신은
둘 다 시초가 없음을 알며
변화들과 요소들은
물질로부터 생김을 알라.

prakṛtiṁ puruṣaṁ cāiva
viddhy anādī ubhāv api
vikārāṅś ca guṇāṁś cāiva
viddhi prakṛtisambhavān

20.
물질은 [행위의] 목적과 수단과
행위자 됨에 있어 원인이라 말하며,
정신은 고(苦)와 락(樂)의
향수자(享受者) 됨에 있어 원인이라 말한다.[6]

6 행위의 목적과 수단과 행위자는 행위의 세 요소로서, 모두 물질에 속한다. '행위의 목

kāryakāraṇakartṛtve
hetuḥ prakṛtir ucyate
puruṣaḥ sukhaduḥkhānāṁ
bhoktṛtve hetur ucyate

21.

정신은 물질에 거하면서
물질에서 생긴 요소들을 향수하기 때문이다.
요소들에 대한 집착은 그것(정신)이
좋고 나쁜 태(胎)에 태어남의 원인이다.[7]

puruṣaḥ prakṛtistho hi
bhuṅkte prakṛtijān guṇān
kāraṇaṁ guṇasaṅgo ’sya
sadasadyonijanmasu

22.

이 몸에 있는
지고의 정신은
방관자, 동의자(同意者), 지탱자, 향수자,
대주재자 그리고 최고아(最高我)라고도 불린다.[8]

적'(kārya)은 해야 할 일, '행위의 수단'(kāraṇa)은 감각기관들을 가리킨다.

7 19-21절은 수론(數論) 철학 사상의 기본으로서, 행위에 관한 모든 것은 물질(prakṛti)에 근거하고 있으며 업보를 받는 주체는 우리의 자아 혹은 정신(puruṣa)이다. '향수'란 '먹는다', '맛보다', '경험하다'의 뜻이다.

8 고전 수론 철학은 무신론적이므로 최고아(paramātman) 개념을 인정하지 않고 개별 정신(puruṣa)만을 인정하지만, 『기타』는 유신론적 입장과 우파니샤드의 범아일여 사상에 입각

upadraṣṭānumantā ca
bhartā bhoktā maheśvaraḥ
paramātmeti cāpy ukto
dehe ʾsmin puruṣaḥ paraḥ

23.
이와 같이 요소들과 함께
물질과 정신을 아는 자는
어떤 상태에 처하든
더 이상 태어나지 않는다.

ya evaṁ vetti puruṣaṁ
prakṛtiṁ ca guṇaiḥ saha
sarvathā vartamāno ʾpi
na sa bhūyo ʾbhijāyate

24.
어떤 사람들은 명상으로
자신에서 스스로 자아를 보며
다른 사람들은 이론의 요가로,
또 다른 사람들은 행위의 요가로 본다.[9]

dhyānenātmani paśyanti

해서 인간에 내재하는 정신을 보편적(우주적) 정신인 최고아, 즉 신 자체로 말하고 있다.

9 '명상'은 오직 신에게 마음과 의식을 집중하는 신애를 가리키는 것 같으며, '이론적 요가'는 행위를 포기하는 '지혜의 요가'이다. 2:39, 5:1-5절 참조.

kecid ātmānam ātmanā
anye sāṁkhyena yogena
karmayogeṇa cāpare

25.

그러나 또 다른 사람들은 이와 같이 알지 못하고
타인들에게 듣고서 [자아를] 숭앙한다.
그들 역시 들은 바에 헌신하여
죽음을 초월한다.

anye tv evam ajānantaḥ
śrutvānyebhya upāsate
te 'pi cātitaranty eva
mṛtyuṁ śrutiparāyaṇāḥ

26.

서 있는 것이든 움직이는 것이든
어떤 존재가 태어나는 한,
그것은 밭과 밭을 아는 자의 결합 때문임을
알아라, 바라타족의 황소여.[10]

yāvat saṁjāyate kiṁcit
sattvaṁ sthāvarajaṅgamam

10 수론 철학에서는 해탈이란 물질(田)과 정신(知田)의 분리에 의해서만 가능하며, 그렇지 않으면 둘의 결합에 의해서 생사의 세계에 거듭 태어난다. '서 있는 것'은 식물들을 가리키며, 식물들도 인간의 윤회 대상임을 암시하고 있다.

kṣetrakṣetrajñasaṁyogāt
tad viddhi bharatarṣabha

27.
모든 존재에 평등하게 거하며
[그것들이] 파멸되어도 파멸되지 않는
지고의 주님을 보는 자는
[참으로] 보는 자로다.

samaṁ sarveṣu bhūteṣu
tiṣṭhantaṁ parameśvaram
vinaśyatsv avinaśyantaṁ
yaḥ paśyati sa paśyati

28.
어디나 평등하게 자리 잡고 있는
주(主)를 보면서 그는 스스로
자기를 해치지 않기 때문이다.
그런즉 그는 최고의 길로 간다.[11]

samaṁ paśyan hi sarvatra
samavasthitam īśvaram
na hinasty ātmanātmānaṁ

11 주(主)는 만물에 평등하게 내재하므로, 이 관점에서 보면 자타의 구별이 없다. 타인을 해치는 것이 곧 자기 자신을 해치는 것이 된다. '최고의 길'이란 가장 좋은 사후의 운명, 즉 해탈을 가리킨다.

tato yāti parāṁ gatim

29.
행위는 전적으로
물질에 의해서만 행해짐을 보며
자아는 행위자가 아님을 보는 자는
[참으로] 보는 자로다.

prakṛtyāiva ca karmāṇi
kriyamāṇāni sarvaśaḥ
yaḥ paśyati tathātmānam
akartāraṁ sa paśyati

30.
존재들의 각각의 상태가
하나에 거함을 볼 때
그리고 바로 거기로부터 (존재들의) 확장을 볼 때,
그는 브라만에 이른다.[12]

yadā bhūtapṛthagbhāvam
ekastham anupaśyati
tata eva ca vistāraṁ
brahma sampadyate tadā

---

12 11:13, 6:29~30 참조

31.

이 불변하는 최고아(最高我)는
시작이 없고 [물질적] 요소들이 없기 때문에
몸에 거한다 해도, 쿤티의 아들이여,
행위를 하지 않으며 더럽혀지지도 않는다.

anāditvān nirguṇatvāt
paramātmāyam avyayaḥ
śarīrastho 'pi kaunteya
na karoti na lipyate

32.

무소부재의 허공이
미세함으로 인해 더럽혀지지 않듯이
어디나 거하는 자아는
육신으로 더럽혀지지 않도다.

yathā sarvagataṁ saukṣmyād
ākāśaṁ nopalipyate
sarvatrāvasthito dehe
tathātmā nopalipyate

33.

하나의 태양이
이 온 세상을 비추듯이

그와 같이 밭의 소유주는
온 밭을 비춘다, 바라타족의 자손이여.[13]

yathā prakāśayaty ekaḥ
kṛtsnaṁ lokam imaṁ raviḥ
kṣetraṁ kṣetrī tathā kṛtsnaṁ
prakāśayati bhārata

34.

이와 같이 지혜의 눈으로
밭과 밭을 아는 자의 차이와
물질로부터 존재들의 해탈을
아는 자들은 지고의 것으로 간다.

kṣetrakṣetrajñayor evam
antaraṁ jñānacakṣuṣā
bhūtaprakṛtimokṣaṁ ca
ye vidur yānti te param

---

13 '밭의 소유주'는 육신의 소유주(dehin)와 같이 인간의 자아(ātman, puruṣa) 혹은 최고아를 가리킨다. 밭은 그의 육체, 물질계, 현상적 자아 그리고 인간의 경험 세계를 모두 가리키는 말이다.

14장_ 세 요소를 구별하는 요가

거룩하신 주께서 말씀하셨습니다(śrībhagavān uvāca):

1.
더 나아가서 나는 지혜 중의 지혜,
최고 최상의 지혜를 말해 주겠노라.
모든 성자는 그것을 알고
이 세상을 떠나 지고의 완성에 이르렀도다.

paraṁ bhūyaḥ pravakṣyāmi
jñānānāṁ jñānam uttamam
yaj jñātvā munayaḥ sarve
parāṁ siddhim ito gatāḥ

2.
이 지혜에 의지해서
그들은 나와 동일한 경지에 이르렀나니,
[세계가] 생성되어도 그들은 태어나지 않으며
[세계가] 해체되어도 동요하지 않도다.

idaṁ jñānam upāśritya
mama sādharmyam āgatāḥ
sarge 'pi nopajāyante
pralaye na vyathanti ca

3.
위대한 브라만은 나의 태(胎)이며
나는 거기에 씨를 넣는다.
모든 존재의 출현은
거기로부터 생긴다, 바라타족의 자손이여.[1]

mama yonir mahad brahma
tasmin garbhaṁ dadhāmy aham
sambhavaḥ sarvabhūtānāṁ
tato bhavati bhārata

4.
형태들이 어느 태에서 출현하든,
쿤티의 아들이여,
그들의 태는 위대한 브라만이며
나는 씨를 제공하는 아버지로다.

sarvayoniṣu kaunteya

1 여기서 '위대한 브라만'은 원초적 물질(prakṛti)을 가리키며, 크리슈나(비슈누)는 모태와 같은 이 브라만 안에 생명의 씨를 넣어주는 부성적(父性的) 창조력으로 이해되고 있다.

mūrtayaḥ sambhavanti yāḥ
tāsāṁ brahma mahad yonir
ahaṁ bījapradaḥ pitā

5.
선, 격정, 암흑이라는
물질로부터 생긴 요소들은
불변하는 육신의 소유주를
육신에 속박한다, 아르주나여.

sattvaṁ rajas tama iti
guṇāḥ prakṛtisambhavāḥ
nibadhnanti mahābāho
dehe dehinam avyayam

6.
그 가운데서 선은 순결하기 때문에
밝게 비추며 병이 없지만,
안락의 집착과 지혜의 집착을 통해
[육신의 소유주를] 속박한다, 흠 없는 자여.

tatra sattvaṁ nirmalatvāt
prakāśakam anāmayam
sukhasaṅgena badhnāti
jñānasaṅgena cānagha

7.
격정은 갈애와 집착에서 생기며
애욕이 본성임을 알라.
격정은 행위의 집착을 통해
육신의 소유주를 속박한다, 쿤티의 아들이여.

rajo rāgātmakaṁ viddhi
tṛṣṇāsaṅgasamudbhavam
tan nibadhnāti kaunteya
karmasaṅgena dehinam

8.
그러나 암흑은 무지로부터 생기며
모든 육신의 소유주를 미혹하는 것임을 알라.
암흑은 방일과 나태와 졸림을 통해
속박한다, 바라타족의 자손이여.

tamas tv ajñānajaṁ viddhi
mohanaṁ sarvadehinām
pramādālasyanidrābhis
tan nibadhnāti bhārata

9.
선은 안락에 집착하고
격정은 행위에 집착한다, 아르주나여.

그러나 암흑은 지혜를 덮으면서
방일에 집착한다.

sattvaṁ sukhe sañjayati
rajaḥ karmaṇi bhārata
jñānam āvṛtya tu tamaḥ
pramāde sañjayaty uta

10.
선은 격정과 암흑을
누르며 생기고,
격정은 바로 선과 암흑을,
암흑은 또 선과 격정을 [누르며 생긴다].

rajas tamaś cābhibhūya
sattvaṁ bhavati bhārata
rajaḥ sattvaṁ tamaś caiva
tamaḥ sattvaṁ rajas tathā

11.
이 몸에 있는 모든 문(감각기관)에서
지혜의 광명이 생길 때면,
선이 지배적임을
알지어다.

sarvadvāreṣu dehe ʾsmin
prakāśa upajāyate
jñānaṁ yadā tadā vidyād
vivṛddhaṁ sattvam ity uta

12.

격정이 지배적이면
탐욕, 활동, 행위의 착수, 불안, 갈망,
이런 것들이 생긴다,
바라타족의 황소여.

lobhaḥ pravṛttir ārambhaḥ
karmaṇām aśamaḥ spṛhā
rajasy etāni jāyante
vivṛddhe bharatarṣabha

13.

암흑이 지배적이면
어두움, 비활동, 방일 그리고 망상,
이런 것들이 생긴다,
쿠루족의 기쁨이여.

aprakāśo ʾpravṛttiś ca
pramādo moha eva ca
tamasy etāni jāyante

vivṛddhe kurunandana

14.

그러나 선이 성한 가운데
육신을 지닌 자가 [육신의] 해체에 이르면,
그는 최상의 것을 아는 자들의
더러움 없는 세계들로 간다.

yadā sattve pravṛddhe tu
pralayaṁ yāti dehabhṛt
tadottamavidāṁ lokān
amalān pratipadyate

15.

격정 가운데 해체에 이르면
행위에 집착하는 자들 가운데 태어나며,
또한 암흑 가운데 해체된 자는
미련한 것들의 태에 태어난다.[2]

rajasi pralayaṁ gatvā
karmasaṅgiṣu jāyate
tathā pralīnas tamasi
mūḍhayoniṣu jāyate

---

2 '미련한 것들'이란 사람뿐 아니라 동물들도 가리킨다.

16.
잘된 행위의 열매는 선의 성질을 지닌
순결한 것이라고 말하지만,
격정의 열매는 괴로움이고
암흑의 열매는 무지이다.

karmaṇaḥ sukṛtasyāhuḥ
sāttvikaṁ nirmalaṁ phalam
rajasas tu phalaṁ duḥkham
ajñānaṁ tamasaḥ phalam

17.
선으로부터는 지혜가 생기며
격정으로부터는 탐욕이,
암흑으로부터는 방일과 망상
그리고 바로 무지가 생긴다.

sattvāt saṁjāyate jñānaṁ
rajaso lobha eva ca
pramādamohau tamaso
bhavato 'jñānam eva ca

18.
선에 거하는 자들은 위로 가고
격정의 사람들은 중간에 거하며

가장 저열한 요소의 상태에 있는
암흑의 사람들은 아래로 간다.[3]

ūrdhvaṁ gacchanti sattvasthā
madhye tiṣṭhanti rājasāḥ
jaghanyaguṇavṛttisthā
adho gacchanti tāmasāḥ

19.

요소들 외에는 행위자가 없음을
보는 자는 [진실로] 보며,
요소들 너머의 것을 알면
그는 나의 상태에 이르노라.[4]

nānyaṁ guṇebhyaḥ kartāraṁ
yadā draṣṭānupaśyati
guṇebhyaś ca paraṁ vetti
madbhāvaṁ so 'dhigacchati

20.

육신의 소유주는
육신에서 생긴 이 세 요소를 초월하고

3 '위', '중간', '아래'는 환생의 우열을 상 · 중 · 하로 구분한 것이다. 예컨대 상(上)은 천계, 중(中)은 인간계 그리고 하(下)는 동물계나 지옥을 가리킨다.

4 '보는 자'(draṣṭṛ)는 자아를 아는 현명한 자를 가리키며, '요소들 너머의 것'은 자아 혹은 정신(ātman, puruṣa)을 가리킨다.

생(生), 사(死), 노(老), 고(苦)를 벗어나
불사를 누린다.

gunān etān atītya trīn
dehī dehasamudbhavān
janmamṛtyujarāduḥkhair
vimukto 'mṛtam aśnute

아르주나가 말했습니다(arjuna uvāca):

21.

이와 같은 세 요소를 초월한 자는, 주여,
어떤 징표들을 지니게 됩니까?
어떤 행위를 하며
또 어떻게 이 세 요소를 초월합니까?

kair liṅgais trīn guṇān etān
atīto bhavati prabho
kimācāraḥ kathaṁ cāitāṁs
trīn guṇān ativartate

거룩하신 주께서 말씀하셨습니다(śrībhagavān uvāca):

22.
빛과 활동 그리고 망상이 생길 때
그는 미워하지 않으며,
그것들이 사라질 때
갈구하지도 않는다, 판두의 아들이여.

prakāśaṁ ca pravṛttiṁ ca
moham eva ca pāṇḍava
na dveṣṭi sampravṛttāni
na nivṛttāni kāṅkṣati

23.
초연히 앉아
요소들로 동요되지 않는 자,
요소들만 작용할 뿐이라면서
굳게 서서 흔들리지 않는 자,

udāsīnavad āsīno
guṇair yo na vicālyate
guṇā vartanta ity evaṁ
yo 'vatiṣṭhati ne 'ṅgate

24.

고와 낙에 동등하고 자신에 머물며,
흙덩이와 돌과 황금에 동등하고
좋아하는 사람과 싫어하는 사람에 똑같고,
현명하며, 자신에 대한 비난과 칭찬에 똑같으며

samaduḥkhasukhaḥ svasthaḥ
samaloṣṭāśmakāñcanaḥ
tulyapriyāpriyo dhīras
tulyanindātmasaṁstutiḥ

25.

영예와 치욕에 똑같고
친구 편과 원수 편에 똑같으며,
모든 일을 포기한 자,
그는 요소들을 초월한 자라 불린다.

mānāpamānayos tulyas
tulyo mitrāripakṣayoḥ
sarvārambhaparityāgī
guṇātītaḥ sa ucyate

26.

또 변함없는 신애의 요가로
나를 섬기는 자는

요소들을 초월하여
브라만이 되기에 합당한 자로다.

māṁ ca yo 'vyabhicāreṇa
bhaktiyogena sevate
sa guṇān samatītyāitān
brahmabhūyāya kalpate

27.
나는 브라만의 기초이고
불사 불변하며
영원한 법도와 절대적 행복의
기초이기 때문이다.[5]

brahmaṇo hi pratiṣṭhāham
amṛtasyāvyayasya ca
śāśvatasya ca dharmasya
sukhasyāikāntikasya ca

---

5 26, 27절에서 크리슈나(비슈누)는 인격신인 자신을 탈인격적 실재인 브라만과 구별하면서 그보다 더 근원적 실재임을 말하고 있다.

15장_ 지고 정신의 요가

거룩하신 주께서 말씀하셨습니다(śrībhagavān uvāca):

1.
뿌리는 위를 향하고 가지는 아래로 향하며
잎들은 [베다의] 찬가들인
불변의 성무화과(聖無花果) 나무에 대해 사람들은 말한다.
그것을 아는 자는 베다를 아는 자로다.[1]

ūrdhvamūlam adhahśākham
aśvattham prāhur avyayam
chandāṁsi yasya parṇāni
yas taṁ veda sa vedavit

2.
그 가지들은 아래위로 뻗어 있고
요소들에 의해 증장되며 (감각) 대상들이 그 잔가지들이며,
인간 세계에서 행위와 연결된

---

1 성무화과 나무는 붓다가 그 밑에서 성불했다고 전해지는 나무로서, 보리수(菩提樹), 길상수(吉祥樹) 등으로 불리기도 한다. 이 우주적 나무는 생사의 세계를 상징한다. 『카타 우파니샤드』(Kaṭha Upaniṣad) 6, 1-4 참조. '위를 향한 뿌리'는 브라만을 가리킨다.

그 뿌리들은 아래로 퍼져 있도다.

adhaś cordhvaṁ prasṛtās tasya śākhā
guṇapravṛddhā viṣayapravālāḥ
adhaś ca mūlāny anusaṁtāni
karmānubandhīni manuṣyaloke

3.
그 형태는 이 세상에서 지각될 수 없으며
그 끝과 시작과 지속 또한 그러하도다.
이 잘 자란 뿌리의 성무화과나무를
단단한 무집착의 도끼로 찍어 내고는

na rūpam asyeha tathopalabhyate
nānto na cādir na ca saṁpratiṣṭhā
aśvattham enaṁ suvirūḍhamūlam
asaṅgaśastreṇa dṛḍhena chittvā

4.
가면 더 이상 돌아오지 않는 곳을
찾아야만 한다.
[온 우주의] 태곳적 활동이 흘러나온
바로 그 원초적 정신에 나는 귀의하노라 [하면서].[2]

---

2 원초적 정신/인격은 물론 브라만보다도 더 근원적인 크리슈나-비슈누를 가리키며, 성무화과 나무로 상징되는 온 우주의 활동이 그로부터 전개되어 나온다고 말한다.

tataḥ padaṁ tat parimārgitavyaṁ
yasmin gatā na nivartanti bhūyaḥ
tam eva cādyaṁ puruṣaṁ prapadye
yataḥ pravṛttiḥ prasṛtā purāṇī

5.
교만과 망상이 없고 집착과 허물이 극복되고
항시 자아에 대해 [생각하며] 욕망이 사라지고
고와 낙이라는 대립들로부터 벗어난 자들은
미혹됨 없이 저 불변하는 곳으로 간다.[3]

nirmānamohā jitasaṅgadoṣā
adhyātmanityā vinivṛttakāmāḥ
dvandvair vimuktāḥ sukhaduḥkhasaṁjñair
gacchanty amūḍhāḥ padam avyayaṁ tat

6.
해나 달이나 불도
그곳을 비추지 못하는,
가면 돌아오지 않는 곳,
그것이 나의 지고의 주처로다.

na tad bhāsayate sūryo

---

3 여기서도 8:1-4에서처럼 'adhyatman'을 '지고의 자아'로 번역하지 않고 '자아에 대하여'라고 번역했다.

na śaśāṅko na pāvakaḥ
yad gatvā na nivartante
tad dhāma paramaṁ mama

7.
바로 나의 일부분이
생명들의 세계에서 영원한 생명이 되어
의근을 여섯 번째로 한,
물질에 근거한 감각기관들을 [자기로] 끌어당긴다.[4]

mamāivāṁśo jīvaloke
jīvabhūtaḥ sanātanaḥ
manaḥṣaṣṭhānīndriyāṇi
prakṛtisthāni karṣati

8.
주(영원한 생명)가 몸을 취하거나
떠날 때는
바람이 향기들을 그 출처로부터 [나르듯]
그것(감각기관)들을 데리고 간다.[5]

---

4 '생명'(jīva) 혹은 영혼은 물질세계에 갇혀 있는 개체아(jīvātman, puruṣa)로서, 본래 신의 부분임을 말하고 있다. 의근(意根, manas)은 여섯 번째 감각기관으로서, 감각기관들은 모두 물질로부터 전개되어 나왔다.

5 윤회에 대한 중요한 설명이 나온다. 자아 혹은 육신의 소유주는 육신을 떠날 때 홀로 떠나는 것이 아니고 미세한 형태의 감각기관들로 구성된 세신(細身, liṅgaśarīra)이라는 것을 데리고 떠난다. 이 세신이 우리가 현세에서 지은 업의 자취들을 가지고 있기 때문에 거기에 상응하는 새로운 몸으로 환생하게 된다.

śarīraṁ yad avāpnoti
yac cāpy utkrāmatīśvaraḥ
gṛhītvāitāni saṁyāti
vāyur gandhān ivāśayāt

9.
청각, 시각, 촉각, 미각, 후각
그리고 의근을 사용하면서
그는 대상들을
따라다닌다.

śrotraṁ cakṣuḥ sparśanaṁ ca
rasanaṁ ghrāṇam eva ca
adhiṣṭhāya manaś cāyaṁ
viṣayān upasevate

10.
[육체를] 떠나기도 하고 머물러 있기도 하며
요소들을 가지고 [대상들을] 경험하기도 하는 그를
미혹된 자들은 보지 못하고
지혜의 눈을 지닌 자들은 보도다.

utkrāmantaṁ sthitaṁ vāpi
bhuñjānaṁ vā guṇānvitam
vimūḍhā nānupaśyanti

paśyanti jñānacakṣuṣaḥ

11.
노력하는 요가행자들 또한
자신에 자리 잡은 그를 본다.
그러나 노력한다 해도 완성되지 못한
어리석은 자들은 그를 보지 못한다.

yatanto yoginaś cāinaṁ
paśyanty ātmany avasthitam
yatanto 'py akṛtātmāno
nāinaṁ paśyanty acetasaḥ

12.
온 세상을 비추는
태양에 있는 광명,
달과 불에 있는 광명이
나의 것임을 알라.

yad ādityagataṁ tejo
jagad bhāsayate 'khilam
yac candramasi yac cāgnau
tat tejo viddhi māmakam

13.

나는 또한 땅속에 들어가서
활력으로 존재들을 유지하며,
즙(汁)을 지닌 소마 초가 되어
모든 식물을 키운다.[6]

gām āviśya ca bhūtāni
dhārayāmy aham ojasā
puṣṇāmi cāuṣadhīḥ sarvāḥ
somo bhūtvā rasātmakaḥ

14.

나는 호흡을 지닌 것들의
몸에 거하는 불이 되어서
날숨 들숨과 섞여
네 종류의 음식을 소화시킨다.

ahaṁ vaiśvānaro bhūtvā
prāṇināṁ deham āśritaḥ
prāṇāpānasamāyuktaḥ
pacāmy annaṁ caturvidham

---

6 소마 초는 식물의 왕으로 간주되며 달의 신(月神)으로도 간주되는 약초로서, 그 즙은 베다 시대부터 제사에 사용되었다. 여기서는 달을 가리킨다.

15.

나는 또 모두의 심장에 자리 잡고 있으며
나로부터 기억과 앎과 [의심의] 제거가 온다.
모든 베다를 통해 알 바는 바로 나이며,
나는 또 바로 베단타를 만든 자이며 베다를 아는 자로다.[7]

sarvasya cāhaṁ hṛdi saṁniviṣṭo
mattaḥ smṛtir jñānam apohanaṁ ca
vedaiś ca sarvair aham eva vedyo
vedāntakṛd vedavid eva cāham

16.

세계에는 이 두 가지 정신이 있나니
멸하는 것과 불멸하는 것이다.
멸하는 것은 모든 존재들이며
불멸하는 것은 부동자라 부른다.[8]

dvāv imau puruṣau loke
kṣaraś cākṣara eva ca
kṣaraḥ sarvāṇi bhūtāni
kūṭastho 'kṣara ucyate

---

7 베단타(Vedānta)는 베다의 끝부분, 곧 우파니샤드를 가리킨다. 또 그 사상에 근거한 철학 학파의 이름이기도 하다. 13:4절 각주 참조.

8 정신(puruṣa)은 본래 모두 불멸이지만 여기서는 만유에 편재하는 보편적 정신인 브라만은 불멸로 그리고 물질에 속박되어 있는 정신, 즉 개인아(個人我, jīvātman)는 멸하는 것으로 간주하고 있다.

17.

그러나 최고아(最高我)로 불리는
또 다른 지고의 정신이 존재하노니,
그는 삼계(三界)를 침투하면서 유지하는
불변의 주(主)이시다.[9]

uttamaḥ puruṣas tv anyaḥ
paramātmety udāhṛtaḥ
yo lokatrayam āviśya
bibharty avyaya īśvaraḥ

18.

나는 소멸하는 것을 초월하며
불멸하는 것보다도 높은 까닭에
세상과 베다에서
지고의 정신으로 선포된다.

yasmāt kṣaram atīto 'ham
akṣarād api cottamaḥ
ato 'smi loke vede ca
prathitaḥ puruṣottamaḥ

---

9 최고아(paramātman)는 물론 신을 가리키며, 개인아는 물론이고 브라만보다도 높은 지고의 정신 혹은 인격(puruṣa-uttama)으로 말하고 있다. 13:22 참조.

19.
이와 같이 미혹됨 없이
지고의 정신인 나를 아는 자는
모든 것을 알며 [그의] 온 존재로
나를 신애한다, 바라타 족의 자손이여.

yo mām evam asammūḍho
jānāti puruṣottamam
sa sarvavid bhajati māṁ
sarvabhāvena bhārata

20.
이처럼 가장 비밀스러운 교훈을
나는 말해 주었나니, 흠 없는 자여,
이것을 깨달으면 지혜롭게 되고
할 바를 다 한 자가 되리라, 바라타족의 자손이여.

iti guhyatamaṁ śāstram
idam uktaṁ mayānagha
etad buddhvā buddhimān syāt
kṛtakṛtyaś ca bhārata

16장_ 신적 운명과 악귀적 운명을 구별하는 요가

거룩하신 주께서 말씀하셨습니다(śrībhagavān uvāca):

1.
무외(無畏), 청정한 성품,
굳건한 지혜의 요가,
보시(布施), 절제, 제사와 [베다] 공부,
고행, 정직,

abhayaṁ sattvasaṁśuddhir
jñānayogavyavasthitiḥ
dānaṁ damaś ca yajñaś ca
svādhyāyas tapa ārjavam

2.
불상해, 진실함, 노하지 않음,
포기, 평안, 비방하지 않음,
존재들에 대한 동정심, 불탐착(不貪着),
유순(柔順), 수줍음, 침착,

ahiṁsā satyam akrodhas
tyāgaḥ śāntir apaiśunam
dayā bhūteṣv aloluptvaṁ
mārdavaṁ hrīr acāpalam

3.
활력, 인내, 강건, 순결,
악의와 오만하지 않음은, 바라타족의 자손이여,
신적 운명으로 태어난 자에게
주어지며,

tejaḥ kṣamā dhṛtiḥ śaucam
adroho nātimānitā
bhavanti sampadaṁ daivīm
abhijātasya bhārata

4.
위선, 교만, 오만,
분노 그리고 폭언과 무지는
악귀적 운명으로 태어난 자에게
주어진다, 프르타의 아들이여.[1]

dambho darpo 'timānaś ca
krodhaḥ pāruṣyam eva ca

---

1 3, 4절에서 말하는 '운명'이란 사람들이 사후에 가는 길 혹은 목표를 가리킨다. 7:15 참조.

ajñānaṁ cābhijātasya
pārtha sampadam āsurīm

5.
신적 운명은 해탈로,
악귀적 운명은 속박으로 이끈다고 여겨진다.
슬퍼하지 말지니, 그대는
신적 운명으로 태어났노라, 판두의 아들이여.

daivī saṁpad vimokṣāya
nibandhāyāsurī matā
mā śucaḥ saṁpadaṁ daivīm
abhijāto 'si pāṇḍava

6.
이 세상에는 두 가지 존재의 출산이 있나니,
곧 신적인 것과 악귀적인 것이다.
신적인 것에 대해서는 상세하게 말했으니,
악귀적인 것에 대해 나로부터 들어 보라, 아르주나여.

dvau bhūtasargau loke 'smin
daiva āsura eva ca
daivo vistaraśaḥ prokta
āsuraṁ pārtha me śṛṇu

7.
악귀적인 사람들은
활동도 [활동의] 그침도 알지 못한다.
그들에게서는 순결도 선행도
진리도 발견되지 않는다.

pravṛttiṁ ca nivṛttiṁ ca
janā na vidur āsurāḥ
na śaucaṁ nāpi cācāro
na satyaṁ teṣu vidyate

8.
그들은 말하기를, 세계는
진리도 없고 근거도 없고 주재자도 없으며
상호 연관에 의해 생긴 것도 아니니
욕망 외에 무슨 다른 원인이 있겠냐고 한다.

asatyam apratiṣṭhaṁ te
jagad āhur anīśvaram
aparasparasambhūtaṁ
kim anyat kāmahaitukam

9.
이런 견해를 고집하면서
자기를 상실한 자들은

하찮은 지혜로 잔인한 행동을 하며
세상을 파괴하기 위해 적으로 나선다.

etāṁ dṛṣṭim avaṣṭabhya
naṣṭātmāno 'lpabuddhayaḥ
prabhavanty ugrakarmāṇaḥ
kṣayāya jagato 'hitāḥ

10.
채우기 어려운 욕망을 좇아
위선과 교만과 자만에 차
망상으로 인해 그릇된 견해들을 붙잡고
불순한 원(願)을 가지고 처신한다.

kāmam āśritya duṣpūraṁ
dambhamānamadānvitāḥ
mohād gṛhītvāsadgrāhān
pravartante 'śucivratāḥ

11.
죽을 때까지 가는
한없는 근심에 자신을 맡기고서
욕망의 충족을 최고로 삼아
이것뿐이라 확신한다.

cintām aparimeyāṁ ca
pralayāntām upāśritāḥ
kāmopabhogaparamā
etāvad iti niścitāḥ

12.
수백 가지 소망의 끈에 묶여
욕망과 분노를 일삼고
욕망의 충족을 위해
비리로 재물을 축적하려 애쓴다.

āśāpāśaśatair baddhāḥ
kāmakrodhaparāyaṇāḥ
īhante kāmabhogārtham
anyāyenārthasaṁcayān

13.
오늘 나는 이것을 얻었고
이 소원을 성취할 것이다,
이것은 내 것이고 이 재물 또한
내 것이 될 것이다,

idam adya mayā labdham
imaṁ prāpsye manoratham
idam astīdam api me

bhaviṣyati punar dhanam

14.
저 적은 내가 죽였고
다른 적들도 죽일 것이다,
나는 주(主)이고 나는 향수자다,
나는 성공한 자이며 힘 있고 행복하다,

asau mayā hataḥ śatrur
haniṣye cāparān api
īśvaro 'ham ahaṁ bhogī
siddho 'haṁ balavān sukhī

15.
나는 부자이고 지체 높으니,
다른 누가 나와 같겠는가?
나는 제사를 드리겠고 (재물을) 바치겠고
즐거워하리라 라고 무지에 의해 미혹된 자들은 [생각한다].

āḍhyo 'bhijanavān asmi
ko 'nyo 'sti sadṛśo mayā
yakṣye dāsyāmi modiṣya
ity ajñānavimohitāḥ

16.

복잡한 생각에 미혹되고
망상의 그물에 덮여
욕망의 충족에 집착하다가
그들은 더러운 지옥에 떨어진다.

anekacittavibhrāntā
mohajālasamāvṛtāḥ
prasaktāḥ kāmabhogeṣu
patanti narake 'śucau

17.

자만하며 완고하고
재물의 자부심과 교만으로 꽉 차
그들은 이름뿐인 제사들을
규칙도 어겨 가며 거짓으로 드린다.

ātmasaṁbhāvitāḥ stabdhā
dhanamānamadānvitāḥ
yajante nāmayajñais te
dambhenāvidhipūrvakam

18.

그들은 아만(我慢), 힘, 오만, 욕망
그리고 분노에 자신을 맡기고서

자신과 타인의 몸에서
나를 미워하며 시기하는 자들이다.

ahaṁkāraṁ balaṁ darpaṁ
kāmaṁ krodhaṁ ca saṁśritāḥ
mām ātmaparadeheṣu
pradviṣanto ’bhyasūyakāḥ

19.

나는 생사의 세계에서
이러한 가증스럽고 잔인하며
더러운 저질 인간들을 바로 악귀들의 태 속으로
끊임없이 던져 버린다.

tān ahaṁ dviṣataḥ krūrān
saṁsāreṣu narādhamān
kṣipāmy ajasram aśubhān
āsurīṣv eva yoniṣu

20.

[이들은] 악귀의 태로 들어가
생을 거듭할수록 미혹되어
결코 나에게 이르지 못하고
최하의 길로 간다, 쿤티의 아들이여.[2]

2 ‘길’(gati)은 사후에 맞는 운명, 즉 환생의 길.

āsurīṁ yonim āpannā
mūḍhā janmani janmani
mām aprāpyāiva kaunteya
tato yānty adhamāṁ gatim

21.
자신을 망치는
세 가지 지옥의 문이 이것이니,
욕망과 분노와 탐욕이다.
그런즉 이 셋을 버릴지어다.

trividhaṁ narakasyedaṁ
dvāraṁ nāśanam ātmanaḥ
kāmaḥ krodhas tathā lobhas
tasmād etat trayaṁ tyajet

22.
사람이 이 세 가지
암흑의 문을 벗어나면, 쿤티의 아들이여,
자신에게 좋은 것을 행한즉
최고의 길로 간다.

etair vimuktaḥ kaunteya
tamodvārais tribhir naraḥ
ācaraty ātmanaḥ śreyas

tato yāti parāṁ gatim

23.
법전의 규범을 내던지고
욕망에 따라 사는 자는
완성을 얻지 못하고
행복도 최고의 길도 얻지 못한다.[3]

yaḥ śāstravidhim utsṛjya
vartate kāmakārataḥ
na sa siddhim avāpnoti
na sukhaṁ na parāṁ gatim

24.
법전은 그러므로 그대에게
해야 될 바와 해서는 안 될 바를 결정해 주는 준거이다.
법전의 규정이 명하는 바를 알고서
그대는 이 세상에서 행위를 해야 한다.

tasmāc chāstraṁ pramāṇaṁ te
kāryākāryavyavasthitau
jñātvā śāstravidhānoktaṁ
karma kartum ihārhasi

3 여기서 '법전'(śāstra)이란 무엇보다도『마누 법전』과 같은 법도(dharma)에 관한 논서들을 가리킨다.

17장_ 세 가지 믿음을 구별하는 요가

아르주나가 말했습니다(arjuna uvāca):

1.
법전의 규범은 내던지지만
믿음으로 충만해서 제사를 드리는 자들의
지위는 어떠합니까? 크리슈나시여.
선, 격정, 혹은 암흑입니까?

ye śāstravidhim utsṛjya
yajante śraddhayānvitāḥ
teṣāṁ niṣṭhā tu kā kṛṣṇa
sattvam āho rajas tamaḥ

거룩하신 주께서 말씀하셨습니다(śrībhagavān uvāca):

2.
육신의 소유주들의 믿음은 세 가지니,
[각자의] 본성에서 생긴 것으로서

선과 격정과 암흑의 성질을 지닌다 [한다].
그것에 관해 들어 보라.

trividhā bhavati śraddhā
dehināṁ sā svabhāvajā
sāttvikī rājasī cāiva
tāmasī ceti tāṁ śṛṇu

3.
모든 사람의 믿음은
[각자의] 본성을 닮는다, 아르주나여.
사람은 믿음으로 되었나니
그 사람의 믿음이야말로 그로다.

sattvānurūpā sarvasya
śraddhā bhavati bhārata
śraddhāmayo 'yaṁ puruṣo
yo yacchraddhaḥ sa eva saḥ

4.
선적 기질의 사람들은 신들에게 제사드리고
격정적 기질의 사람들은 요괴와 도깨비들에게
그리고 다른 암흑적 기질의 사람들은
아귀들과 귀신의 무리들에게 제사드린다.

yajante sāttvikā devān
yakṣarakṣāṁsi rājasāḥ
pretān bhūtagaṇāṁś cānye
yajante tāmasā janāḥ

5.
법전에 규정되어 있지 않은
끔찍한 고행을 행하는 사람들,
위선과 아만에 얽매여 있고
욕망과 애욕의 힘으로 가득 차

aśāstravihitaṁ ghoraṁ
tapyante ye tapo janāḥ
dambhāhaṁkārasaṁyuktāḥ
kāmarāgabalānvitāḥ

6.
몸에 있는 요소들의 무리와
바로 몸 안에 있는 나를 괴롭히는
바보들은 악귀와 같은
결의를 지닌 자들임을 알라.

karṣayantaḥ śarīrasthaṁ
bhūtagrāmam acetasaḥ
māṁ cāivāntaḥ śarīrasthaṁ

tān viddhy āsuraniścayān

7.

모든 사람이 좋아하는
음식도 역시 세 가지며
제사와 고행과 보시도 그러하도다.
그것들의 구별을 들어 보라.

āhāras tv api sarvasya
trividho bhavati priyaḥ
yajñas tapas tathā dānaṁ
teṣāṁ bhedam imaṁ śṛṇu

8.

수명과 정력과 힘과 건강과
즐거움과 만족을 증진하는 음식,
맛있고 기름지고 단단하고 마음에 드는 음식은
선적 기질을 지닌 자들이 좋아하는 것이다.

āyuḥsattvabalārogya-
sukhaprītivivardhanāḥ
rasyāḥ snigdhāḥ sthirā hṛdyā
āhārāḥ sāttvikapriyāḥ

9.
자극적이고 시고 짜고 너무 맵고
쓰고 거칠며 타는 듯한 음식은
격정적 기질을 지닌 사람들이 원하는 것으로서,
고통과 슬픔과 질병을 가져다준다.

kaṭvamlalavaṇātyuṣṇa-
tīkṣṇarūkṣavidāhinaḥ
āhārā rājasasyeṣṭā
duḥkhaśokāmayapradāḥ

10.
상하고 맛이 가고 썩고
신선하지 않고 먹다 남은
부정한 음식은
암흑적 기질을 지닌 사람들이 좋아한다.

yātayāmaṁ gatarasaṁ
pūti paryuṣitaṁ ca yat
ucchiṣṭam api cāmedhyaṁ
bhojanaṁ tāmasapriyam

11.
결과를 바라지 않는 사람들이
단지 제사를 드려야 한다면서 마음을 집중해서 드린

규정에 따른 제사는
선적 기질의 제사이다.

aphalākāṅkṣibhir yajño
vidhidṛṣṭo ya ijyate
yaṣṭavyam eveti manaḥ
samādhāya sa sāttvikaḥ

12.
그러나 결과를 염두에 두고
위선적 목적으로 드린 제사는,
바라타족의 으뜸이여,
격정적 기질의 제사임을 알라.

abhisaṁdhāya tu phalaṁ
dambhārtham api cāiva yat
ijyate bharataśreṣtha
taṁ yajñaṁ viddhi rājasam

13.
규정을 어기고 음식도 차리지 않고
주문(呪文)도 없고 사례도 하지 않는
믿음이 결핍된 제사는
암흑적 기질의 제사로 간주된다.

vidhihīnam asṛṣṭānnaṁ
mantrahīnam adakṣiṇam
śraddhāvirahitaṁ yajñaṁ
tāmasaṁ paricakṣate

14.
신과 바라문과 스승과 지혜로운 자에 대한
공경, 청결, 바른 몸가짐,
금욕과 불상해를
[참다운] 몸의 고행이라 부른다.

devadvijaguruprājña-
pūjanaṁ śaucam ārjavam
brahmacaryam ahiṁsā ca
śārīraṁ tapa ucyate

15.
[남을] 괴롭히지 않고
진실하고 유쾌하고 유익한 말과
[베다의] 독송 연습을
말로 된 고행이라 한다.

anudvegakaraṁ vākyaṁ
satyaṁ priyahitaṁ ca yat
svādhyāyābhyasanaṁ cāiva

vāṅmayaṁ tapa ucyate

16.
마음의 평정, 친절,
침묵, 자제,
성품의 정결함을
마음의 고행이라 말한다.

manaḥprasādaḥ saumyatvaṁ
maunam ātmavinigrahaḥ
bhāvasaṁśuddhir ity etat
tapo mānasam ucyate

17.
이 세 가지 고행을
제어된 자들이 결과를 바라지 않고
지극한 믿음으로 행할 때,
선적 기질의 고행으로 간주된다.

śraddhayā parayā taptaṁ
tapas tat trividhaṁ naraiḥ
aphalākāṅkṣibhir yuktaiḥ
sāttvikaṁ paricakṣate

18.
존경과 명예와 공경을 받기 위해
위선으로 행하는 고행은
세상에서 격정적 기질의 고행으로 불리나니,
불안정하며 항구하지 못하도다.

satkāramānapūjārthaṁ
tapo dambhena cāiva yat
kriyate tad iha proktaṁ
rājasaṁ calam adhruvam

19.
미혹된 견해에 따라
자신을 괴롭히기 위해 하는 고행이나
타인의 파멸을 목적으로 하는 고행은
암흑적 기질의 고행이라 부른다.

mūḍhagrāheṇātmano yat
pīḍayā kriyate tapaḥ
parasyotsādanārthaṁ vā
tat tāmasam udāhṛtam

20.
[단지] 베풀어야 한다는 생각으로
[올바른] 때와 장소에서

갚을 수 없지만 합당한 자에게 베푸는 보시는
선적 기질의 보시로 전해진다.

dātavyam iti yad dānaṁ
dīyate 'nupakāriṇe
deśe kāle ca pātre ca
tad dānaṁ sāttvikaṁ smṛtam

21.
그러나 되돌아올 호의를 목적으로,
또는 결과를 겨냥하고
마지못해 베푸는 보시는
격정적 기질의 보시로 전해진다.

yat tu pratyupakārārthaṁ
phalam uddiśya vā punaḥ
dīyate ca parikliṣṭaṁ
tad dānaṁ rājasaṁ smṛtam

22.
잘못된 때와 장소에서
합당하지 못한 자들에게 베푸는,
정성이 없고 경멸적인 보시는
암흑적 기질의 보시라 부른다.

adeśakāle yad dānam
apātrebhyaś ca dīyate
asatkṛtam avajñātaṁ
tat tāmasam udāhṛtam

23.
'옴', '타트', '사트'는
브라만의 세 가지 지칭으로 전해지나니,
예로부터 바라문들과 베다들과 제사들이
그것에 의해 제정되었도다.[1]

oṁ tat sad iti nirdeśo
brahmaṇas trividhaḥ smṛtaḥ
brāhmaṇās tena vedāś ca
yajñāś ca vihitāḥ purā

24.
그러므로 브라만(베다)을 공부하는 자들은
언제나 '옴'이라 말하면서
[베다의] 규정이 명하는
제사와 보시와 고행의 행위들을 시작한다.

tasmād oṁ ity udāhṛtya

1 '옴'(oṁ)은 브라만을 상징하는 음절로서, 소리로서의 브라만이라고 할 수 있으며, '타트'(tat)라는 중성 대명사도 중성명사인 브라만을 가리키며, '사트'(sat) 또한 불변하는 존재 자체인 브라만을 뜻한다. 이 세 음절이 함께 하나의 만트라를 형성한다.

yajñadānatapaḥkriyāḥ
pravartante vidhānoktāḥ
satataṁ brahmavādinām

25.
'타트'라고 [말하면서] 해탈을 갈망하는 자들은
결과를 목적으로 삼지 않고
제사와 고행의 행위들
그리고 각종 보시 행위들을 행한다.

tad ity anabhisaṁdhāya
phalaṁ yajñatapaḥkriyāḥ
dānakriyāś ca vividhāḥ
kriyante mokṣakāṅkṣibhiḥ

26.
'사트'라는 [말은]
'실재'의 뜻과 '좋다'의 뜻으로 사용되며,
칭찬받는 행위에도 마찬가지로
'사트'라는 소리가 사용된다, 프르타의 아들이여.[2]

sadbhāve sādhubhāve ca
sad ity etat prayujyate

2 범어의 '사트'라는 말은 '존재하다'(as)라는 동사의 현재분사인 'sant'의 중성형으로서, '실재'(truth, reality)와 '선'(goodness)의 뜻을 다 가지고 있다. 존재는 선이다.

praśaste karmaṇi tathā
sacchabdaḥ pārtha yujyate

27.
제사와 고행과 보시에서
굳건함은 '사트'라 불리며,
그러한 목적을 지닌 행위도
바로 '사트'라 불린다.

yajñe tapasi dāne ca
sthitiḥ sad iti cocyate
karma cāiva tadarthīyaṁ
sad ity evābhidhīyate

28.
믿음 없이 바친 공물이나
행한 고행은 '아사트'라 불리나니,
그것은 세상에서나 세상을 떠날 때나
우리에게 아무것도 아니다, 프르타의 아들이여.[3]

aśraddhayā hutaṁ dattaṁ
tapas taptaṁ kṛtaṁ ca yat
asad ity ucyate pārtha
na ca tat pretya no iha

---

3 '아사트'(asat)는 '사트'의 반대어로서 '실재하지 않는' 혹은 '좋지 않은'의 뜻을 지닌다.

18장_ 해탈을 위한 포기의 요가

아르주나가 말했습니다(arjuna uvāca):

1.
저는 포기의 본질을
알기 원하나이다, 오, 거대한 팔을 지닌 분이시여.
그리고 또 단념의 본질을, 크리슈나시여,
각각 알기 원하나이다, 케신을 죽인 자시여.[1]

saṁnyāsasya mahābāho
tattvam icchāmi veditum
tyāgasya ca hṛṣīkeśa
pṛthak keśiniṣūdana

---

1 여기서 포기(saṁnyāsa)는 행위 자체의 포기, 단념(tyāga)은 행위 가운데서 욕망을 포기하는 행위의 요가를 가리킨다. 12:11-12 참조. 케신(Keśin)은 크리슈나가 죽인 악귀의 이름.

거룩하신 주께서 말씀하셨습니다(śrībhagavān uvāca):

2.
욕망에 따른 행위들을 던져 버리는 것을
현자들은 포기로 알며,
모든 행위의 결과를 버리는 것을
지혜 있는 자들은 단념이라 말한다.

kāmyānāṁ karmaṇāṁ nyāsaṁ
saṁnyāsaṁ kavayo viduḥ
sarvakarmaphalatyāgaṁ
prāhus tyāgaṁ vicakṣaṇāḥ

3.
행위는 악한 것이니 단념해야 한다고
어떤 현자들은 말하며,
다른 현자들은 또 제사와 보시와 고행의 행위는
단념해서는 안 된다고 한다.

tyājyaṁ doṣavad ity eke
karma prāhur manīṣiṇaḥ
yajñadānatapaḥkarma
na tyājyam iti cāpare

4.

이 단념에 대한 나의 결론을
들어 보라, 바라타족의 최고여.
단념은, 인간 호랑이여,
세 종류라 언명되기 때문이다.[2]

niścayaṁ śṛṇu me tatra
tyāge bharatasattama
tyāgo hi puruṣavyāghra
trividhaḥ samprakīrtitaḥ

5.

제사와 보시와 고행의 행위는
단념해서는 안 되고 행하여야 하나니,
제사와 보시와 고행이야말로
현자들의 정화(淨化) 수단들이다.

yajñadānatapaḥkarma
na tyājyaṁ kāryam eva tat
yajño dānaṁ tapaś cāiva
pāvanāni manīṣiṇām

6.

그러나 이러한 행위들 역시

2 세 종류의 단념은 아래 7-9절에서 설명된다.

집착과 결과들을 버리고
행해야 한다는 것이, 프르타의 아들이여,
나의 확실한 최상의 견해로다.

etāny api tu karmāṇi
saṅgaṁ tyaktvā phalāni ca
kartavyānīti me pārtha
niścitaṁ matam uttamam

7.
의무적 행위의 포기는
합당하지 않도다.
망상으로 인한 그것의 단념은
암흑적 성질의 것이라 한다.

niyatasya tu saṁnyāsaḥ
karmaṇo nopapadyate
mohāt tasya parityāgas
tāmasaḥ parikīrtitaḥ

8.
만약 어떤 사람이 행위를 괴로움이라 하여
육체의 고통이 두려워서 단념한다면,
그는 격정적 성질의 단념을 행하였은즉,
결코 단념의 열매를 얻지 못할 것이다.

duḥkham ity eva yat karma
kāyakleśabhayāt tyajet
sa kṛtvā rājasaṁ tyāgaṁ
nāiva tyāgaphalaṁ labhet

9.
단순히 해야 한다고 생각해서 행한
의무적 행위는, 아르주나여,
집착과 결과를 단념했은즉
선(善)적 성질의 단념으로 간주된다.

kāryam ity eva yat karma
niyataṁ kriyate ’rjuna
saṅgaṁ tyaktvā phalaṁ cāiva
sa tyāgaḥ sāttviko mataḥ

10.
선적 성질로 충만한
현명한 단념자는 의심을 끊고서,
달갑지 않은 행위라고 싫어하지 않으며
달가운 행위라고 집착하지도 않는다.

na dveṣṭy akuśalaṁ karma
kuśale nānuṣajjate
tyāgī sattvasamāviṣṭo

medhāvī chinnasaṁśayaḥ

11.
실로 육신을 지닌 자가 행위를
남김없이 단념하기란 불가능하다.
그러나 행위의 결과를 단념하는 자는
[진정한] 단념자라 불린다.

na hi dehabhṛtā śakyaṁ
tyaktuṁ karmāṇy aśeṣataḥ
yas tu karmaphalatyāgī
sa tyāgīty abhidhīyate

12.
단념 못 한 자가 죽어서 얻는
행위의 결과는 원치 않은 것,
원한 것, 혼합된 것의 세 종류이지만,
포기자에게는 어떤 결과도 없다.

aniṣṭam iṣṭaṁ miśraṁ ca
trividhaṁ karmaṇaḥ phalam
bhavaty atyāgināṁ pretya
na tu saṁnyāsināṁ kvacit

13.

수론(數論) 교의(敎義)에서 말하는,
일체의 행위를 수행하기 위한
다섯 가지 요소를, 거대한 팔을 지닌 자여,
나에게 배워라.

pañcāitāni mahābāho
kāraṇāni nibodha me
sāṁkhye kṛtānte proktāni
siddhaye sarvakarmaṇām

14.

소의처(所依處, 몸)와 행위자
그리고 각종 [행위의] 수단(감각기관)과
여러 종류 각각의 활동들
그리고 다섯 번째로 운명이다.

adhiṣṭhānaṁ tathā kartā
karaṇaṁ ca pṛthagvidham
vividhāś ca pṛthakceṣṭā
daivaṁ cāivātra pañcamam

15.

몸(身)과 말(口)과 마음(意)으로
사람이 어떤 행위를 하든,

올바른 행위든 그릇된 행위든,
이 다섯이 그 원인들이다.

śarīravāṅmanobhir yat
karma prārabhate naraḥ
nyāyyaṁ vā viparītaṁ vā
pañcāite tasya hetavaḥ

16.
그러한즉, 거기서 자아만을
행위자로 보는 자는
깨달음이 부족하여
[참으로] 보지 못하는 무지한 자로다.

tatrāivaṁ sati kartāram
ātmānaṁ kevalaṁ tu yaḥ
paśyaty akṛtabuddhitvān
na sa paśyati durmatiḥ

17.
아만(我慢)의 상태가 없는 자,
지성이 더렵혀지지 않은 자는
이 사람들을 죽인다 해도
죽이지 않으며 [행위에 의해] 속박되지도 않는다.[3]

---

3 지성(buddhi)이 혼탁해지면 아만(我慢, ahaṁkāra), 즉 '나'라는 생각과 집착이 생겨서 자아

yasya nāhaṁkṛto bhāvo
buddhir yasya na lipyate
hatvāpi sa imāṁl lokān
na hanti na nibadhyate

18.

앎과 앎의 대상과 앎의 주체는
행위를 촉진하는 세 가지이며,
[행위의] 수단과 행위와 행위자는
행위를 요약하는 세 가지다.[4]

jñānaṁ jñeyaṁ parijñātā
trividhā karmacodanā
karaṇaṁ karma karteti
trividhaḥ karmasaṁgrahaḥ

19.

앎과 행위와 행위자는
[물질적] 요소들의 차이에 따라서 세 종류뿐이라고
요소 이론은 말하고 있다.
이들에 대해서도 올바로 들어 보라.

(puruṣa, ātman)를 행위자로 잘못 간주하게 된다.

4 13:20에서는 행위의 세 요소를 행위의 목적, 수단, 행위자로 말하고 있는데, 여기서는 '행위의 목적' 대신 단순히 '행위'라고 하고 있다. 뜻은 행위의 목적, 즉 해야 할 일 혹은 행위가 추구하는 것을 가리킨다고 보아야 한다. 행위의 수단은 감각기관들.

jñānaṁ karma ca kartā ca
tridhāiva guṇabhedataḥ
procyate guṇasaṁkhyāne
yathāvac chṛṇu tāny api

20.
모든 존재에서
하나의 불변하는 상태를,
분할된 것들에서 분할되지 않은 것을
보는 앎은 선적인 앎임을 알라.

sarvabhūteṣu yenāikaṁ
bhāvam avyayam īkṣate
avibhaktaṁ vibhakteṣu
taj jñānaṁ viddhi sāttvikam

21.
그러나 모든 존재에서
개별성에 따라 각종
다양한 상태를 보는 앎은
격정적 앎임을 알라.

pṛthaktvena tu yaj jñānaṁ
nānābhāvān pṛthagvidhān
vetti sarveṣu bhūteṣu

taj jñānaṁ viddhi rājasam

22.
그러나 하나의 결과를
전부인 양 집착해서 원인을 무시하며
진리에 부합하지 않는 조그마한 [앎은]
암흑적인 것이라 한다.

yat tu kṛtsnavad ekasmin
kārye saktam ahaitukam
atattvārthavad alpaṁ ca
tat tāmasam udāhṛtam

23.
결과를 구하지 않는 자가
애욕과 증오 없이 행한
집착 없는 의무적 행위는
선적인 행위라고 말한다.

niyataṁ saṅgarahitam
arāgadveṣataḥ kṛtam
aphalaprepsunā karma
yat tat sāttvikam ucyate

24.
그러나 욕망을 구하는 자,
혹은 아만을 지닌 자가
많은 노고로 행한 행위는
격정적인 행위라 한다.

yat tu kāmepsunā karma
sāhaṁkāreṇa vā punaḥ
kriyate bahulāyāsaṁ
tad rājasam udāhṛtam

25.
결과와 손실과 상해(傷害)
그리고 자신의 능력을 고려하지 않고
망상에서 행해진 행위는
암흑적인 행위라고 말한다.

anubandhaṁ kṣayaṁ hiṁsām
anapekṣya ca pauruṣam
mohād ārabhyate karma
yat tat tāmasam ucyate

26.
집착에서 벗어나 '나'를 말하지 않으며
굳건함과 힘을 동반하고

성공과 실패에 영향을 받지 않는
행위자는 선적인 행위자라 부른다.

muktasaṅgo ’nahaṁvādī
dhṛtyutsāhasamanvitaḥ
siddhyasiddhyor nirvikāraḥ
kartā sāttvika ucyate

27.

애욕이 있고 행위의 결과를 구하며
탐욕스럽고 상해하려는 마음을 지니며
기쁨과 슬픔을 동반한 순수하지 못한
행위자는 격정적인 행위자라 말한다.

rāgī karmaphalaprepsur
lubdho hiṁsātmako ’śuciḥ
harṣaśokānvitaḥ kartā
rājasaḥ parikīrtitaḥ

28.

제어되지 않고 저속하고 완고하며
사특하고 부정직하고 나태하며
낙담하고 질질 끄는
행위자는 암흑적인 행위자라 부른다.

ayuktaḥ prākṛtaḥ stabdhaḥ
śaṭho naikṛtiko 'lasaḥ
viṣādī dīrghasūtrī ca
kartā tāmasa ucyate

29.
요소들에 따른 지성과 굳건함의
세 가지 구별을 들어 보라.
각각 남김없이
설명하겠노라, 아르주나여.

buddher bhedaṁ dhṛteś caiva
guṇatas trividhaṁ śṛṇu
procyamānam aśeṣeṇa
pṛthaktvena dhanaṁjaya

30.
활동과 비활동,
할 일과 하지 않을 일, 두려움과 무외
그리고 속박과 해탈을 아는 지성은,
프르타의 아들이여, 선적인 지성이다.

pravṛttiṁ ca nivṛttiṁ ca
kāryākārye bhayābhaye
bandhaṁ mokṣaṁ ca yā vetti

buddhiḥ sā pārtha sāttvikī

31.
옳은 일과 옳지 못한 일,
그리고 할 일과 하지 않을 일을
그릇되게 아는 지성은,
프르타의 아들이여, 격정적인 지성이다.

yayā dharmam adharmaṁ ca
kāryaṁ cākāryam eva ca
ayathāvat prajānāti
buddhiḥ sā pārtha rājasī

32.
암흑으로 덮여
옳지 않은 일을 옳은 일이라고 생각하며
모든 일을 왜곡되게 생각하는 지성은,
프르타의 아들이여, 암흑적인 지성이다.

adharmaṁ dharmam iti yā
manyate tamasāvṛtā
sarvārthān viparītāṁś ca
buddhiḥ sā pārtha tāmasī

33.
흔들리지 않는 요가로
마음과 호흡과 감각기관의 활동을
굳게 붙드는 굳건함은,
프르타의 아들이여, 선적인 것이다.

dhṛtyā yayā dhārayate
manaḥprāṇendriyakriyāḥ
yogenāvyabhicāriṇyā
dhṛtiḥ sā pārtha sāttvikī

34.
그러나 법도와 쾌락과 부를
굳게 붙잡으며, 아르주나여,
집착으로 [행위의] 결과를 바라는 굳건함은,
프르타의 아들이여, 격정적인 것이다.[5]

yayā tu dharmakāmārthān
dhṛtyā dhārayate ʾrjuna
prasaṅgena phalākāṅkṣī
dhṛtiḥ sā pārtha rājasī

5 법도(dharma)와 쾌락(kāma)과 부(artha)는 힌두교 전통에서 인간이 추구해야 할 세 가지 목적 혹은 가치(puruṣa-artha)이다. 여기에 해탈(mokṣa)을 더하면 4대 목적이 된다.

35.
우둔한 자가 잠과 두려움과 슬픔
그리고 낙심과 교만을
벗어나지 못하는 굳건함은
암흑적인 것이다, 프르타의 아들이여.

yayā svapnaṁ bhayaṁ śokaṁ
viṣādaṁ madam eva ca
na vimuñcati durmedhā
dhṛtiḥ sā pārtha tāmasī

36.
이제는 세 종류의 즐거움을
나에게 들어 보아라, 바라타족의 황소여.
훈련을 통해 기쁨을 얻고
괴로움의 종말에 이르게 되는 즐거움을.

sukhaṁ tv idānīṁ trividhaṁ
śṛṇu me bharatarṣabha
abhyāsād ramate yatra
duḥkhāntaṁ ca nigacchati

37.
처음에는 독과 같으나
마지막에는 감로와 같은 즐거움은

선적 즐거움이라 하나니,
자아[를 아는] 지혜의 청정에서 생긴다.

yat tad agre viṣam iva
pariṇāme 'mṛtopamam
tat sukhaṁ sāttvikaṁ proktam
ātmabuddhiprasādajam

38.
감각기관과 대상의 접촉에서 오는,
처음에는 감로와 같으나
마지막에는 독과 같은 즐거움은
격정적인 것으로 전해진다.

viṣayendriyasaṁyogād
yat tad agre 'mṛtopamam
pariṇāme viṣam iva
tat sukhaṁ rājasaṁ smṛtam

39.
처음과 결과에서 모두
자신을 미혹되게 하며
수면과 나태와 방만에서 생긴 즐거움은
암흑적인 것이라 부른다.

yad agre cānubandhe ca
sukhaṁ mohanam ātmanaḥ
nidrālasyapramādotthaṁ
tat tāmasam udāhṛtam

40.

땅에서든 혹은 하늘의
신들 가운데서든
물질에서 생기는 이 세 가지 요소들로부터
자유로울 존재는 없도다.

na tad asti pṛthivyāṁ vā
divi deveṣu vā punaḥ
sattvaṁ prakṛtijair muktaṁ
yad ebhiḥ syāt tribhir guṇaiḥ

41.

바라문과 크샤트리아와 바이샤와
수드라들의 행위들은, 적을 괴롭히는 자여,
본성에서 생기는 요소들에 의해
구분되어 있도다.[6]

brāhmaṇakṣatriyaviśāṁ

---

6 사성 계급의 의무적 행위들은 각기 본성(svabhāva)으로 타고난 물질적 요소(guṇa)들에 부합하는 것임을 강조하고 있다.

śūdrāṇāṁ ca paraṁtapa
karmāṇi pravibhaktāni
svabhāvaprabhavair guṇaiḥ

42.
평정, 자제, 고행, 순결,
인내 그리고 올곧음,
지혜, 통찰, [경건한] 믿음은
본성에서 생기는 바라문들의 행위이다.

śamo damas tapaḥ śaucaṁ
kṣāntir ārjavam eva ca
jñānaṁ vijñānam āstikyaṁ
brahmakarma svabhāvajam

43.
용맹, 활력, 굳셈, 숙련
그리고 전투에서 도망가지 않음과
보시 그리고 지배자적 성품은
본성에서 생기는 크샤트리아들의 행위이다.

śauryaṁ tejo dhṛtir dākṣyaṁ
yuddhe cāpy apalāyanam
dānam īśvarabhāvaś ca
kṣātraṁ karma svabhāvajam

44.

농사, 목축, 상업은
본성에서 생기는 바이샤들의 행위이며,
봉사의 성격을 지닌 행위 역시
수드라들의 본성에서 생기는 행위이다.

kṛṣigaurakṣyavāṇijyaṁ
vaiśyakarma svabhāvajam
paricaryātmakaṁ karma
śūdrasyāpi svabhāvajam

45.

각기 자신에 속한 행위를 즐거워하는 사람은
완성을 얻나니,
자신에 속한 행위를 즐거워하는 자가
어떻게 완성을 얻는지 들어 보라.

sve sve karmaṇy abhirataḥ
saṁsiddhiṁ labhate naraḥ
svakarmanirataḥ siddhiṁ
yathā vindati tac chṛṇu

46.

그로부터 존재들이 생기고
온 세계가 그로 퍼져 있는 그를

자신에 속한 행위로 예배하면서
사람은 완성을 얻는다.

yataḥ pravṛttir bhūtānāṁ
yena sarvam idaṁ tatam
svakarmaṇā tam abhyarcya
siddhiṁ vindati mānavaḥ

47.

공덕이 없다 해도 자신의 의무가
남의 의무를 잘하는 것보다 낫고,
본성으로 정해진 행위를 행하면
죄과를 얻지 않는다.[7]

śreyān svadharmo viguṇaḥ
paradharmāt svanuṣṭhitāt
svabhāvaniyataṁ karma
kurvan nāpnoti kilbiṣam

48.

허물이 있다 해도, 쿤티의 아들이여,
타고난 행위를 버리지 말지어다.
모든 일은 불이 연기로 덮이듯
허물로 덮여 있기 때문이다.

---

7 3:35절 참조.

sahajaṁ karma kaunteya
sadoṣam api na tyajet
sarvārambhā hi doṣeṇa
dhūmenāgnir ivāvṛtāḥ

49.

아무 데도 집착하지 않는 지성으로
자신을 이긴 자는
갈망이 사라져 포기로
지고의 무위(無爲)의 완성에 이른다.

asaktabuddhiḥ sarvatra
jitātmā vigataspṛhaḥ
naiṣkarmyasiddhiṁ paramāṁ
saṁnyāsenādhigacchati

50.

그가 어떻게 완성을 얻어
지혜의 최고 경지 브라만에 이르는지
나에게 간략히 들어 보라,
쿤티의 아들이여.

siddhiṁ prāpto yathā brahma
tathāpnoti nibodha me
samāsenāiva kaunteya

niṣṭhā jñānasya yā parā

51.
맑은 지성으로 제어되고
단단히 자신을 억제하면서
소리 등 감각 대상들을 버리고
애증(愛憎)을 떠나

buddhyā viśuddhayā yukto
dhṛtyātmānaṁ niyamya ca
śabdādīn viṣayāṁs tyaktvā
rāgadveṣau vyudasya ca

52.
외딴곳을 찾고 가볍게 먹으며
말과 몸과 마음을 제어하고
항상 선정(禪定)의 요가에 열중하며
이욕(離欲)에 의지하여

viviktasevī laghvāśī
yatavākkāyamānasaḥ
dhyānayogaparo nityaṁ
vairāgyaṁ samupāśritaḥ

53.

아만(我慢)과 힘과 오만,
욕망과 분노와 소유를 놓아 버리고서
내 것이라는 생각 없이 평안한 자는
브라만이 되기에 적합하도다.

ahaṁkāraṁ balaṁ darpaṁ
kāmaṁ krodhaṁ parigraham
vimucya nirmamaḥ śānto
brahmabhūyāya kalpate

54.

브라만이 되어 청정한 마음으로
슬퍼하지도 않고 갈구하지도 않는다.
모든 존재를 평등하게 여겨
나에 대한 지고의 신애를 얻는다.

brahmabhūtaḥ prasannātmā
na śocati na kāṅkṣati
samaḥ sarveṣu bhūteṣu
madbhaktiṁ labhate parām

55.

그는 신애를 통해 내가 어느 정도이고
실로 누구인지를 인식하며,

나를 진실로 알아
즉시 [나에게] 들어온다.

bhaktyā mām abhijānāti
yāvān yaś cāsmi tattvataḥ
tato māṁ tattvato jñātvā
viśate tadanantaram

56.
어떤 행위를 하건
항상 나를 의지하며,
나의 은총으로 그는
영원불변한 곳에 이른다.

sarvakarmāṇy api sadā
kurvāṇo madvyapāśrayaḥ
matprasādād avāpnoti
śāśvataṁ padam avyayam

57.
나에게 모든 행위를 마음으로
포기하면서 나에 열중하여
지혜의 요가에 의지해서
항상 나를 생각하라.

cetasā sarvakarmāṇi
mayi saṁnyasya matparaḥ
buddhiyogam upāśritya
maccittaḥ satataṁ bhava

58.

나를 생각하면 그대는 나의 은총으로
모든 난관을 극복할 것이다.
그러나 만약 그대가 아만으로 인해
[나의 말을] 듣지 않는다면 파멸할 것이다.[8]

maccittaḥ sarvadurgāṇi
matprasādāt tariṣyasi
atha cet tvam ahaṁkārān
na śroṣyasi vinaṅkṣyasi

59.

그대가 아만에 집착하여
싸우지 않겠노라 생각한다면,
그대의 이 결심은 그릇되었나니,
[그대의] 물질적 본성이 그대를 강요할 것이다.

yad ahaṁkāram āśritya

8 아만(我慢, ahaṁkāra)은 영원한 자아를 행위의 주체로 착각하게 하며 자아의식, 교만심, 이기심 등의 근거가 되는 요소이다.

na yotsya iti manyase
mithyāiṣa vyavasāyas te
prakṛtis tvāṁ niyokṣyati

60.
본성에서 생기는 자신의 행위로 속박되어,
쿤티의 아들이여, 그대는 망상으로 인해
행하기 원치 않는 바를
할 수 없이 행하게 될 것이다.

svabhāvajena kaunteya
nibaddhaḥ svena karmaṇā
kartuṁ necchasi yan mohāt
kariṣyasy avaśo 'pi tat

61.
모든 존재의 심장부에,
아르주나여, 주(主)는 계신다.
기계 위에 타고 있는 듯 모든 존재를
(그의) 신비한 힘으로 돌리면서.[9]

īśvaraḥ sarvabhūtānāṁ
hṛddeśe 'rjuna tiṣṭhati
bhrāmayan sarvabhūtāni

---

9 신비한 힘(māyā)은 신의 마술, 창조적 힘 등으로도 번역할 수 있다. 4:6; 7:14 참조.

yantrārūḍhāni māyayā

62.

[그대의] 온 존재로, 바라타족의 자손이여,

그만을 귀의처로 삼아라.

그의 은총으로 그대는

지고의 평안, 영원한 처소에 이를 것이다.

tam eva śaraṇaṁ gaccha

sarvabhāvena bhārata

tatprasādāt parāṁ śāntiṁ

sthānaṁ prāpsyasi śāśvatam

63.

이와 같이 나는 [어떤] 비밀보다도

더 비밀스러운 지혜를 그대에게 말해 주었나니,

이것을 온전히 생각해 보고

그대가 원하는 대로 행하라.

iti te jñānam ākhyātaṁ

guhyād guhyataraṁ mayā

vimṛśyāitad aśeṣeṇa

yathecchasi tathā kuru

64.
모든 것 중 가장 비밀스러운
나의 지고의 말을 더 들어 보아라.
그대는 정녕 나의 사랑을 받는다고 [해서]
나는 그대에게 유익한 것을 말해 주겠노라.

sarvaguhyatamaṁ bhūyaḥ
śṛṇu me paramaṁ vacaḥ
iṣṭo 'si me dṛḍham iti
tato vakṣyāmi te hitam

65.
나를 생각하고 나를 신애하며
나에게 제사하고 나를 경배하라.
진실로 그대는 바로 나에게 올 것이라
약속하노니, 그대는 나에게 사랑스럽도다.

manmanā bhava madbhakto
madyājī māṁ namaskuru
mām evāiṣyasi satyaṁ te
pratijāne priyo 'si me

66.
모든 의무를 던져 버리고
나만을 귀의처로 삼고 오라.

내가 그대를 모든 악에서
건져 주리니, 슬퍼하지 말라.[10]

sarvadharmān parityajya
māṁ ekaṁ śaraṇaṁ vraja
ahaṁ tvā sarvapāpebhyo
mokṣayiṣyāmi mā śucaḥ

67.
그대는 이것을
금욕을 모르거나 신애가 없거나
듣고자 하지 않는 자나 나에게 불평하는 자
그 누구에게도 말해서는 안 된다.

idaṁ te nātapaskāya
nābhaktāya kadācana
na cāśuśrūṣave vācyaṁ
na ca māṁ yo 'bhyasūyati

68.
나를 신애하는 자들에게,

---

10 모든 의무를 포기하라는 말은 결코 의무 자체를 무시하라는 것이 아니고 행위의 결과에 집착하지 말고 오직 신을 향하는 마음으로 자신의 의무를 행하라는 것이다. 이미 41-49절에서는 자신이 해야 할 의무들이 강조되고 있다. 이 구절은 신애의 길을 강조하는 라마누자(Rāmānuja)의 베단타 학파에서 『기타』 전체의 요체로 간주되는 유명한 구절이다.

나에게 지고의 신애를 바치면서
이 최고의 비밀을 말해 주는 자는
의심 없이 바로 나에게 올 것이다.

ya idaṁ paramaṁ guhyaṁ
madbhakteṣv abhidhāsyati
bhaktiṁ mayi parāṁ kṛtvā
mām evāiṣyaty asaṁśayaḥ

69.
인간들 중에 그보다 나에게 더
사랑스러운 일을 하는 사람은 없을 것이고,
땅 위에서 그 외에 다른 누구도
나에게 더 사랑스러운 자는 없을 것이다.

na ca tasmān manuṣyeṣu
kaścin me priyakṛttamaḥ
bhavitā na ca me tasmād
anyaḥ priyataro bhuvi

70.
그리고 우리 둘의 이 진리의 대화를
공부하는 자는
지혜의 제사로 나에게 제사드렸다고
나는 생각한다.

adhyeṣyate ca ya imaṁ
dharmyaṁ saṁvādam āvayoḥ
jñānayajñena tenāham
iṣṭaḥ syām iti me matiḥ

71.

믿음으로 그리고 불평 없이
[나의 말을] 경청하는 사람도
해방되어 복업(福業)을 지닌 자들의
아름다운 세계들에 이를 것이다.[11]

śraddhāvān anasūyaś ca
śṛṇuyād api yo naraḥ
so 'pi muktaḥ śubhāṁl lokān
prāpnuyāt puṇyakarmaṇām

72.

오, 프르타의 아들이여, 그대는 이것을(나의 말을)
전심으로 들었는가?
무지에서 생긴 [그대의] 미혹이
멸하였는가? 아르주나여.

kaccid etac chrutaṁ pārtha
tvayāikāgreṇa cetasā

---

11 여기서 '해방된다'는 말은 해탈이 아니라 죄악이나 현재의 몸으로부터 벗어나는 것을 뜻한다.

kaccid ajñānasaṁmohaḥ
praṇaṣṭas te dhanaṁjaya

아르주나가 말했습니다(arjuna uvāca):

73.
저는 당신의 은총으로 미혹이 멸했으며,
정신을 차렸나이다, 불변자시여.
의심이 사라지고 확고히 선즉
당신의 말씀을 행할 것입니다.

naṣṭo mohaḥ smṛtir labdhā
tvatprasādān mayācyuta
sthito 'smi gatasaṁdehaḥ
kariṣye vacanaṁ tava

삼자야가 말했다(saṁjaya uvāca):

74.
이와 같이 저는 바수데바의 아들과
위대한 프르타의 아들 사이의
이 놀랍고 감격적인
대화를 들었습니다.

ity ahaṁ vāsudevasya
pārthasya ca mahātmanaḥ
saṁvādam imam aśrauṣam
adbhutaṁ romaharṣaṇam

75.
뱌사의 은총으로 저는
[저의] 눈앞에서 친히 말씀하시는
요가의 주님 크리슈나로부터
이 비밀스러운 지고의 요가를 들었나이다.[12]

vyāsaprasādāc chrutavān
etad guhyam ahaṁ param
yogaṁ yogeśvarāt kṛṣṇāt
sākṣāt kathayataḥ svayam

76.
오, 왕이시여, 크리슈나와 아르주나의
이 놀랍고 복된
대화를 회고할 때마다
저는 매번 감격하옵니다.

rājan saṁsmṛtya-saṁsmṛtya

---

12 뱌사(Vyāsa)는 베다와『마하바라타』의 편집자로 전해지는 현자로서, 크리슈나와 아르주나 사이의 대화인『바가바드기타』를 삼자야에게 들려주고 크리슈나의 형상을 볼 수 있는 신비한 힘을 주었다고 한다.

saṁvādam imam adbhutam
keśavārjunayoḥ puṇyaṁ
hṛṣyāmi ca muhur-muhuḥ

77.
그리고 지극히 놀라운 하리(비슈누)의
저 형상을 회상할 때마다, 오, 왕이시여,
저의 놀라움은 크고
거듭거듭 감격하옵니다.

tac ca saṁsmṛtya-saṁsmṛtya
rūpam atyadbhutaṁ hareḥ
vismayo me mahān rājan
hṛṣyāmi ca punaḥ-punaḥ

78.
요가의 주 크리슈나가 계시는 곳,
궁수 프르타의 아들이 있는 곳에는
행운과 승리와 번영과
확고한 질서가 있다고 저는 생각하나이다.

yatra yogeśvaraḥ kṛṣṇo
yatra pārtho dhanurdharaḥ
tatra śrīr vijayo bhūtir
dhruvā nītir matir mama

ॐ

ॐ

श्रीमद्भगवद्गीता

Bhagavad Gītā

I

1

धृतराष्ट्र उवाच ।
धर्मक्षेत्रे कुरुक्षेत्रे समवेता युयुत्सवः ।
मामकाः पाण्डवाश्चैव किमकुर्वत सञ्जय ॥ १ ॥

2

सञ्जय उवाच ।
दृष्ट्वा तु पाण्डवानीकं व्यूढं दुर्योधनस्तदा ।
आचार्यमुपसङ्गम्य राजा वचनमब्रवीत् ॥ २ ॥

3

पश्यैतां पाण्डुपुत्राणामाचार्य महतीं चमूम् ।
व्यूढां द्रुपदपुत्रेण तव शिष्येण धीमता ॥ ३ ॥

4

अत्र शूरा महेष्वासा भीमार्जुनसमा युधि ।
युयुधानो विराटश्च द्रुपदश्च महारथः ॥ ४ ॥

5

धृष्टकेतुश्चेकितानः काशिराजश्च वीर्यवान् ।
पुरुजित्कुन्तिभोजश्च शैब्यश्च नरपुङ्गवः ॥ ५ ॥

6

युधामन्युश्च विक्रान्त उत्तमौजाश्च वीर्यवान् ।
सौभद्रो द्रौपदेयाश्च सर्व एव महारथाः ॥ ६ ॥

7

अस्माकं तु विशिष्टा ये तान्निबोध द्विजोत्तम ।
नायका मम सैन्यस्य संज्ञार्थं तान्ब्रवीमि ते ॥ ७ ॥

8

भवान्भीष्मश्च कर्णश्च कृपश्च समितिञ्जयः ।
अश्वत्थामा विकर्णश्च सौमदत्तिस्तथैव च ॥ ८ ॥

9

अन्ये च बहवः शूरा मदर्थे त्यक्तजीविताः ।
नानाशस्त्रप्रहरणाः सर्वे युद्धविशारदाः ॥ ९ ॥

10

अपर्याप्तं तदस्माकं बलं भीष्माभिरक्षितम् ।
पर्याप्तं त्विदमेतेषां बलं भीमाभिरक्षितम् ॥ १० ॥

11

अयनेषु च सर्वेषु यथाभागमवस्थिताः ।
भीष्ममेवाभिरक्षन्तु भवन्तः सर्व एव हि ॥ ॥ ११ ॥

12

तस्य सञ्जनयन्हर्षं कुरुवृद्धः पितामहः ।
सिंहनादं विनद्योच्चैः शङ्खं दध्मौ प्रतापवान् ॥ १२ ॥

13

ततः शङ्खाश्च भेर्यश्च पणवानकगोमुखाः ।
सहसैवाभ्यहन्यन्त स शब्दस्तुमुलोऽभवत् ॥ १३ ॥

14

ततः श्वेतैर्हयैर्युक्ते महति स्यन्दने स्थितौ ।
माधवः पाण्डवश्चैव दिव्यौ शङ्खौ प्रदध्मतुः ॥ १४ ॥

15

पाञ्चजन्यं हृषीकेशो देवदत्तं धनञ्जयः ।
पौण्ड्रं दध्मौ महाशङ्खं भीमकर्मा वृकोदरः ॥ १५ ॥

16

अनन्तविजयं राजा कुन्तीपुत्रो युधिष्ठिरः ।
नकुलः सहदेवश्च सुघोषमणिपुष्पकौ ॥ १६ ॥

17

काश्यश्च परमेष्वासः शिखण्डी च महारथः ।
धृष्टद्युम्नो विराटश्च सात्यकिश्चापराजितः ॥ १७ ॥

18

द्रुपदो द्रौपदेयाश्च सर्वशः पृथिवीपते ।
सौभद्रश्च महाबाहुः शङ्खान्दध्मुः पृथक्पृथक् ॥ १८ ॥

19

स घोषो धार्तराष्ट्राणां हृदयानि व्यदारयत् ।
नभश्च पृथिवीं चैव तुमुलो व्यनुनादयन् ॥ १९ ॥

20

अथ व्यवस्थितान्दृष्ट्वा धार्तराष्ट्रान्कपिध्वजः ।
प्रवृत्ते शस्त्रसम्पाते धनुरुद्यम्य पाण्डवः ॥ २० ॥

21

हृषीकेशं तदा वाक्यमिदमाह महीपते ।
अर्जुन उवाच ।
सेनयोरुभयोर्मध्ये रथं स्थापय मेऽच्युत ॥ २१ ॥

22

यावदेतान्निरीक्षेऽहं योद्धुकामानवस्थितान् ।
कैर्मया सह योद्धव्यमस्मिन्रणसमुद्यमे ॥ २२ ॥

23

योत्स्यमानानवेक्षेऽहं य एतेऽत्र समागताः ।
धार्तराष्ट्रस्य दुर्बुद्धेर्युद्धे प्रियचिकीर्षवः ॥ २३ ॥

24

सञ्जय उवाच ।
एवमुक्तो हृषीकेशो गुडाकेशेन भारत ।
सेनयोरुभयोर्मध्ये स्थापयित्वा रथोत्तमम् ॥ २४ ॥

25
भीष्मद्रोणप्रमुखतः सर्वेषां च महीक्षिताम् ।
उवाच पार्थ पश्यैतान्समवेतान्कुरूनिति ॥ २५ ॥

26
तत्रापश्यत्स्थितान्पार्थः पितॄनथ पितामहान् ।
आचार्यान्मातुलान्भ्रातॄन्पुत्रान्पौत्रान्सखींस्तथा ॥ २६ ॥

27
श्वशुरान्सुहृदश्चैव सेनयोरुभयोरपि ।
तान्समीक्ष्य स कौन्तेयः सर्वान्बन्धूनवस्थितान् ॥ २७ ॥

28
कृपया परयाऽऽविष्टो विषीदन्निदमब्रवीत् ।
अर्जुन उवाच ।
दृष्ट्वेमं स्वजनं कृष्ण युयुत्सुं समुपस्थितम् ॥ २८ ॥

29
सीदन्ति मम गात्राणि मुखं च परिशुष्यति ।
वेपथुश्च शरीरे मे रोमहर्षश्च जायते ॥ २९ ॥

30
गाण्डीवं स्रंसते हस्तात्त्वक्चैव परिदह्यते ।
न च शक्नोम्यवस्थातुं भ्रमतीव च मे मनः ॥ ३० ॥

31
निमित्तानि च पश्यामि विपरीतानि केशव ।

न च श्रेयोऽनुपश्यामि हत्वा स्वजनमाहवे ॥ ३१ ॥

32

न काङ्क्षे विजयं कृष्ण न च राज्यं सुखानि च ।
किं नो राज्येन गोविन्द किं भोगैर्जीवितेन वा ॥ ३२ ॥

33

येषामर्थे काङ्क्षितं नो राज्यं भोगाः सुखानि च ।
त इमेऽवस्थिता युद्धे प्राणांस्त्यक्त्वा धनानि च ॥ ३३ ॥

34

आचार्याः पितरः पुत्रास्तथैव च पितामहाः ।
मातुलाः श्वशुराः पौत्राः श्यालाः सम्बन्धिनस्तथा ॥ ३४ ॥

35

एतान्न हन्तुमिच्छामि घ्नतोऽपि मधुसूदन ।
अपि त्रैलोक्यराज्यस्य हेतोः किं नु महीकृते ॥ ३५ ॥

36

निहत्य धार्तराष्ट्रान्नः का प्रीतिः स्याज्जनार्दन ।
पापमेवाश्रयेदस्मान्हत्वैतानाततायिनः ॥ ३६ ॥

37

तस्मान्नार्हा वयं हन्तुं धार्तराष्ट्रान्स्वबान्धवान् ।
स्वजनं हि कथं हत्वा सुखिनः स्याम माधव ॥ ३७ ॥

38

यद्यप्येते न पश्यन्ति लोभोपहतचेतसः ।
कुलक्षयकृतं दोषं मित्रद्रोहे च पातकम् ॥ ३८ ॥

39

कथं न ज्ञेयमस्माभिः पापादस्मान्निवर्तितुम् ।
कुलक्षयकृतं दोषं प्रपश्यद्भिर्जनार्दन ॥ ३९ ॥

40

कुलक्षये प्रणश्यन्ति कुलधर्माः सनातनाः ।
धर्मे नष्टे कुलं कृत्स्नमधर्मोऽभिभवत्युत ॥ ४० ॥

41

अधर्माभिभवात्कृष्ण प्रदुष्यन्ति कुलस्त्रियः ।
स्त्रीषु दुष्टासु वार्ष्णेय जायते वर्णसङ्करः ॥ ४१ ॥

42

सङ्करो नरकायैव कुलघ्नानां कुलस्य च ।
पतन्ति पितरो ह्येषां लुप्तपिण्डोदकक्रियाः ॥ ४२ ॥

43

दोषैरेतैः कुलघ्नानां वर्णसङ्करकारकैः ।
उत्साद्यन्ते जातिधर्माः कुलधर्माश्च शाश्वताः ॥ ४३ ॥

44

उत्सन्नकुलधर्माणां मनुष्याणां जनार्दन ।
नरके नियतं वासो भवतीत्यनुशुश्रुम ॥ ४४ ॥

45

अहो बत महत्पापं कर्तुं व्यवसिता वयम् ।
यद्राज्यसुखलोभेन हन्तुं स्वजनमुद्यताः ॥ ४५ ॥

46

यदि मामप्रतीकारमशस्त्रं शस्त्रपाणयः ।
धार्तराष्ट्रा रणे हन्युस्तन्मे क्षेमतरं भवेत् ॥ ४६ ॥

47

सञ्जय उवाच ।
एवमुक्त्वाऽर्जुनः सङ्ख्ये रथोपस्थ उपाविशत् ।
विसृज्य सशरं चापं शोकसंविग्नमानसः ॥ ४७ ॥

II

1

सञ्जय उवाच ।
तं तथा कृपयाऽऽविष्टमश्रुपूर्णाकुलेक्षणम् ।
विषीदन्तमिदं वाक्यमुवाच मधुसूदनः ॥ १ ॥

2

श्रीभगवानुवाच ।
कुतस्त्वा कश्मलमिदं विषमे समुपस्थितम् ।
अनार्यजुष्टमस्वर्ग्यमकीर्तिकरमर्जुन ॥ २ ॥

3

क्लैव्यं मा स्म गमः पार्थ नैतत्त्वय्युपपद्यते ।
क्षुद्रं हृदयदौर्बल्यं त्यक्त्वोत्तिष्ट परन्तप ॥ ३ ॥

4

अर्जुन उवाच ।
कथं भीष्ममहं सङ्ख्ये द्रोणं च मधुसूदन ।

इषुभिः प्रतियोत्स्यामि पूजार्हावरिसूदन ॥ ४ ॥

5

गुरूनहत्वा हि महानुभावान् श्रेयो भोक्तुं भैक्ष्यमपीह लोके ।
हत्वाऽर्थकामांस्तु गुरूनिहैव भुञ्जीय भोगान्रुधिरप्रदिग्धान् ॥ ५ ॥

6

न चैतद्विद्मः कतरन्नो गरीयो यद्वा जयेम यदि वा नो जयेयुः ।
यानेव हत्वा न जिजीविषामः तेऽवस्थिताः प्रमुखे धार्तराष्ट्राः ॥ ६ ॥

7

कार्पण्यदोषोपहतस्वभावः पृच्छामि त्वां धर्मसम्मूढचेताः ।
यच्छ्रेयः स्यान्निश्चितं ब्रूहि तन्मे शिष्यस्तेऽहं शाधि मां त्वां प्रपन्नम् ॥ ७ ॥

8

न हि प्रपश्यामि ममापनुद्याद्यच्छोकमुच्छोषणमिन्द्रियाणाम् ।
अवाप्य भूमावसपत्नमृद्धं राज्यं सुराणामपि चाधिपत्यम् ॥ ८ ॥

9

सञ्जय उवाच ।
एवमुक्त्वा हृषीकेशं गुडाकेशः परन्तपः ।
न योत्स्य इति गोविन्दमुक्त्वा तूष्णीं बभूव ह ॥ ९ ॥

10

तमुवाच हृषीकेशः प्रहसन्निव भारत ।
सेनयोरुभयोर्मध्ये विषीदन्तमिदं वचः ॥ १० ॥

11

श्रीभगवानुवाच ।

अशोच्यानन्वशोचस्त्वं प्रज्ञावादांश्च भाषसे ।
गतासूनगतासूंश्च नानुशोचन्ति पण्डिताः ॥ ११ ॥

12

न त्वेवाहं जातु नासं न त्वं नेमे जनाधिपाः ।
न चैव न भविष्यामः सर्वे वयमतः परम् ॥ १२ ॥

13

देहिनोऽस्मिन्यथा देहे कौमारं यौवनं जरा ।
तथा देहान्तरप्राप्तिर्धीरस्तत्र न मुह्यति ॥ १३ ॥

14

मात्रास्पर्शास्तु कौन्तेय शीतोष्णसुखदुःखदाः ।
आगमापायिनोऽनित्यास्तांस्तितिक्षस्व भारत ॥ १४ ॥

15

यं हि न व्यथयन्त्येते पुरुषं पुरुषर्षभ ।
समदुःखसुखं धीरं सोऽमृतत्वाय कल्पते ॥ १५ ॥

16

नासतो विद्यते भावो नाभावो विद्यते सतः ।
उभयोरपि दृष्टोऽन्तस्त्वनयोस्तत्त्वदर्शिभिः ॥ १६ ॥

17

अविनाशि तु तद्विद्धि येन सर्वमिदं ततम् ।

विनाशमव्ययस्यास्य न कश्चित्कर्तुमर्हति ॥ १७ ॥

18

अन्तवन्त इमे देहा नित्यस्योक्ताः शरीरिणः ।
अनाशिनोऽप्रमेयस्य तस्माद्युध्यस्व भारत ॥ १८ ॥

19

य एनं वेत्ति हन्तारं यश्चैनं मन्यते हतम् ।
उभौ तौ न विजानीतो नायं हन्ति न हन्यते ॥ १९ ॥

20

न जायते म्रियते वा कदाचिन्नायं भूत्वा भविता वा न भूयः ।
अजो नित्यः शाश्वतोऽयं पुराणो न हन्यते हन्यमाने शरीरे ॥ २० ॥

21

वेदाऽविनाशिनं नित्यं य एनमजमव्ययम् ।
कथं स पुरुषः पार्थ कं घातयति हन्ति कम् ॥ २१ ॥

22

वासांसि जीर्णानि यथा विहाय नवानि गृह्णाति नरोऽपराणि ।
तथा शरीराणि विहाय जीर्णान्यन्यानि संयाति नवानि देही ॥ २२ ॥

23

नैनं छिन्दन्ति शस्त्राणि नैनं दहति पावकः ।
न चैनं क्लेदयन्त्यापो न शोषयति मारुतः ॥ २३ ॥

24
अच्छेद्योऽयमदाह्योऽयमक्लेद्योऽशोष्य एव च ।
नित्यः सर्वगतः स्थाणुरचलोऽयं सनातनः ॥ २४ ॥

25
अव्यक्तोऽयमचिन्त्योऽयमविकार्योऽयमुच्यते ।
तस्मादेवं विदित्वैनं नानुशोचितुमर्हसि ॥ २५ ॥

26
अथ चैनं नित्यजातं नित्यं वा मन्यसे मृतम् ।
तथापि त्वं महाबाहो नैनं शोचितुमर्हसि ॥ २६ ॥

27
जातस्य हि ध्रुवो मृत्युर्ध्रुवं जन्म मृतस्य च ।
तस्मादपरिहार्येऽर्थे न त्वं शोचितुमर्हसि ॥ २७ ॥

28
अव्यक्तादीनि भूतानि व्यक्तमध्यानि भारत ।
अव्यक्तनिधनान्येव तत्र का परिदेवना ॥ २८ ॥

29
आश्चर्यवत्पश्यति कश्चिदेनमाश्चर्यवद्वदति तथैव चान्यः ।
आश्चर्यवच्चैनमन्यः शृणोति श्रुत्वाऽप्येनं वेद न चैव कश्चित् ॥ २९

30
देही नित्यमवध्योऽयं देहे सर्वस्य भारत ।
तस्मात्सर्वाणि भूतानि न त्वं शोचितुमर्हसि ॥ ३० ॥

31
स्वधर्ममपि चावेक्ष्य न विकम्पितुमर्हसि ।
धर्म्याद्धि युद्धाच्छ्रेयोऽन्यत्क्षत्रियस्य न विद्यते ॥ ३१ ॥

32
यदृच्छया चोपपन्नं स्वर्गद्वारमपावृतम् ।
सुखिनः क्षत्रियाः पार्थ लभन्ते युद्धमीदृशम् ॥ ३२ ॥

33
अथ चेत्त्वमिमं धर्म्यं सङ्ग्रामं न करिष्यसि ।
ततः स्वधर्मं कीर्तिं च हित्वा पापमवाप्स्यसि ॥ ३३ ॥

34
अकीर्तिं चापि भूतानि कथयिष्यन्ति तेऽव्ययाम् ।
सम्भावितस्य चाकीर्तिर्मरणादतिरिच्यते ॥ ३४ ॥

35
भयाद्रणादुपरतं मंस्यन्ते त्वां महारथाः ।
येषां च त्वं बहुमतो भूत्वा यास्यसि लाघवम् ॥ ३५ ॥

36
अवाच्यवादांश्च बहून्वदिष्यन्ति तवाहिताः ।
निन्दन्तस्तव सामर्थ्यं ततो दुःखतरं नु किम् ॥ ३६ ॥

37
हतो वा प्राप्स्यसि स्वर्गं जित्वा वा भोक्ष्यसे महीम् ।
तस्मादुत्तिष्ठ कौन्तेय युद्धाय कृतनिश्चयः ॥ ३७ ॥

38

सुखदुःखे समे कृत्वा लाभालाभौ जयाजयौ ।
ततो युद्धाय युज्यस्व नैवं पापमवाप्स्यसि ॥ ३८ ॥

39

एषा तेऽभिहिता साङ्ख्ये बुद्धिर्योगे त्विमां शृणु ।
बुद्ध्या युक्तो यया पार्थ कर्मबन्धं प्रहास्यसि ॥ ३९ ॥

40

नेहाभिक्रमनाशोऽस्ति प्रत्यवायो न विद्यते ।
स्वल्पमप्यस्य धर्मस्य त्रायते महतो भयात् ॥ ४० ॥

41

व्यवसायात्मिका बुद्धिरेकेह कुरुनन्दन ।
बहुशाखा ह्यनन्ताश्च बुद्धयोऽव्यवसायिनाम् ॥ ४१ ॥

42

यामिमां पुष्पितां वाचं प्रवदन्त्यविपश्चितः ।
वेदवादरताः पार्थ नान्यदस्तीति वादिनः ॥ ४२ ॥

43

कामात्मानः स्वर्गपरा जन्मकर्मफलप्रदाम् ।
क्रियाविशेषबहुलां भोगैश्वर्यगतिं प्रति ॥ ४३ ॥

44

भोगैश्वर्यप्रसक्तानां तयाऽपहृतचेतसाम् ।
व्यवसायात्मिका बुद्धिः समाधौ न विधीयते ॥ ४४ ॥

45

त्रैगुण्यविषया वेदा निस्त्रैगुण्यो भवार्जुन ।
निर्द्वन्द्वो नित्यसत्त्वस्थो निर्योगक्षेम आत्मवान् ॥ ४५ ॥

46

यावानर्थ उदपाने सर्वतः सम्प्लुतोदके ।
तावान्सर्वेषु वेदेषु ब्राह्मणस्य विजानतः ॥ ४६ ॥

47

कर्मण्येवाधिकारस्ते मा फलेषु कदाचन ।
मा कर्मफलहेतुर्भूर्मा ते सङ्गोऽस्त्वकर्मणि ॥ ४७ ॥

48

योगस्थः कुरु कर्माणि सङ्गं त्यक्त्वा धनञ्जय ।
सिद्ध्यसिद्ध्योः समो भूत्वा समत्वं योग उच्यते ॥ ४८ ॥

49

दूरेण ह्यवरं कर्म बुद्धियोगाद्धनञ्जय ।
बुद्धौ शरणमन्विच्छ कृपणाः फलहेतवः ॥ ४९ ॥

50

बुद्धियुक्तो जहातीह उभे सुकृतदुष्कृते ।
तस्माद्योगाय युज्यस्व योगः कर्मसु कौशलम् ॥ ५० ॥

51

कर्मजं बुद्धियुक्ता हि फलं त्यक्त्वा मनीषिणः ।
जन्मबन्धविनिर्मुक्ताः पदं गच्छन्त्यनामयम् ॥ ५१ ॥

52
यदा ते मोहकलिलं बुद्धिर्व्यतितरिष्यति ।
तदा गन्तासि निर्वेदं श्रोतव्यस्य श्रुतस्य च ॥ ५२ ॥

53
श्रुतिविप्रतिपन्ना ते यदा स्थास्यति निश्चला ।
समाधावचला बुद्धिस्तदा योगमवाप्स्यसि ॥ ५३ ॥

54
अर्जुन उवाच ।
स्थितप्रज्ञस्य का भाषा समाधिस्थस्य केशव ।
स्थितधीः किं प्रभाषेत किमासीत व्रजेत किम् ॥ ५४ ॥

55
श्रीभगवानुवाच ।
प्रजहाति यदा कामान्सर्वान्पार्थ मनोगतान् ।
आत्मन्येवात्मना तुष्टः स्थितप्रज्ञस्तदोच्यते ॥ ५५ ॥

56
दुःखेष्वनुद्विग्नमनाः सुखेषु विगतस्पृहः ।
वीतरागभयक्रोधः स्थितधीर्मुनिरुच्यते ॥ ५६ ॥

57
यः सर्वत्रानभिस्नेहस्तत्तत्प्राप्य शुभाशुभम् ।
नाभिनन्दति न द्वेष्टि तस्य प्रज्ञा प्रतिष्ठिता ॥ ५७ ॥

58
यदा संहरते चायं कूर्मोऽङ्गानीव सर्वशः ।
इन्द्रियाणीन्द्रियार्थेभ्यस्तस्य प्रज्ञा प्रतिष्ठिता ॥ ५८ ॥

59
विषया विनिवर्तन्ते निराहारस्य देहिनः ।
रसवर्जं रसोऽप्यस्य परं दृष्ट्वा निवर्तते ॥ ५९ ॥

60
यततो ह्यपि कौन्तेय पुरुषस्य विपश्चितः ।
इन्द्रियाणि प्रमाथीनि हरन्ति प्रसभं मनः ॥ ६० ॥

61
तानि सर्वाणि संयम्य युक्त आसीत मत्परः ।
वशे हि यस्येन्द्रियाणि तस्य प्रज्ञा प्रतिष्ठिता ॥ ६१ ॥

62
ध्यायतो विषयान्पुंसः सङ्गस्तेषूपजायते ।
सङ्गात्सञ्जायते कामः कामात्क्रोधोऽभिजायते ॥ ६२ ॥

63
क्रोधाद्भवति सम्मोहः सम्मोहात्स्मृतिविभ्रमः ।
स्मृतिभ्रंशाद्बुद्धिनाशो बुद्धिनाशात्प्रणश्यति ॥ ६३ ॥

64
रागद्वेषवियुक्तैस्तुं विषयानिन्द्रियैश्चरन् ।
आत्मवश्यैर्विधेयात्मा प्रसादमधिगच्छति ॥ ६४ ॥

65
प्रसादे सर्वदुःखानां हानिरस्योपजायते ।
प्रसन्नचेतसो ह्याशु बुद्धिः पर्यवतिष्ठते ॥ ६५ ॥

66
नास्ति बुद्धिरयुक्तस्य न चायुक्तस्य भावना ।
न चाभावयतः शान्तिरशान्तस्य कुतः सुखम् ॥ ६६ ॥

67
इन्द्रियाणां हि चरतां यन्मनोऽनु विधीयते ।
तदस्य हरति प्रज्ञां वायुर्नावमिवाम्भसि ॥ ६७ ॥

68
तस्माद्यस्य महाबाहो निगृहीतानि सर्वशः ।
इन्द्रियाणीन्द्रियार्थेभ्यस्तस्य प्रज्ञा प्रतिष्ठिता ॥ ६८ ॥

69
या निशा सर्वभूतानां तस्यां जागर्ति संयमी ।
यस्यां जाग्रति भूतानि सा निशा पश्यतो मुनेः ॥ ६९ ॥

70
आपूर्यमाणमचलप्रतिष्ठं समुद्रमापः प्रविशन्ति यद्वत् ।
तद्वत्कामा यं प्रविशन्ति सर्वे स शान्तिमाप्नोति न कामकामी ॥ ७० ॥

71
विहाय कामान्यः सर्वान्पुमांश्चरति निःस्पृहः ।
निर्ममो निरहङ्कारः स शान्तिमधिगच्छति ॥ ७१ ॥

72
एषा ब्राह्मी स्थितिः पार्थ नैनां प्राप्य विमुह्यति ।
स्थित्वाऽस्यामन्तकालेऽपि ब्रह्म निर्वाणमृच्छति ॥ ७२ ॥

III

1
अर्जुन उवाच ।
ज्यायसी चेत्कर्मणस्ते मता बुद्धिर्जनार्दन ।
तत्किं कर्मणि घोरे मां नियोजयसि केशव ॥ १ ॥

2
व्यामिश्रेणेव वाक्येन बुद्धिं मोहयसीव मे ।
तदेकं वद निश्चित्य येन श्रेयोऽहमाप्नुयाम् ॥ २ ॥

3
श्रीभगवानुवाच ।
लोकेऽस्मिन्द्विविधा निष्ठा पुरा प्रोक्ता मयाऽनघ ।
ज्ञानयोगेन साङ्ख्यानां कर्मयोगेन योगिनाम् ॥ ३ ॥

4
न कर्मणामनारम्भान्नैष्कर्म्यं पुरुषोऽश्नुते ।
न च संन्यसनादेव सिद्धिं समधिगच्छति ॥ ४ ॥

5

न हि कश्चित्क्षणमपि जातु तिष्ठत्यकर्मकृत् ।
कार्यते ह्यवशः कर्म सर्वः प्रकृतिजैर्गुणैः ॥ ५ ॥

6

कर्मेन्द्रियाणि संयम्य य आस्ते मनसा स्मरन् ।
इन्द्रियार्थान्विमूढात्मा मिथ्याचारः स उच्यते ॥ ६ ॥

7

यस्त्विन्द्रियाणि मनसा नियम्यारभतेऽर्जुन ।
कर्मेन्द्रियैः कर्मयोगमसक्तः स विशिष्यते ॥ ७ ॥

8

नियतं कुरु कर्म त्वं कर्म ज्यायो ह्यकर्मणः ।
शरीरयात्राऽपि च ते न प्रसिध्येदकर्मणः ॥ ८ ॥

9

यज्ञार्थात्कर्मणोऽन्यत्र लोकोऽयं कर्मबन्धनः ।
तदर्थं कर्म कौन्तेय मुक्तसङ्गः समाचर ॥ ९ ॥

10

सहयज्ञाः प्रजाः सृष्ट्वा पुरोवाच प्रजापतिः ।
अनेन प्रसविष्यध्वमेष वोऽस्त्विष्टकामधुक् ॥ १० ॥

11

देवान्भावयतानेन ते देवा भावयन्तु वः ।
परस्परं भावयन्तः श्रेयः परमवाप्स्यथ ॥ ११ ॥

12

इष्टान्भोगान्हि वो देवा दास्यन्ते यज्ञभाविताः ।
तैर्दत्तानप्रदायैभ्यो यो भुङ्क्ते स्तेन एव सः ॥ १२ ॥

13

यज्ञशिष्टाशिनः सन्तो मुच्यन्ते सर्वकिल्बिषैः ।
भुञ्जते ते त्वघं पापा ये पचन्त्यात्मकारणात् ॥ १३ ॥

14

अन्नाद्भवन्ति भूतानि पर्जन्यादन्नसंभवः ।
यज्ञाद्भवति पर्जन्यो यज्ञः कर्मसमुद्भवः ॥ १४ ॥

15

कर्म ब्रह्मोद्भवं विद्धि ब्रह्माऽक्षरसमुद्भवम् ।
तस्मात्सर्वगतं ब्रह्म नित्यं यज्ञे प्रतिष्ठितम् ॥ १५ ॥

16

एवं प्रवर्तितं चक्रं नानुवर्तयतीह यः ।
अघायुरिन्द्रियारामो मोघं पार्थ स जीवति ॥ १६ ॥

17

यस्त्वात्मरतिरेव स्यादात्मतृप्तश्च मानवः ।
आत्मन्येव च सन्तुष्टस्तस्य कार्यं न विद्यते ॥ १७ ॥

18

नैव तस्य कृतेनार्थो नाकृतेनेह कश्चन ।
न चास्य सर्वभूतेषु कश्चिदर्थव्यपाश्रयः ॥ १८ ॥

19

तस्मादसक्तः सततं कार्यं कर्म समाचर ।
असक्तो ह्याचरन्कर्म परमाप्नोति पूरुषः ॥ १९ ॥

20

कर्मणैव हि संसिद्धिमास्थिता जनकादयः ।
लोकसङ्ग्रहमेवापि सम्पश्यन्कर्तुमर्हसि ॥ २० ॥

21

यद्यदाचरति श्रेष्ठस्तत्तदेवेतरो जनः ।
स यत्प्रमाणं कुरुते लोकस्तदनुवर्तते ॥ २१ ॥

22

न मे पार्थास्ति कर्तव्यं त्रिषु लोकेषु किञ्चन ।
नानवाप्तमवाप्तव्यं वर्त एव च कर्मणि ॥ २२ ॥

23

यदि ह्यहं न वर्तेयं जातु कर्मण्यतन्द्रितः ।
मम वर्त्मानुवर्तन्ते मनुष्याः पार्थ सर्वशः ॥ २३ ॥

24

उत्सीदेयुरिमे लोका न कुर्यां कर्म चेदहम् ।
सङ्करस्य च कर्ता स्यामुपहन्यामिमाः प्रजाः ॥ २४ ॥

25

सक्ताः कर्मण्यविद्वांसो यथा कुर्वन्ति भारत ।
कुर्याद्विद्वांस्तथाऽसक्तश्चिकीर्षुर्लोकसङ्ग्रहम् ॥ २५ ॥

26
न बुद्धिभेदं जनयेदज्ञानां कर्मसङ्गिनाम् ।
जोषयेत्सर्वकर्माणि विद्वान्युक्तः समाचरन् ॥ २६ ॥

27
प्रकृतेः क्रियमाणानि गुणैः कर्माणि सर्वशः ।
अहङ्कारविमूढात्मा कर्ताऽहमिति मन्यते ॥ २७ ॥

28
तत्त्ववित्तु महाबाहो गुणकर्मविभागयोः ।
गुणा गुणेषु वर्तन्त इति मत्वा न सज्जते ॥ २८ ॥

29
प्रकृतेर्गुणसम्मूढाः सज्जन्ते गुणकर्मसु ।
तानकृत्स्नविदो मन्दान्कृत्स्नविन्न विचालयेत् ॥ २९ ॥

30
मयि सर्वाणि कर्माणि संन्यस्याऽध्यात्मचेतसा ।
निराशीर्निर्ममो भूत्वा युध्यस्व विगतज्वरः ॥ ३० ॥

31
ये मे मतमिदं नित्यमनुतिष्ठन्ति मानवाः ।
श्रद्धावन्तोऽनसूयन्तो मुच्यन्ते तेऽपि कर्मभिः ॥ ३१ ॥

32
ये त्वेतदभ्यसूयन्तो नानुतिष्ठन्ति मे मतम् ।
सर्वज्ञानविमूढांस्तान्विद्धि नष्टानचेतसः ॥ ३२ ॥

33
सदृशं चेष्टते स्वस्याः प्रकृतेर्ज्ञानवानपि ।
प्रकृतिं यान्ति भूतानि निग्रहः किं करिष्यति ॥ ३३ ॥

34
इन्द्रियस्येन्द्रियस्यार्थे रागद्वेषौ व्यवस्थितौ ।
तयोर्न वशमागच्छेत्तौ ह्यस्य परिपन्थिनौ ॥ ३४ ॥

35
श्रेयान्स्वधर्मो विगुणः परधर्मात्स्वनुष्ठितात् ।
स्वधर्मे निधनं श्रेयः परधर्मो भयावहः ॥ ३५ ॥

36
अर्जुन उवाच ।
अथ केन प्रयुक्तोऽयं पापं चरति पूरुषः ।
अनिच्छन्नपि वार्ष्णेय बलादिव नियोजितः ॥ ३६ ॥

37
श्रीभगवानुवाच ।
काम एष क्रोध एष रजोगुणसमुद्भवः ।
महाशनो महापाप्मा विद्ध्येनमिह वैरिणम् ॥ ३७ ॥

38
धूमेनाऽव्रियते वह्निर्यथाऽऽदर्शो मलेन च ।
यथोल्बेनावृतो गर्भस्तथा तेनेदमावृतम् ॥ ३८ ॥

39

आवृतं ज्ञानमेतेन ज्ञानिनो नित्यवैरिणा ।
कामरूपेण कौन्तेय दुष्पूरेणानलेन च ॥ ३९ ॥

40

इन्द्रियाणि मनो बुद्धिरस्याधिष्ठानमुच्यते ।
एतैर्विमोहयत्येष ज्ञानमावृत्य देहिनम् ॥ ४० ॥

41

तस्मात्त्वमिन्द्रियाण्यादौ नियम्य भरतर्षभ ।
पाप्मानं प्रजहि ह्येनं ज्ञानविज्ञाननाशनम् ॥ ४१ ॥

42

इन्द्रियाणि पराण्याहुरिन्द्रियेभ्यः परं मनः ।
मनसस्तु परा बुद्धिर्यो बुद्धेः परतस्तु सः ॥ ४२ ॥

43

एवं बुद्धेः परं बुध्वा संस्तभ्यात्मानमात्मना ।
जहि शत्रुं महाबाहो कामरूपं दुरासदम् ॥ ४३ ॥

Ⅳ

1

श्रीभगवानुवाच ।
इमं विवस्वते योगं प्रोक्तवानहमव्ययम् ।
विवस्वान्मनवे प्राह मनुरिक्ष्वाकवेऽब्रवीत् ॥ १ ॥

2

एवं परम्पराप्राप्तमिमं राजर्षयो विदुः ।
स कालेनेह महता योगो नष्टः परन्तप ॥ २ ॥

3

स एवाऽयं मया तेऽद्य योगः प्रोक्तः पुरातनः ।
भक्तोऽसि मे सखा चेति रहस्यं ह्येतदुत्तमम् ॥ ३ ॥

4

अर्जुन उवाच ।
अपरं भवतो जन्म परं जन्म विवस्वतः ।
कथमेतद्विजानीयां त्वमादौ प्रोक्तवानिति ॥ ४ ॥

5

श्रीभगवानुवाच ।
बहूनि मे व्यतीतानि जन्मानि तव चार्जुन ।
तान्यहं वेद सर्वाणि न त्वं वेत्थ परन्तप ॥ ५ ॥

6

अजोऽपि सन्नव्ययात्मा भूतानामीश्वरोऽपि सन् ।
प्रकृतिं स्वामधिष्टाय सम्भवाम्यात्ममायया ॥ ६ ॥

7

यदा यदा हि धर्मस्य ग्लानिर्भवति भारत ।
अभ्युत्थानमधर्मस्य तदाऽऽत्मानं सृजाम्यहम् ॥ ७ ॥

8

परित्राणाय साधूनां विनाशाय च दुष्कृताम् ।
धर्मसंस्थापनार्थाय सम्भवामि युगे युगे ॥ ८ ॥

9

जन्म कर्म च मे दिव्यमेवं यो वेत्ति तत्त्वतः ।
त्यक्तवा देहं पुनर्जन्म नैति मामेति सोऽर्जुन ॥ ९ ॥

10

वीतरागभयक्रोधा मन्मया मामुपाश्रिताः ।
बहवो ज्ञानतपसा पूता मद्भावमागताः ॥ १० ॥

11

ये यथा मां प्रपद्यन्ते तांस्तथैव भजाम्यहम् ।

मम वर्त्मानुवर्तन्ते मनुष्याः पार्थ सर्वशः ॥ ११ ॥

12

काङ्क्षन्तः कर्मणां सिद्धिं यजन्त इह देवताः ।
क्षिप्रं हि मानुषे लोके सिद्धिर्भवति कर्मजा ॥ १२ ॥

13

चातुर्वर्ण्यं मया सृष्टं गुणकर्मविभागशः ।
तस्य कर्तारमपि मां विद्ध्यकर्तारमव्ययम् ॥ १३ ॥

14

न मां कर्माणि लिम्पन्ति न मे कर्मफले स्पृहा ।
इति मां योऽभिजानाति कर्मभिर्न स बद्ध्यते ॥ १४ ॥

15

एवं ज्ञात्वा कृतं कर्म पूर्वैरपि मुमुक्षुभिः ।
कुरु कर्मैव तस्मात्त्वं पूर्वैः पूर्वतरं कृतम् ॥ १५ ॥

16

किं कर्म किमकर्मेति कवयोऽप्यत्र मोहिताः ।
तत्ते कर्म प्रवक्ष्यामि यज्ज्ञात्वा मोक्ष्यसेऽशुभात् ॥ १६ ॥

17

कर्मणो ह्यपि बोद्धव्यं बोद्धव्यं च विकर्मणः ।
अकर्मणश्च बोद्धव्यं गहना कर्मणो गतिः ॥ १७ ॥

18

कर्मण्यकर्म यः पश्येदकर्मणि च कर्म यः ।
स बुद्धिमान्मनुष्येषु स युक्तः कृत्स्नकर्मकृत् ॥ १८ ॥

19

यस्य सर्वे समारम्भाः कामसङ्कल्पवर्जिताः ।
ज्ञानाग्निदग्धकर्माणं तमाहुः पण्डितं बुधाः ॥ १९ ॥

20

त्यक्त्वा कर्मफलासङ्गं नित्यतृप्तो निराश्रयः ।
कर्मण्यभिप्रवृत्तोऽपि नैव किञ्चित्करोति सः ॥ २० ॥

21

निराशीर्यतचित्तात्मा त्यक्तसर्वपरिग्रहः ।
शारीरं केवलं कर्म कुर्वन्नाप्नोति किल्बिषम् ॥ २१ ॥

22

यदृच्छालाभसन्तुष्टो द्वन्द्वातीतो विमत्सरः ।
समः सिद्धावसिद्धौ च कृत्वाऽपि न निबध्यते ॥ २२ ॥

23

गतसङ्गस्य मुक्तस्य ज्ञानावस्थितचेतसः ।
यज्ञायाचरतः कर्म समग्रं प्रविलीयते ॥ २३ ॥

24

ब्रह्मार्पणं ब्रह्म हविर्ब्रह्माग्नौ ब्रह्मणा हुतम् ।
ब्रह्मैव तेन गन्तव्यं ब्रह्मकर्मसमाधिना ॥ २४ ॥

25
दैवमेवापरे यज्ञं योगिनः पर्युपासते ।
ब्रह्माग्नावपरे यज्ञं यज्ञेनैवोपजुह्वति ॥ २५ ॥

26
श्रोत्रादीनीन्द्रियाण्यन्ये संयमाग्निषु जुह्वति ।
शब्दादीन्विषयानन्य इन्द्रियाग्निषु जुह्वति ॥ २६ ॥

27
सर्वाणीन्द्रियकर्माणि प्राणकर्माणि चापरे ।
आत्मसंयमयोगाग्नौ जुह्वति ज्ञानदीपिते ॥ २७ ॥

28
द्रव्ययज्ञास्तपोयज्ञा योगयज्ञास्तथाऽपरे ।
स्वाध्यायज्ञानयज्ञाश्च यतयः संशितव्रताः ॥ २८ ॥

29
अपाने जुह्वति प्राणं प्राणेऽपानं तथाऽपरे ।
प्राणापानगती रुध्वा प्राणायामपरायणाः ॥ २९ ॥

30
अपरे नियताहाराः प्राणान्प्राणेषु जुह्वति ।
सर्वेऽप्येते यज्ञविदो यज्ञक्षपितकल्मषाः ॥ ३० ॥

31
यज्ञशिष्टामृतभुजो यान्ति ब्रह्म सनातनम् ।
नायं लोकोऽस्त्ययज्ञस्य कुतोऽन्यः कुरुसत्तम ॥ ३१ ॥

32

एवं बहुविधा यज्ञा वितता ब्रह्मणो मुखे ।
कर्मजान्विद्धि तान्सर्वानेवं ज्ञात्वा विमोक्ष्यसे ॥ ३२ ॥

33

श्रेयान्द्रव्यमयाद्यज्ञाज्ज्ञानयज्ञः परन्तप ।
सर्वं कर्माखिलं पार्थ ज्ञाने परिसमाप्यते ॥ ३३ ॥

34

तद्विद्धि प्रणिपातेन परिप्रश्नेन सेवया ।
उपदेक्ष्यन्ति ते ज्ञानं ज्ञानिनस्तत्त्वदर्शिनः ॥ ३४ ॥

35

यज्ज्ञात्वा न पुनर्मोहमेवं यास्यसि पाण्डव ।
येन भूतान्यशेषेण द्रक्ष्यस्यात्मन्यथो मयि ॥ ३५ ॥

36

अपि चेदसि पापेभ्यः सर्वेभ्यः पापकृत्तमः ।
सर्वं ज्ञानप्लवेनैव वृजिनं सन्तरिष्यसि ॥ ३६ ॥

37

यथैधांसि समिद्धोऽग्निर्भस्मसात्कुरुतेऽर्जुन ।
ज्ञानाग्निः सर्वकर्माणि भस्मसात्कुरुते तथा ॥ ३७ ॥

38

न हि ज्ञानेन सदृशं पवित्रमिह विद्यते ।
तत्स्वयं योगसंसिद्धः कालेनात्मनि विन्दति ॥ ३८ ॥

39 श्रद्धावाँल्लभते ज्ञानं तत्परः संयतेन्द्रियः ।
ज्ञानं लब्ध्वा परां शान्तिमचिरेणाधिगच्छति ॥ ३९ ॥

40 अज्ञश्चाश्रद्दधानश्च संशयात्मा विनश्यति ।
नायं लोकोऽस्ति न परो न सुखं संशयात्मनः ॥ ४० ॥

41 योगसंन्यस्तकर्माणं ज्ञानसञ्छिन्नसंशयम् ।
आत्मवन्तं न कर्माणि निबध्नन्ति धनञ्जय ॥ ४१ ॥

42 तस्मादज्ञानसम्भूतं हृत्स्थं ज्ञानासिनाऽऽत्मनः ।
छित्त्वैनं संशयं योगमातिष्ठोत्तिष्ठ भारत ॥ ४२ ॥

V

1

अर्जुन उवाच ।
संन्यासं कर्मणां कृष्ण पुनर्योगं च शंससि ।
यच्छ्रेय एतयोरेकं तन्मे ब्रूहि सुनिश्चितम् ॥ १ ॥

2

श्रीभगवानुवाच ।
संन्यासः कर्मयोगश्च निःश्रेयसकरावुभौ ।
तयोस्तु कर्मसंन्यासात्कर्मयोगो विशिष्यते ॥ २ ॥

3

ज्ञेयः स नित्यसंन्यासी यो न द्वेष्टि न काङ्क्षति ।
निर्द्वन्द्वो हि महाबाहो सुखं बन्धात्प्रमुच्यते ॥ ३ ॥

4

साङ्ख्ययोगौ पृथग्बालाः प्रवदन्ति न पण्डिताः ।
एकमप्यास्थितः सम्यगुभयोर्विन्दते फलम् ॥ ४ ॥

5

यत्साङ्ख्यैः प्राप्यते स्थानं तद्योगैरपि गम्यते ।
एकं साङ्ख्यं च योगं च यः पश्यति स पश्यति ॥ ५ ॥

6

संन्यासस्तु महाबाहो दुःखमाप्तुमयोगतः ।
योगयुक्तो मुनिर्ब्रह्म न चिरेणाधिगच्छति ॥ ६ ॥

7

योगयुक्तो विशुद्धात्मा विजितात्मा जितेन्द्रियः ।
सर्वभूतात्मभूतात्मा कुर्वन्नपि न लिप्यते ॥ ७ ॥

8

नैव किञ्चित्करोमीति युक्तो मन्येत तत्त्ववित् ।
पश्यन्शृण्वन्स्पृशञ्जिघ्रन्नश्नन्गच्छन्श्वसन्स्वपन् ॥ ८ ॥

9

प्रलपन्विसृजन्गृह्णन्नुन्मिषन्निमिषन्नपि ।
इन्द्रियाणीन्द्रियार्थेषु वर्तन्त इति धारयन् ॥ ९ ॥

10

ब्रह्मण्याधाय कर्माणि सङ्गं त्यक्त्वा करोति यः ।
लिप्यते न स पापेन पद्मपत्रमिवाम्भसा ॥ १० ॥

11

कायेन मनसा बुद्ध्या केवलैरिन्द्रियैरपि ।
योगिनः कर्म कुर्वन्ति सङ्गं त्यक्त्वाऽऽत्मशुद्धये ॥ ११ ॥

12

युक्तः कर्मफलं त्यक्त्वा शान्तिमाप्नोति नैष्ठिकीम् ।
अयुक्तः कामकारेण फले सक्तो निबध्यते ॥ १२ ॥

13

सर्वकर्माणि मनसा संन्यस्यास्ते सुखं वशी ।
नवद्वारे पुरे देही नैव कुर्वन्न कारयन् ॥ १३ ॥

14

न कर्तृत्वं न कर्माणि लोकस्य सृजति प्रभुः ।
न कर्मफलसंयोगं स्वभावस्तु प्रवर्तते ॥ १४ ॥

15

नादत्ते कस्यचित्पापं न चैव सुकृतं विभुः ।
अज्ञानेनावृतं ज्ञानं तेन मुह्यन्ति जन्तवः ॥ १५ ॥

16

ज्ञानेन तु तदज्ञानं येषां नाशितमात्मनः ।
तेषामादित्यवज्ज्ञानं प्रकाशयति तत्परम् ॥ १६ ॥

17

तद्बुद्धयस्तदात्मानस्तन्निष्ठास्तत्परायणाः ।
गच्छन्त्यपुनरावृत्तिं ज्ञाननिर्धूतकल्मषाः ॥ १७ ॥

18

विद्याविनयसम्पन्ने ब्राह्मणे गवि हस्तिनि ।
शुनि चैव श्वपाके च पण्डिताः समदर्शिनः ॥ १८ ॥

19

इहैव तैर्जितः सर्गो येषां साम्ये स्थितं मनः ।
निर्दोषं हि समं ब्रह्म तस्माद्ब्रह्मणि ते स्थिताः ॥ १९ ॥

20

न प्रहृष्येत्प्रियं प्राप्य नोद्विजेत्प्राप्य चाप्रियम् ।
स्थिरबुद्धिरसंमूढो ब्रह्मविद्ब्रह्मणि स्थितः ॥ २० ॥

21

बाह्यस्पर्शेष्वसक्तात्मा विन्दत्यात्मनि यत्सुखम् ।
स ब्रह्मयोगयुक्तात्मा सुखमक्षयमश्नुते ॥ २१ ॥

22

ये हि संस्पर्शजा भोगा दुःखयोनय एव ते ।
आद्यन्तवन्तः कौन्तेय न तेषु रमते बुधः ॥ २२ ॥

23

शक्नोतीहैव यः सोढुं प्राक् शरीरविमोक्षणात् ।
कामक्रोधोद्भवं वेगं स युक्तः स सुखी नरः ॥ २३ ॥

24

योऽन्तःसुखोऽन्तराराामस्तथान्तर्ज्योतिरेव यः ।
स योगी ब्रह्मनिर्वाणं ब्रह्मभूतोऽधिगच्छति ॥ २४ ॥

25

लभन्ते ब्रह्मनिर्वाणमृषयः क्षीणकल्मषाः ।
छिन्नद्वैधा यतात्मानः सर्वभूतहिते रताः ॥ २५ ॥

26

कामक्रोधवियुक्तानां यतीनां यतचेतसाम् ।
अभितो ब्रह्मनिर्वाणं वर्तते विदितात्मनाम् ॥ २६ ॥

27

स्पर्शान्कृत्वा बहिर्बाह्यांश्चक्षुश्चैवान्तरे भ्रुवोः ।
प्राणापानौ समौ कृत्वा नासाभ्यन्तरचारिणौ ॥ २७ ॥

28

यतेन्द्रियमनोबुद्धिर्मुनिर्मोक्षपरायणः ।
विगतेच्छाभयक्रोधो यः सदा मुक्त एव सः ॥ २८ ॥

29

भोक्तारं यज्ञतपसां सर्वलोकमहेश्वरम् ।
सुहृदं सर्वभूतानां ज्ञात्वा मां शान्तिमृच्छति ॥ २९ ॥

VI

1

श्रीभगवानुवाच ।

अनाश्रितः कर्मफलं कार्यं कर्म करोति यः ।
स संन्यासी च योगी च न निरग्निर्न चाक्रियः ॥ १ ॥

2

यं संन्यासमिति प्राहुर्योगं तं विद्धि पाण्डव ।
न ह्यसंन्यस्तसङ्कल्पो योगी भवति कश्चन ॥ २ ॥

3

आरुरुक्षोर्मुनेर्योगं कर्म कारणमुच्यते ।
योगारूढस्य तस्यैव शमः कारणमुच्यते ॥ ३ ॥

4

यदा हि नेन्द्रियार्थेषु न कर्मस्वनुषज्जते ।
सर्वसङ्कल्पसंन्यासी योगारूढस्तदोच्यते ॥ ४ ॥

5
उद्धरेदात्मनाऽऽत्मानं नात्मानमवसादयेत् ।
आत्मैव ह्यात्मनो बन्धुरात्मैव रिपुरात्मनः ॥ ५ ॥

6
बन्धुरात्माऽऽत्मनस्तस्य येनात्मैवात्मना जितः ।
अनात्मनस्तु शत्रुत्वे वर्तेतात्मैव शत्रुवत् ॥ ६ ॥

7
जितात्मनः प्रशान्तस्य परमात्मा समाहितः ।
शीतोष्णसुखदुःखेषु तथा मानापमानयोः ॥ ७ ॥

8
ज्ञानविज्ञानतृप्तात्मा कूटस्थो विजितेन्द्रियः ।
युक्त इत्युच्यते योगी समलोष्टाश्मकाञ्चनः ॥ ८ ॥

9
सुहृन्मित्रार्युदासीनमध्यस्थद्वेष्यबन्धुषु ।
साधुष्वपि च पापेषु समबुद्धिर्विशिष्यते ॥ ९ ॥

10
योगी युञ्जीत सततमात्मानं रहसि स्थितः ।
एकाकी यतचित्तात्मा निराशीरपरिग्रहः ॥ १० ॥

11
शुचौ देशे प्रतिष्ठाप्य स्थिरमासनमात्मनः ।
नात्युच्छ्रितं नातिनीचं चेलाजिनकुशोत्तरम् ॥ ११ ॥

12
तत्रैकाग्रं मनः कृत्वा यतचित्तेन्द्रियक्रियः ।
उपविश्यासने युञ्ज्याद्योगमात्मविशुद्धये ॥ १२ ॥

13
समं कायशिरोग्रीवं धारयन्नचलं स्थिरः ।
संप्रेक्ष्य नासिकाग्रं स्वं दिशश्चानवलोकयन् ॥ १३ ॥

14
प्रशान्तात्मा विगतभीर्ब्रह्मचारिव्रते स्थितः ।
मनः संयम्य मच्चित्तो युक्त आसीत मत्परः ॥ १४ ॥

15
युञ्जन्नेवं सदाऽऽत्मानं योगी नियतमानसः ।
शान्तिं निर्वाणपरमां मत्संस्थामधिगच्छति ॥ १५ ॥

16
नात्यश्नतस्तु योगोऽस्ति न चैकान्तमनश्नतः ।
न चातिस्वप्नशीलस्य जाग्रतो नैव चार्जुन ॥ १६ ॥

17
युक्ताहारविहारस्य युक्तचेष्टस्य कर्मसु ।
युक्तस्वप्नावबोधस्य योगो भवति दुःखहा ॥ १७ ॥

18
यदा विनियतं चित्तमात्मन्येवावतिष्ठते ।
निःस्पृहः सर्वकामेभ्यो युक्त इत्युच्यते तदा ॥ १८ ॥

19
यथा दीपो निवातस्थो नेङ्गते सोपमा स्मृता ।
योगिनो यतचित्तस्य युञ्जतो योगमात्मनः ॥ १९ ॥

20
यत्रोपरमते चित्तं निरुद्धं योगसेवया ।
यत्र चैवात्मनाऽऽत्मानं पश्यन्नात्मनि तुष्यति ॥ २० ॥

21
सुखमात्यन्तिकं यत्तद् बुद्धिग्राह्यमतीन्द्रियम् ।
वेत्ति यत्र न चैवाऽयं स्थितश्चलति तत्त्वतः ॥ २१ ॥

22
यं लब्ध्वा चापरं लाभं मन्यते नाधिकं ततः ।
यस्मिन्स्थितो न दुःखेन गुरुणाऽपि विचाल्यते ॥ २२ ॥

23
तं विद्याद् दुःखसंयोगवियोगं योगसंज्ञितम् ।
स निश्चयेन योक्तव्यो योगोऽनिर्विण्णचेतसा ॥ २३ ॥

24
सङ्कल्पप्रभावान्कामांस्त्यक्त्वा सर्वानशेषतः ।
मनसैवेन्द्रियग्रामं विनियम्य समन्ततः ॥ २४ ॥

25
शनैःशनैरुपरमेद् बुद्ध्या धृतिगृहीतया ।
आत्मसंस्थं मनः कृत्वा न किञ्चिदपि चिन्तयेत् ॥ २५ ॥

26
यतो यतो निश्चरति मनश्चञ्चलमस्थिरम् ।
ततस्ततो नियम्यैतदात्मन्येव वशं नयेत् ॥ २६ ॥

27
प्रशान्तमनसं ह्येनं योगिनं सुखमुत्तमम् ।
उपैति शान्तरजसं ब्रह्मभूतमकल्मषम् ॥ २७ ॥

28
युञ्जन्नेवं सदाऽऽत्मानं योगी विगतकल्मषः ।
सुखेन ब्रह्मसंस्पर्शमत्यन्तं सुखमश्नुते ॥ २८ ॥

29
सर्वभूतस्थमात्मानं सर्वभूतानि चात्मनि ।
ईक्षते योगयुक्तात्मा सर्वत्र समदर्शनः ॥ २९ ॥

30
यो मां पश्यति सर्वत्र सर्वं च मयि पश्यति ।
तस्याहं न प्रणश्यामि स च मे न प्रणश्यति ॥ ३० ॥

31
सर्वभूतस्थितं यो मां भजत्येकत्त्वमास्थितः ।
सर्वथा वर्त्तमानोऽपि स योगी मयि वर्तते ॥ ३१ ॥

32
आत्मौपम्येन सर्वत्र समं पश्यति योऽर्जुन ।
सुखं वा यदि वा दुःखं स योगी परमो मतः ॥ ३२ ॥

33
अर्जुन उवाच ।
योऽयं योगस्त्वया प्रोक्तः साम्येन मधुसूदन ।
एतस्याहं न पश्यामि चञ्चलत्वात्स्थितिं स्थिराम् ॥ ३३ ॥

34
चञ्चलं हि मनः कृष्ण प्रमाथि बलवद् दृढम् ।
तस्याऽहं निग्रहं मन्ये वायोरिव सुदुष्करम् ॥ ३४ ॥

35
श्रीभगवानुवाच ।
असंशयं महाबाहो मनो दुर्निग्रहं चलम् ।
अभ्यासेन तु कौन्तेय वैराग्येण च गृह्यते ॥ ३५ ॥

36
असंयतात्मना योगो दुष्प्राप इति मे मतिः ।
वश्यात्मना तु यतता शक्योऽवाप्तुमुपायतः ॥ ३६ ॥

37
अर्जुन उवाच ।
अयतिः श्रद्धयोपेतो योगाच्चलितमानसः ।
अप्राप्य योगसंसिद्धिं कां गतिं कृष्ण गच्छति ॥ ३७ ॥

38
कच्चिन्नोभयविभ्रष्टश्छिन्नाभ्रमिव नश्यति ।
अप्रतिष्ठो महाबाहो विमूढो ब्रह्मणः पथि ॥ ३८ ॥

39

एतं मे संशयं कृष्ण छेत्तुमर्हस्यशेषतः ।

त्वदन्यः संशयस्यास्य छेत्ता नह्युपपद्यते ॥ ३९ ॥

40

श्रीभगवानुवाच ।

पार्थ नैवेह नामुत्र विनाशस्तस्य विद्यते ।

न हि कल्याणकृत्कश्चिद्दुर्गतिं तात गच्छति ॥ ४० ॥

41

प्राप्य पुण्यकृतां लोकानुषित्वा शाश्वतीः समाः ।

शुचीनां श्रीमतां गेहे योगभ्रष्टोऽभिजायते ॥ ४१ ॥

42

अथवा योगिनामेव कुले भवति धीमताम् ।

एतद्धि दुर्लभतरं लोके जन्म यदीदृशम् ॥ ४२ ॥

43

तत्र तं बुद्धिसंयोगं लभते पौर्वदेहिकम् ।

यतते च ततो भूयः संसिद्धौ कुरुनन्दन ॥ ४३ ॥

44

पूर्वाभ्यासेन तेनैव ह्रियते ह्यवशोऽपि सः ।

जिज्ञासुरपि योगस्य शब्दब्रह्मातिवर्तते ॥ ४४ ॥

45

प्रयत्नाद्यतमानस्तु योगी संशुद्धकिल्बिषः ।

अनेकजन्मसंसिद्धस्ततो याति परां गतिम् ॥ ४५ ॥

46

तपस्विभ्योऽधिको योगी ज्ञानिभ्योऽपि मतोऽधिकः ।
कर्मिभ्यश्चाधिको योगी तस्माद्योगी भवार्जुन ॥ ४६ ॥

47

योगिनामपि सर्वेषां मद्गतेनान्तरात्मना ।
श्रद्धावान्भजते यो मां स मे युक्ततमो मतः ॥ ४७ ॥

VII

1
श्रीभगवानुवाच ।
मय्यासक्तमनाः पार्थ योगं युञ्जन्मदाश्रयः ।
असंशयं समग्रं मां यथा ज्ञास्यसि तच्छृणु ॥ १ ॥

2
ज्ञानं तेऽहं सविज्ञानमिदं वक्ष्याम्यशेषतः ।
यज्ज्ञात्वा नेह भूयोऽन्यज्ज्ञातव्यमवशिष्यते ॥ २ ॥

3
मनुष्याणां सहस्रेषु कश्चिद्यतति सिद्धये ।
यततामपि सिद्धानां कश्चिन्मां वेत्ति तत्त्वतः ॥ ३ ॥

4
भूमिरापोऽनलो वायुः खं मनो बुद्धिरेव च ।
अहङ्कार इतीयं मे भिन्ना प्रकृतिरष्टधा ॥ ४ ॥

5

अपरेयमितस्त्वन्यां प्रकृतिं विद्धि मे पराम् ।
जीवभूतां महाबाहो ययेदं धार्यते जगत् ॥ ५ ॥

6

एतद्योनीनि भूतानि सर्वाणीत्युपधारय ।
अहं कृत्स्नस्य जगतः प्रभवः प्रलयस्तथा ॥ ६ ॥

7

मत्तः परतरं नान्यत्किञ्चिदस्ति धनञ्जय ।
मयि सर्वमिदं प्रोतं सूत्रे मणिगणा इव ॥ ७ ॥

8

रसोऽहमप्सु कौन्तेय प्रभाऽस्मि शशिसूर्ययोः ।
प्रणवः सर्ववेदेषु शब्दः खे पौरुषं नृषु ॥ ८ ॥

9

पुण्यो गन्धः पृथिव्यां च तेजश्चास्मि विभावसौ ।
जीवनं सर्वभूतेषु तपश्चास्मि तपस्विषु ॥ ९ ॥

10

बीजं मां सर्वभूतानां विद्धि पार्थ सनातनम् ।
बुद्धिर्बुद्धिमतामस्मि तेजस्तेजस्विनामहम् ॥ १० ॥

11

बलं बलवतामस्मि कामरागविवर्जितम् ।
धर्माविरुद्धो भूतेषु कामोऽस्मि भरतर्षभ ॥ ११ ॥

12

ये चैव सात्त्विका भावा राजसास्तामसाश्च ये ।
मत्त एवेति तान्विद्धि न त्वहं तेषु ते मयि ॥ १२ ॥

13

त्रिभिर्गुणमयैर्भावैरेभिः सर्वमिदं जगत् ।
मोहितं नाभिजानाति मामेभ्यः परमव्ययम् ॥ १३ ॥

14

दैवी ह्येषा गुणमयी मम माया दुरत्यया ।
मामेव ये प्रपद्यन्ते मायामेतां तरन्ति ते ॥ १४ ॥

15

न मां दुष्कृतिनो मूढाः प्रपद्यन्ते नराधमाः ।
माययाऽपहृतज्ञाना आसुरं भावमाश्रिताः ॥ १५॥

16

चतुर्विधा भजन्ते मां जनाः सुकृतिनोऽर्जुन ।
आर्तो जिज्ञासुरर्थार्थी ज्ञानी च भरतर्षभ ॥ १६ ॥

17

तेषां ज्ञानी नित्ययुक्त एकभक्तिर्विशिष्यते ।
प्रियो हि ज्ञानिनोऽत्यर्थमहं स च मम प्रियः ॥ १७ ॥

18

उदाराः सर्व एवैते ज्ञानी त्वात्मैव मे मतम् ।
आस्थितः स हि युक्तात्मा मामेवानुत्तमां गतिम् ॥ १८ ॥

19

बहूनां जन्मनामन्ते ज्ञानवान्मां प्रपद्यते ।
वासुदेवः सर्वमिति स महात्मा सुदुर्लभः ॥ १९ ॥

20

कामैस्तैस्तैर्हृतज्ञानाः प्रपद्यन्तेऽन्यदेवताः ।
तं तं नियममास्थाय प्रकृत्या नियताः स्वया ॥ २० ॥

21

यो यो यां यां तनुं भक्तः श्रद्धयाऽर्चितुमिच्छति ।
तस्य तस्याचलां श्रद्धां तामेव विदधाम्यहम् ॥ २१ ॥

22

स तया श्रद्धया युक्तस्तस्याराधनमीहते ।
लभते च ततः कामान्मयैव विहितान्हि तान् ॥ २२ ॥

23

अन्तवत्तु फलं तेषां तद्भवत्यल्पमेधसाम् ।
देवान्देवयजो यान्ति मद्भक्ता यान्ति मामपि ॥ २३ ॥

24

अव्यक्तं व्यक्तिमापन्नं मन्यन्ते मामबुद्धयः ।
परं भावमजानन्तो ममाव्ययमनुत्तमम् ॥ २४ ॥

25

नाहं प्रकाशः सर्वस्य योगमायासमावृतः ।
मूढोऽयं नाभिजानाति लोको मामजमव्ययम् ॥ २५ ॥

26

वेदाहं समतीतानि वर्तमानानि चार्जुन ।
भविष्याणि च भूतानि मां तु वेद न कश्चन ॥ २६ ॥

27

इच्छाद्वेषसमुत्थेन द्वन्द्वमोहेन भारत ।
सर्वभूतानि सम्मोहं सर्गे यान्ति परन्तप ॥ २७ ॥

28

येषां त्वन्तगतं पापं जनानां पुण्यकर्मणाम् ।
ते द्वन्द्वमोहनिर्मुक्ता भजन्ते मां दृढव्रताः ॥ २८ ॥

29

जरामरणमोक्षाय मामाश्रित्य यतन्ति ये ।
ते ब्रह्म तद्विदुः कृत्स्नमध्यात्मं कर्म चाखिलम् ॥ २९ ॥

30

साधिभूताधिदैवं मां साधियज्ञं च ये विदुः ।
प्रयाणकालेऽपि च मां ते विदुर्युक्तचेतसः ॥ ३० ॥

VIII

1
अर्जुन उवाच ।
किं तद्ब्रह्म किमध्यात्मं किं कर्म पुरुषोत्तम ।
अधिभूतं च किं प्रोक्तमधिदैवं किमुच्यते ॥ १ ॥

2
अधियज्ञः कथं कोऽत्र देहेऽस्मिन्मधुसूदन ।
प्रयाणकाले च कथं ज्ञेयोऽसि नियतात्मभिः ॥ २ ॥

3
श्रीभगवानुवाच ।
अक्षरं ब्रह्म परमं स्वभावोऽध्यात्ममुच्यते ।
भूतभावोद्भवकरो विसर्गः कर्मसंज्ञितः ॥ ३ ॥

4
अधिभूतं क्षरो भावः पुरुषश्चाधिदैवतम् ।
अधियज्ञोऽहमेवात्र देहे देहभृतां वर ॥ ४ ॥

5
अन्तकाले च मामेव स्मरन्मुक्त्वा कलेवरम् ।
यः प्रयाति स मद्भावं याति नास्त्र्यत्र संशयः ॥ ५ ॥

6
यं यं वापि स्मरन्भावं त्यजत्यन्ते कलेवरम् ।
तं तमेवैति कौन्तेय सदा तद्भावभावितः ॥ ६ ॥

7
तस्मात्सर्वेषु कालेषु मामनुस्मर युध्य च ।
मय्यर्पितमनोबुद्धिर्मामेवैष्यस्यसंशयम् ॥ ७ ॥

8
अभ्यासयोगयुक्तेन चेतसा नान्यगामिना ।
परमं पुरुषं दिव्यं याति पार्थानुचिन्तयन् ॥ ८ ॥

9
कविं पुराणमनुशासितारमणोरणीयांसमनुस्मरेद्यः ।
सर्वस्य धातारमचिन्त्यरूपमादित्यवर्णं तमसः परस्तात् ॥ ९ ॥

10
प्रयाणकाले मनसाऽचलेन भक्त्या युक्तो योगबलेन चैव ।
भ्रुवोर्मध्ये प्राणमावेश्य सम्यक् स तं परं पुरुषमुपैति दिव्यम् ॥ १० ॥

11
यदक्षरं वेदविदो वदन्ति विशन्ति यद्यतयो वीतरागाः ।
यदिच्छन्तो ब्रह्मचर्यं चरन्ति तत्ते पदं सङ्ग्रहेण प्रवक्ष्ये ॥ ११ ॥

12

सर्वद्वाराणि संयम्य मनो हृदि निरुध्य च ।
मूर्ध्न्याधायात्मनः प्राणमास्थितो योगधारणाम् ॥ १२ ॥

13

ओमित्येकाक्षरं ब्रह्म व्याहरन्मामनुस्मरन् ।
यः प्रयाति त्यजन्देहं स याति परमां गतिम् ॥ १३ ॥

14

अनन्यचेताः सततं यो मां स्मरति नित्यशः ।
तस्याहं सुलभः पार्थ नित्ययुक्तस्य योगिनः ॥ १४ ॥

15

मामुपेत्य पुनर्जन्म दुःखालयमशाश्वतम् ।
नाप्नुवन्ति महात्मानः संसिद्धिं परमां गताः ॥ १५ ॥

16

आब्रह्मभुवनाल्लोकाः पुनरावर्तिनोऽर्जुन ।
मामुपेत्य तु कौन्तेय पुनर्जन्म न विद्यते ॥ १६ ॥

17

सहस्रयुगपर्यन्तमहर्यद्ब्रह्मणो विदुः ।
रात्रिं युगसहस्रान्तां तेऽहोरात्रविदो जनाः ॥ १७ ॥

18

अव्यक्ताद्व्यक्तयः सर्वाः प्रभवन्त्यहरागमे ।
रात्र्यागमे प्रलीयन्ते तत्रैवाव्यक्तसंज्ञके ॥ १८ ॥

19
भूतग्रामः स एवायं भूत्वा भूत्वा प्रलीयते ।
रात्र्यागमेऽवशः पार्थ प्रभवत्यहरागमे ॥ १९ ॥

20
परस्तस्मात्तु भावोऽन्योऽव्यक्तोऽव्यक्तात्सनातनः ।
यः स सर्वेषु भूतेषु नश्यत्सु न विनश्यति ॥ २० ॥

21
अव्यक्तोऽक्षर इत्युक्तस्तमाहुः परमां गतिम् ।
यं प्राप्य न निवर्तन्ते तद्धाम परमं मम ॥ २१ ॥

22
पुरुषः स परः पार्थ भक्त्या लभ्यस्त्वनन्यया ।
यस्यान्तःस्थानि भूतानि येन सर्वमिदं ततम् ॥ २२ ॥

23
यत्र काले त्वनावृत्तिमावृत्तिं चैव योगिनः ।
प्रयाता यान्ति तं कालं वक्ष्यामि भरतर्षभ ॥ २३ ॥

24
अग्निर्ज्योतिरहः शुक्लः षण्मासा उत्तरायणम् ।
तत्र प्रयाता गच्छन्ति ब्रह्म ब्रह्मविदो जनाः ॥ २४ ॥

25
धूमो रात्रिस्तथा कृष्णः षण्मासा दक्षिणायनम् ।
तत्र चान्द्रमसं ज्योतिर्योगी प्राप्य निवर्तते ॥ २५ ॥

26
शुक्लकृष्णे गती ह्येते जगतः शाश्वते मते ।
एकया यात्यनावृत्तिमन्ययाऽऽवर्तते पुनः ॥ २६ ॥

27
नैते सृती पार्थ जानन्योगी मुह्यति कश्चन ।
तस्मात्सर्वेषु कालेषु योगयुक्तो भवार्जुन ॥ २७ ॥

28
वेदेषु यज्ञेषु तपःसु चैव दानेषु यत्पुण्यफलं प्रदिष्टम् ।
अत्येति तत्सर्वमिदं विदित्वा योगी परं स्थानमुपैति चाद्यम् ॥ २८ ॥

IX

1

श्रीभगवानुवाच ।

इदं तु ते गुह्यतमं प्रवक्ष्याम्यनसूयवे ।

ज्ञानं विज्ञानसहितं यज्ज्ञात्वा मोक्ष्यसेऽशुभात् ॥ १ ॥

2

राजविद्या राजगुह्यं पवित्रमिदमुत्तमम् ।

प्रत्यक्षावगमं धर्म्यं सुसुखं कर्तुमव्ययम् ॥ २ ॥

3

अश्रद्दधानाः पुरुषा धर्मस्यास्य परन्तप ।

अप्राप्य मां निवर्तन्ते मृत्युसंसारवर्त्मनि ॥ ३ ॥

4

मया ततमिदं सर्वं जगदव्यक्तमूर्तिना ।

मत्स्थानि सर्वभूतानि न चाहं तेष्ववस्थितः ॥ ४ ॥

5

न च मत्स्थानि भूतानि पश्य मे योगमैश्वरम् ।
भूतभृन्न च भूतस्थो ममात्मा भूतभावनः ॥ ५ ॥

6

यथाऽऽकाशस्थितो नित्यं वायुः सर्वत्रगो महान् ।
तथा सर्वाणि भूतानि मत्स्थानीत्युपधारय ॥ ६ ॥

7

सर्वभूतानि कौन्तेय प्रकृतिं यान्ति मामिकाम् ।
कल्पक्षये पुनस्तानि कल्पादौ विसृजाम्यहम् ॥ ७ ॥

8

प्रकृतिं स्वामवष्टभ्य विसृजामि पुनः पुनः ।
भूतग्राममिमं कृत्स्नमवशं प्रकृतेर्वशात् ॥ ८ ॥

9

न च मां तानि कर्माणि निबध्नन्ति धनञ्जय ।
उदासीनवदासीनमसक्तं तेषु कर्मसु ॥ ९ ॥

10

मयाऽध्यक्षेण प्रकृतिः सूयते सचराचरम् ।
हेतुनाऽनेन कौन्तेय जगद्विपरिवर्तते ॥ १० ॥

11

अवजानन्ति मां मूढा मानुषीं तनुमाश्रितम् ।
परं भावमजानन्तो मम भूतमहेश्वरम् ॥ ११ ॥

12
मोघाशा मोघकर्माणो मोघज्ञाना विचेतसः ।
राक्षसीमासुरीं चैव प्रकृतिं मोहिनीं श्रिताः ॥ १२ ॥

13
महात्मानस्तु मां पार्थ दैवीं प्रकृतिमाश्रिताः ।
भजन्त्यनन्यमनसो ज्ञात्वा भूतादिमव्ययम् ॥ १३ ॥

14
सततं कीर्तयन्तो मां यतन्तश्च दृढव्रताः ।
नमस्यन्तश्च मां भक्त्या नित्ययुक्ता उपासते ॥ १४ ॥

15
ज्ञानयज्ञेन चाप्यन्ये यजन्तो मामुपासते ।
एकत्वेन पृथक्त्वेन बहुधा विश्वतोमुखम् ॥ १५ ॥

16
अहं क्रतुरहं यज्ञः स्वधाऽहमहमौषधम् ।
मन्त्रोऽहमहमेवाज्यमहमग्निरहं हुतम् ॥ १६ ॥

17
पिताऽहमस्य जगतो माता धाता पितामहः ।
वेद्यं पवित्रमोङ्कार ऋक् साम यजुरेव च ॥ १७ ॥

18
गतिर्भर्ता प्रभुः साक्षी निवासः शरणं सुहृत् ।
प्रभवः प्रलयः स्थानं निधानं बीजमव्ययम् ॥ १८ ॥

19

तपाम्यहमहं वर्षं निगृह्णाम्युत्सृजामि च ।
अमृतं चैव मृत्युश्च सदसच्चाहमर्जुन ॥ १९ ॥

20

त्रैविद्या मां सोमपाः पूतपापाः यज्ञैरिष्ट्वा स्वर्गतिं प्रार्थयन्ते ।
ते पुण्यमासाद्य सुरेन्द्रलोकमश्नन्ति दिव्यान्दिवि देवभोगान् ॥ २० ॥

21

ते तं भुक्त्वा स्वर्गलोकं विशालम्
क्षीणे पुण्ये मर्त्यलोकं विशन्ति ।
एवं त्रयीधर्ममनुप्रपन्नाः
गतागतं कामकामा लभन्ते ॥ २१ ॥

22

अनन्याश्चिन्तयन्तो मां ये जनाः पर्युपासते ।
तेषां नित्याभियुक्तानां योगक्षेमं वहाम्यहम् ॥ २२ ॥

23

येऽप्यन्यदेवताभक्ता यजन्ते श्रद्धयाऽन्विताः ।
तेऽपि मामेव कौन्तेय यजन्त्यविधिपूर्वकम् ॥ २३ ॥

24

अहं हि सर्वयज्ञानां भोक्ता च प्रभुरेव च ।
न तु मामभिजानन्ति तत्त्वेनातश्च्यवन्ति ते ॥ २४ ॥

25

यान्ति देवव्रता देवान् पितॄन्यान्ति पितृव्रताः ।
भूतानि यान्ति भूतेज्या यान्ति मद्याजिनोऽपि माम् ॥ २५ ॥

26

पत्रं पुष्पं फलं तोयं यो मे भक्त्या प्रयच्छति ।
तदहं भक्त्युपहृतमश्नामि प्रयतात्मनः ॥ २६ ॥

27

यत्करोषि यदश्नासि यज्जुहोषि ददासि यत् ।
यत्तपस्यसि कौन्तेय तत्कुरुष्व मदर्पणम् ॥ २७ ॥

28

शुभाशुभफलैरेवं मोक्ष्यसे कर्मबन्धनैः ।
संन्यासयोगयुक्तात्मा विमुक्तो मामुपैष्यसि ॥ २८ ॥

29

समोऽहं सर्वभूतेषु न मे द्वेष्योऽस्ति न प्रियः ।
ये भजन्ति तु मां भक्त्या मयि ते तेषु चाप्यहम् ॥ २९ ॥

30

अपि चेत्सुदुराचारो भजते मामनन्यभाक् ।
साधुरेव स मन्तव्यः सम्यग्व्यवसितो हि सः ॥ ३० ॥

31

क्षिप्रं भवति धर्मात्मा शश्वच्छान्तिं निगच्छति ।
कौन्तेय प्रतिजानीहि न मे भक्तः प्रणश्यति ॥ ३१ ॥

32
मां हि पार्थ व्यपाश्रित्य येऽपि स्युः पापयोनयः ।
स्त्रियो वैश्यास्तथा शूद्रास्तेऽपि यान्ति परां गतिम् ॥ ३२ ॥

33
किं पुनर्ब्राह्मणाः पुण्या भक्ता राजर्षयस्तथा ।
अनित्यमसुखं लोकमिमं प्राप्य भजस्व माम् ॥ ३३ ॥

34
मन्मना भव मद्भक्तो मद्याजी मां नमस्कुरु ।
मामेवैष्यसि युक्त्वैवमात्मानं मत्परायणः ॥ ३४ ॥

X

1

श्रीभगवानुवाच ।
भूय एव महाबाहो शृणु मे परमं वचः ।
यत्तेऽहं प्रीयमाणाय वक्ष्यामि हितकाम्यया ॥ १ ॥

2

न मे विदुः सुरगणाः प्रभवं न महर्षयः ।
अहमादिर्हि देवानां महर्षीणां च सर्वशः ॥ २ ॥

3

यो मामजमनादिं च वेत्ति लोकमहेश्वरम् ।
असम्मूढः स मर्त्येषु सर्वपापैः प्रमुच्यते ॥ ३ ॥

4

बुद्धिर्ज्ञानमसम्मोहः क्षमा सत्यं दमः शमः ।
सुखं दुःखं भवोऽभावो भयं चाभयमेव च ॥ ४ ॥

5

अहिंसा समता तुष्टिस्तपो दानं यशोऽयशः ।
भवन्ति भावा भूतानां मत्त एव पृथग्विधाः ॥ ५ ॥

6

महर्षयः सप्त पूर्वे चत्वारो मनवस्तथा ।
मद्भावा मानसा जाता येषां लोक इमाः प्रजाः ॥ ६ ॥

7

एतां विभूतिं योगं च मम यो वेत्ति तत्त्वतः ।
सोऽविकम्पेन योगेन युज्यते नात्र संशयः ॥ ७ ॥

8

अहं सर्वस्य प्रभवो मत्तः सर्वं प्रवर्तते ।
इति मत्वा भजन्ते मां बुधा भावसमन्विताः ॥ ८ ॥

9

मच्चित्ता मद्गतप्राणा बोधयन्तः परस्परम् ।
कथयन्तश्च मां नित्यं तुष्यन्ति च रमन्ति च ॥ ९ ॥

10

तेषां सततयुक्तानां भजतां प्रीतिपूर्वकम् ।
ददामि बुद्धियोगं तं येन मामुपयान्ति ते ॥ १० ॥

11

तेषामेवानुकम्पार्थमहमज्ञानजं तमः ।
नाशयाम्यात्मभावस्थो ज्ञानदीपेन भास्वता ॥ ११ ॥

12

अर्जुन उवाच ।
परं ब्रह्म परं धाम पवित्रं परमं भवान् ।
पुरुषं शाश्वतं दिव्यमादिदेवमजं विभुम् ॥ १२ ॥

13

आहुस्त्वामृषयः सर्वे देवर्षिर्नारदस्तथा ।
असितो देवलो व्यासः स्वयं चैव ब्रवीषि मे ॥ १३ ॥

14

सर्वमेतदृतं मन्ये यन्मां वदसि केशव ।
न हि ते भगवन्व्यक्तिं विदुर्देवा न दानवाः ॥ १४ ॥

15

स्वयमेवात्मनाऽऽत्मानं वेत्थ त्वं पुरुषोत्तम ।
भूतभावन भूतेश देवदेव जगत्पते ॥ १५ ॥

16

वक्तुमर्हस्यशेषेण दिव्या ह्यात्मविभूतयः ।
याभिर्विभूतिभिर्लोकानिमांस्त्वं व्याप्य तिष्ठसि ॥ १६ ॥

17

कथं विद्यामहं योगिंस्त्वां सदा परिचिन्तयन् ।
केषु केषु च भावेषु चिन्त्योऽसि भगवन्मया ॥ १७ ॥

18

विस्तरेणात्मनो योगं विभूतिं च जनार्दन ।

भूयः कथय तृप्तिर्हि शृण्वतो नास्ति मेऽमृतम् ॥ १८ ॥

19

श्रीभगवानुवाच ।
हन्त ते कथयिष्यामि दिव्या ह्यात्मविभूतयः ।
प्राधान्यतः कुरुश्रेष्ठ नास्त्यन्तो विस्तरस्य मे ॥ १९ ॥

20

अहमात्मा गुडाकेश सर्वभूताशयस्थितः ।
अहमादिश्च मध्यं च भूतानामन्त एव च ॥ २० ॥

21

आदित्यानामहं विष्णुर्ज्योतिषां रविरंशुमान् ।
मरीचिर्मरुतामस्मि नक्षत्राणामहं शशी ॥ २१ ॥

22

वेदानां सामवेदोऽस्मि देवानामस्मि वासवः ।
इन्द्रियाणां मनश्चास्मि भूतानामस्मि चेतना ॥ २२ ॥

23

रुद्राणां शङ्करश्चास्मि वित्तेशो यक्षरक्षसाम् ।
वसूनां पावकश्चास्मि मेरुः शिखरिणामहम् ॥ २३ ॥

24

पुरोधसां च मुख्यं मां विद्धि पार्थ बृहस्पतिम् ।
सेनानीनामहं स्कन्दः सरसामस्मि सागरः ॥ २४ ॥

25
महर्षीणां भृगुरहं गिरामस्म्येकमक्षरम् ।
यज्ञानां जपयज्ञोऽस्मि स्थावराणां हिमालयः ॥ २५ ॥

26
अश्वत्थः सर्ववृक्षाणां देवर्षीणां च नारदः ।
गन्धर्वाणां चित्ररथः सिद्धानां कपिलो मुनिः ॥ २६ ॥

27
उच्चैःश्रवसमश्वानां विद्धि माममृतोद्भवम् ।
ऐरावतं गजेन्द्राणां नराणां च नराधिपम् ॥ २७ ॥

28
आयुधानामहं वज्रं धेनूनामस्मि कामधुक् ।
प्रजनश्चास्मि कन्दर्पः सर्पाणामस्मि वासुकिः ॥ २८ ॥

29
अनन्तश्चास्मि नागानां वरुणो यादसामहम् ।
पितॄणामर्यमा चास्मि यमः संयमतामहम् ॥ २९ ॥

30
प्रह्लादश्चास्मि दैत्यानां कालः कलयतामहम् ।
मृगाणां च मृगेन्द्रोऽहं वैनतेयश्च पक्षिणाम् ॥ ३० ॥

31
पवनः पवतामस्मि रामः शस्त्रभृतामहम् ।
झषाणां मकरश्चास्मि स्रोतसामस्मि जाह्नवी ॥ ३१ ॥

32
सर्गाणामादिरन्तश्च मध्यं चैवाहमर्जुन ।
अध्यात्मविद्या विद्यानां वादः प्रवदतामहम् ॥ ३२ ॥

33
अक्षराणामकारोऽस्मि द्वन्द्वः सामासिकस्य च ।
अहमेवाक्षयः कालो धाताऽहं विश्वतोमुखः ॥ ३३ ॥

34
मृत्युः सर्वहरश्चाहमुद्भवश्च भविष्यताम् ।
कीर्तिः श्रीर्वाक्च नारीणां स्मृतिर्मेधा धृतिः क्षमा ॥ ३४ ॥

35
बृहत्साम तथा साम्नां गायत्री छन्दसामहम् ।
मासानां मार्गशीर्षोऽहमृतूनां कुसुमाकरः ॥ ३५ ॥

36
द्यूतं छलयतामस्मि तेजस्तेजस्विनामहम् ।
जयोऽस्मि व्यवसायोऽस्मि सत्त्वं सत्त्ववतामहम् ॥ ३६ ॥

37
वृष्णीनां वासुदेवोऽस्मि पाण्डवानां धनञ्जयः ।
मुनीनामप्यहं व्यासः कवीनामुशना कविः ॥ ३७ ॥

38
दण्डो दमयतामस्मि नीतिरस्मि जिगीषताम् ।
मौनं चैवास्मि गुह्यानां ज्ञानं ज्ञानवतामहम् ॥ ३८ ॥

39
यच्चापि सर्वभूतानां बीजं तदहमर्जुन ।
न तदस्ति विना यत्स्यान्मया भूतं चराचरम् ॥ ३९ ॥

40
नान्तोऽस्ति मम दिव्यानां विभूतीनां परन्तप ।
एष तूद्देशतः प्रोक्तो विभूतेर्विस्तरो मया ॥ ४० ॥

41
यद्यद्विभूतिमत्सत्त्वं श्रीमदूर्जितमेव वा ।
तत्तदेवावगच्छ त्वं मम तेजोंऽशसम्भवम् ॥ ४१ ॥

42
अथवा बहुनैतेन किं ज्ञातेन तवार्जुन ।
विष्टभ्याहमिदं कृत्स्नमेकांशेन स्थितो जगत् ॥ ४२ ॥

XI

1

अर्जुन उवाच ।
मदनुग्रहाय परमं गुह्यमध्यात्मसंज्ञितम् ।
यत्त्वयोक्तं वचस्तेन मोहोऽयं विगतो मम ॥ १ ॥

2

भवाप्ययौ हि भूतानां श्रुतौ विस्तरशो मया ।
त्वत्तः कमलपत्राक्ष माहात्म्यमपि चाव्ययम् ॥ २ ॥

3

एवमेतद्यथाऽऽत्थ त्वमात्मानं परमेश्वर ।
द्रष्टुमिच्छामि ते रूपमैश्वरं पुरुषोत्तम ॥ ३ ॥

4

मन्यसे यदि तच्छक्यं मया द्रष्टुमिति प्रभो ।
योगेश्वर ततो मे त्वं दर्शयात्मानमव्ययम् ॥ ४ ॥

5

श्रीभगवानुवाच ।
पश्य मे पार्थ रूपाणि शतशोऽथ सहस्रशः ।
नानाविधानि दिव्यानि नानावर्णाकृतीनि च ॥ ५ ॥

6

पश्यादित्यान्वसून्रुद्रानश्विनौ मरुतस्तथा ।
बहून्यदृष्टपूर्वाणि पश्याश्चर्याणि भारत ॥ ६ ॥

7

इहैकस्थं जगत्कृत्स्नं पश्याद्य सचराचरम् ।
मम देहे गुडाकेश यच्चान्यद्द्रष्टुमिच्छसि ॥ ७ ॥

8

न तु मां शक्यसे द्रष्टुमनेनैव स्वचक्षुषा ।
दिव्यं ददामि ते चक्षुः पश्य मे योगमैश्वरम् ॥ ८ ॥

9

सञ्जय उवाच ।
एवमुक्त्वा ततो राजन् महायोगेश्वरो हरिः ।
दर्शयामास पार्थाय परमं रूपमैश्वरम् ॥ ९ ॥

10

अनेकवक्त्रनयनमनेकाद्भुतदर्शनम् ।
अनेकदिव्याभरणं दिव्यानेकोद्यतायुधम् ॥ १० ॥

11
दिव्यमाल्याम्बरधरं दिव्यगन्धानुलेपनम् ।
सर्वाश्चर्यमयं देवमनन्तं विश्वतोमुखम् ॥ ११ ॥

12
दिवि सूर्यसहस्रस्य भवेद्युगपदुत्थिता ।
यदि भाः सदृशी सा स्याद्भासस्तस्य महात्मनः ॥ १२ ॥

13
तत्रैकस्थं जगत्कृत्स्नं प्रविभक्तमनेकधा ।
अपश्यद्देवदेवस्य शरीरे पाण्डवस्तदा ॥ १३ ॥

14
ततः स विस्मयाविष्टो हृष्टरोमा धनञ्जयः ।
प्रणम्य शिरसा देवं कृताञ्जलिरभाषत ॥ १४ ॥

15
अर्जुन उवाच ।
पश्यामि देवांस्तव देव देहे सर्वांस्तथा भूतविशेषसङ्घान् ।
ब्रह्माणमीशं कमलासनस्थमृषींश्च सर्वानुरगांश्च दिव्यान् ॥ १५ ॥

16
अनेकबाहूदरवक्त्रनेत्रम्
पश्यामि त्वां सर्वतोऽनन्तरूपम् ।
नान्तं न मध्यं न पुनस्तवादिम्
पश्यामि विश्वेश्वर विश्वरूप ॥ १६ ॥

17

किरीटिनं गदिनं चक्रिणं च तेजोराशिं सर्वतो दीप्तिमन्तम् ।
पश्यामि त्वां दुर्निरीक्ष्यं समन्ताद् दीप्तानलार्कद्युतिमप्रमेयम् ॥ १७ ॥

18

त्वमक्षरं परमं वेदितव्यम्
त्वमस्य विश्वस्य परं निधानम् ।
त्वमव्ययः शाश्वतधर्मगोप्ता
सनातनस्त्वं पुरुषो मतो मे ॥ १८ ॥

19

अनादिमध्यान्तमनन्तवीर्य-
मनन्तबाहुं शशिसूर्यनेत्रम् ।
पश्यामि त्वां दीप्तहुताशवक्त्रम्
स्वतेजसा विश्वमिदं तपन्तम् ॥ १९ ॥

20

द्यावापृथिव्योरिदमन्तरं हि
व्याप्तं त्वयैकेन दिशश्च सर्वाः ।
दृष्ट्वाऽद्भुतं रूपमुग्रं तवेदम्
लोकत्रयं प्रव्यथितं महात्मन् ॥ २० ॥

21

अमी हि त्वां सुरसङ्घा विशन्ति
केचिद्भीताः प्राञ्जलयो गृणन्ति ।
स्वस्तीत्युक्त्वा महर्षिसिद्धसङ्घाः
स्तुवन्ति त्वां स्तुतिभिः पुष्कलाभिः ॥ २१ ॥

22

रुद्रादित्या वसवो ये च साध्याः
विश्वेऽश्विनौ मरुतश्चोष्मपाश्च ।
गन्धर्वयक्षासुरसिद्धसङ्घाः
वीक्षन्ते त्वां विस्मिताश्चैव सर्वे ॥ २२ ॥

23

रूपं महत्ते बहुवक्त्रनेत्रम्
महाबाहो बहुबाहूरुपादम् ।
बहूदरं बहुदंष्ट्राकरालम्
दृष्ट्वा लोका प्रव्यथितास्तथाऽहम् ॥ २३ ॥

24

नभः स्पृशं दीप्तमनेकवर्णम्
व्यात्ताननं दीप्तविशालनेत्रम् ।
दृष्ट्वा हि त्वां प्रव्यथितान्तरात्मा
धृतिं न विन्दामि शमं च विष्णो ॥ २४ ॥

25

दंष्ट्राकरालानि च ते मुखानि
दृष्ट्वैव कालानलसन्निभानि ।
दिशो न जाने न लभे च शर्म
प्रसीद देवेश जगन्निवास ॥ २५ ॥

26

अमी च त्वां धृतराष्ट्रस्य पुत्राः
सर्वे सहैवावनिपालसङ्घैः ।

भीष्मो द्रोणः सूतपुत्रस्तथाऽसौ
सहास्मदीयैरपि योधमुख्यैः ॥ २६ ॥

27

वक्त्राणि ते त्वरमाणा विशन्ति
दंष्ट्राकरालानि भयानकानि ।
केचिद्विलग्ना दशनान्तरेषु
संदृश्यन्ते चूर्णितैरुत्तमाङ्गैः ॥ २७ ॥

28

यथा नदीनां बहवोऽम्बुवेगाः
समुद्रमेवाभिमुखा द्रवन्ति ।
तथा तवामी नरलोकवीराः
विशन्ति वक्त्राण्यभिविज्वलन्ति ॥ २८ ॥

29

यथा प्रदीप्तं ज्वलनं पतङ्गाः
विशन्ति नाशाय समृद्धवेगाः ।
तथैव नाशाय विशन्ति लोका-
स्तवापि वक्त्राणि समृद्धवेगाः ॥ २९ ॥

30

लेलिह्यसे ग्रसमानः समन्ता-
ल्लोकान्समग्रान्वदनैर्ज्वलद्भिः ।
तेजोभिरापूर्य जगत्समग्रम्
भासस्तवोग्राः प्रतपन्ति विष्णो ॥ ३० ॥

31

आख्याहि मे को भवानुग्ररूपो
नमोऽस्तु ते देववर प्रसीद ।
विज्ञातुमिच्छामि भवन्तमाद्यम्
न हि प्रजानामि तव प्रवृत्तिम् ॥ ३१ ॥

32

श्रीभगवानुवाच ।
कालोऽस्मि लोकक्षयकृत्प्रवृद्धो लोकान्समाहर्तुमिह प्रवृत्तः ।
ऋतेऽपि त्वां न भविष्यन्ति सर्वे येऽवस्थिताः प्रत्यनीकेषु योधाः ॥ ३२ ॥

33

तस्मात्त्वमुत्तिष्ठ यशो लभस्व जित्वा शत्रून्भुङ्क्ष्व राज्यं समृद्धम् ।
मयैवैते निहताः पूर्वमेव निमित्तमात्रं भव सव्यसाचिन् ॥ ३३ ॥

34

द्रोणं च भीष्मं च जयद्रथं च कर्णं तथाऽन्यानपि योधवीरान् ।
मया हतांस्त्वं जहि मा व्यथिष्ठाः युद्ध्यस्व जेतासि रणे सपत्नान् ॥ ३४ ॥

35

सञ्जय उवाच ।
एतच्छ्रुत्वा वचनं केशवस्य
कृताञ्जलिर्वेपमानः किरीटी ।
नमस्कृत्वा भूय एवाह कृष्णम्
सगद्गदं भीतभीतः प्रणम्य ॥ ३५ ॥

36

अर्जुन उवाच ।
स्थाने हृषीकेश तव प्रकीर्त्या जगत्प्रहृष्यत्यनुरज्यते च ।
रक्षांसि भीतानि दिशो द्रवन्ति सर्वे नमस्यन्ति च सिद्धसङ्घाः ॥ ३६ ॥

37

कस्माच्च ते न नमेरन्महात्मन् गरीयसे ब्रह्मणोऽप्यादिकर्त्रे ।
अनन्त देवेश जगन्निवास त्वमक्षरं सदसत्तत्परं यत् ॥ ३७ ॥

38

त्वमादिदेवः पुरुषः पुराणस्त्वमस्य विश्वस्य परं निधानम् ।
वेत्तासि वेद्यं च परं च धाम त्वया ततं विश्वमनन्तरूप ॥ ३८ ॥

39

वायुर्यमोऽग्निर्वरुणः शशाङ्कः प्रजापतिस्त्वं प्रपितामहश्च ।
नमो नमस्तेऽस्तु सहस्रकृत्वः पुनश्च भूयोऽपि नमो नमस्ते ॥ ३९ ॥

40

नमः पुरस्तादथ पृष्ठतस्ते
नमोऽस्तु ते सर्वत एव सर्व ।
अनन्तवीर्यामितविक्रमस्त्वम्
सर्वं समाप्नोषि ततोऽसि सर्वः ॥ ४० ॥

41

सखेति मत्वा प्रसभं यदुक्तम्
हे कृष्ण हे यादव हे सखेति ।
अजानता महिमानं तवेदम्

मया प्रमादात्प्रणयेन वापि ॥ ४१ ॥

42

यच्चावहासार्थमसत्कृतोऽसि
विहारशय्यासनभोजनेषु ।
एकोऽथवाऽप्यच्युत तत्समक्षम्
तत्क्षामये त्वामहमप्रमेयम् ॥ ४२ ॥

43

पिताऽसि लोकस्य चराचरस्य
त्वमस्य पूज्यश्च गुरुर्गरीयान् ।
न त्वत्समोऽस्त्र्यभ्यधिकः कुतोऽन्यो
लोकत्रयेऽप्यप्रतिमप्रभावः ॥ ४३ ॥

44

तस्मात्प्रणम्य प्रणिधाय कायम्
प्रसादये त्वामहमीशमीड्यम् ।
पितेव पुत्रस्य सखेव सख्युः
प्रियः प्रियायार्हसि देव सोढुम् ॥ ४४ ॥

45

अदृष्टपूर्वं हृषितोऽस्मि दृष्ट्वा
भयेन च प्रव्यथितं मनो मे ।
तदेव मे दर्शय देव रूपम्
प्रसीद देवेश जगन्निवास ॥ ४५ ॥

46
किरीटिनं गदिनं चक्रहस्तमिच्छामि त्वां द्रष्टुमहं तथैव ।
तेनैव रूपेण चतुर्भुजेन सहस्रबाहो भव विश्वमूर्ते ॥ ४६ ॥

47
श्रीभगवानुवाच ।
मया प्रसन्नेन तवार्जुनेदम्
रूपं परं दर्शितमात्मयोगात् ।
तेजोमयं विश्वमनन्तमाद्यम्
यन्मे त्वदन्येन न दृष्टपूर्वम् ॥ ४७ ॥

48
न वेदयज्ञाध्ययनैर्न दानैर्न च क्रियाभिर्न तपोभिरुग्रैः ।
एवंरूपः शक्य अहं नृलोके द्रष्टुं त्वदन्येन कुरुप्रवीर ॥ ४८ ॥

49
मा ते व्यथा मा च विमूढभावो
दृष्ट्वा रूपं घोरमीदृङ्ममेदम् ।
व्यपेतभीः प्रीतमनाः पुनस्त्वम्
तदेव मे रूपमिदं प्रपश्य ॥ ४९ ॥

50
सञ्जय उवाच ।
इत्यर्जुनं वासुदेवस्तथोक्त्वा
स्वकं रूपं दर्शयामास भूयः ।
आश्वासयामास च भीतमेनम्
भूत्वा पुनः सौम्यवपुर्महात्मा ॥ ५० ॥

51

अर्जुन उवाच ।
दृष्ट्वेदं मानुषं रूपं तव सौम्यं जनार्दन ।
इदानीमस्मि संवृत्तः सचेताः प्रकृतिं गतः ॥ ५१ ॥

52

श्रीभगवानुवाच ।
सुदुर्दर्शमिदं रूपं दृष्टवानसि यन्मम ।
देवा अप्यस्य रूपस्य नित्यं दर्शनकाङ्क्षिणः ॥ ५२ ॥

53

नाहं वेदैर्न तपसा न दानेन न चेज्यया ।
शक्य एवंविधो द्रष्टुं दृष्टवानसि मां यथा ॥ ५३ ॥

54

भक्त्या त्वनन्यया शक्य अहमेवंविधोऽर्जुन ।
ज्ञातुं द्रष्टुं च तत्त्वेन प्रवेष्टुं च परन्तप ॥ ५४ ॥

55

मत्कर्मकृन्मत्परमो मद्भक्तः सङ्गवर्जितः ।
निर्वैरः सर्वभूतेषु यः स मामेति पाण्डव ॥ ५५ ॥

XII

1

अर्जुन उवाच ।
एवं सततयुक्ता ये भक्तास्त्वां पर्युपासते ।
ये चाप्यक्षरमव्यक्तं तेषां के योगवित्तमाः ॥ १ ॥

2

श्रीभगवानुवाच ।
मय्यावेश्य मनो ये मां नित्ययुक्ता उपासते ।
श्रद्धया परयोपेतास्ते मे युक्ततमा मताः ॥ २ ॥

3

ये त्वक्षरमनिर्देश्यमव्यक्तं पर्युपासते ।
सर्वत्रगमचिन्त्यं च कूटस्थमचलं ध्रुवम् ॥ ३ ॥

4

संनियम्येन्द्रियग्रामं सर्वत्र समबुद्धयः ।
ते प्राप्नुवन्ति मामेव सर्वभूतहिते रताः ॥ ४ ॥

5

क्लेशोऽधिकतरस्तेषामव्यक्तासक्तचेतसाम् ।
अव्यक्ता हि गतिर्दुःखं देहवद्भिरवाप्यते ॥ ५ ॥

6

ये तु सर्वाणि कर्माणि मयि संन्यस्य मत्पराः ।
अनन्येनैव योगेन मां ध्यायन्त उपासते ॥ ६ ॥

7

तेषामहं समुद्धर्ता मृत्युसंसारसागरात् ।
भवामि न चिरात्पार्थ मय्यावेशितचेतसाम् ॥ ७ ॥

8

मय्येव मन आधत्स्व मयि बुद्धिं निवेशय ।
निवसिष्यसि मय्येव अत ऊर्ध्वं न संशयः ॥ ८ ॥

9

अथ चित्तं समाधातुं न शक्नोषि मयि स्थिरम् ।
अभ्यासयोगेन ततो मामिच्छाप्तुं धनञ्जय ॥ ९ ॥

10

अभ्यासेऽप्यसमर्थोऽसि मत्कर्मपरमो भव ।
मदर्थमपि कर्माणि कुर्वन्सिद्धिमवाप्स्यसि ॥ १० ॥

11

अथैतदप्यशक्तोऽसि कर्तुं मद्योगमाश्रितः ।
सर्वकर्मफलत्यागं ततः कुरु यतात्मवान् ॥ ११ ॥

12

श्रेयो हि ज्ञानमभ्यासाज्ज्ञानाद्ध्यानं विशिष्यते ।
ध्यानात्कर्मफलत्यागस्त्यागाच्छान्तिरनन्तरम् ॥ १२ ॥

13

अद्वेष्टा सर्वभूतानां मैत्रः करुण एव च ।
निर्ममो निरहङ्कारः समदुःखसुखः क्षमी ॥ १३ ॥

14

सन्तुष्टः सततं योगी यतात्मा दृढनिश्चयः ।
मय्यर्पितमनोबुद्धिर्यो मे भक्तः स मे प्रियः ॥ १४ ॥

15

यस्मान्नोद्विजते लोको लोकान्नोद्विजते च यः ।
हर्षामर्षभयोद्वेगैर्मुक्तो यः स च मे प्रियः ॥ १५ ॥

16

अनपेक्षः शुचिर्दक्ष उदासीनो गतव्यथः ।
सर्वारम्भपरित्यागी यो मद्भक्तः स मे प्रियः ॥ १६ ॥

17

यो न हृष्यति न द्वेष्टि न शोचति न काङ्क्षति ।
शुभाशुभपरित्यागी भक्तिमान्यः स मे प्रियः ॥ १७ ॥

18

समः शत्रौ च मित्रे च तथा मानपमानयोः ।
शीतोष्णसुखदुःखेषु समः सङ्गविवर्जितः ॥ १८ ॥

19

तुल्यनिन्दास्तुतिर्मौनी सन्तुष्टो येनकेनचित् ।
अनिकेतः स्थिरमतिर्भक्तिमान्मे प्रियो नरः ॥ १९ ॥

20

ये तु धर्म्यामृतमिदं यथोक्तं पर्युपासते ।
श्रद्दधाना मत्परमा भक्तास्तेऽतीव मे प्रियाः ॥ २० ॥

XIII

1

अर्जुन उवाच ।
प्रकृतिं पुरुषं चैव क्षेत्रं क्षेत्रज्ञमेव च ।
एतद्वेदितुमिच्छामि ज्ञानं ज्ञेयं च केशव ॥ १ ॥

2

श्रीभगवानुवाच ।
इदं शरीरं कौन्तेय क्षेत्रमित्यभिधीयते ।
एतद्यो वेत्ति तं प्राहुः क्षेत्रज्ञ इति तद्विदः ॥ २ ॥

3

क्षेत्रज्ञं चापि मां विद्धि सर्वक्षेत्रेषु भारत ।
क्षेत्रक्षेत्रज्ञयोर्ज्ञानं यत्तज्ज्ञानं मतं मम ॥ ३ ॥

4

तत्क्षेत्रं यच्च यादृक् च यद्विकारि यतश्च यत् ।
स च यो यत्प्रभावश्च तत्समासेन मे शृणु ॥ ४ ॥

5
ऋषिभिर्बहुधा गीतं छन्दोभिर्विविधैः पृथक् ।
ब्रह्मसूत्रपदैश्चैव हेतुमद्भिर्विनिश्चितैः ॥ ५ ॥

6
महाभूतान्यहङ्कारो बुद्धिरव्यक्तमेव च ।
इन्द्रियाणि दशैकं च पञ्च चेन्द्रियगोचराः ॥ ६ ॥

7
इच्छा द्वेषः सुखं दुःखं सङ्घातश्चेतना धृतिः ।
एतत्क्षेत्रं समासेन सविकारमुदाहृतम् ॥ ७ ॥

8
अमानित्वमदम्भित्वमहिंसा क्षान्तिरार्जवम् ।
आचार्योपासनं शौचं स्थैर्यमात्मविनिग्रहः ॥ ८ ॥

9
इन्द्रियार्थेषु वैराग्यमनहङ्कार एव च ।
जन्ममृत्युजराव्याधिदुःखदोषानुदर्शनम् ॥ ९ ॥

10
असक्तिरनभिष्वङ्गः पुत्रदारगृहादिषु ।
नित्यं च समचित्तत्वमिष्टानिष्टोपपत्तिषु ॥ १० ॥

11
मयि चानन्ययोगेन भक्तिरव्यभिचारिणी ।
विविक्तदेशसेवित्वमरतिर्जनसंसदि ॥ ११ ॥

12
अध्यात्मज्ञाननित्यत्वं तत्त्वज्ञानार्थदर्शनम् ।
एतज्ज्ञानमिति प्रोक्तमज्ञानं यदतोऽन्यथा ॥ १२ ॥

13
ज्ञेयं यत्तत्प्रवक्ष्यामि यज्ज्ञात्वाऽमृतमश्नुते ।
अनादिमत्परं ब्रह्म न सत्तन्नासदुच्यते ॥ १३ ॥

14
सर्वतः पाणिपादं तत्सर्वतोऽक्षिशिरोमुखम् ।
सर्वतः श्रुतिमल्लोके सर्वमावृत्य तिष्ठति ॥ १४ ॥

15
सर्वेन्द्रियगुणाभासं सर्वेन्द्रियविवर्जितम् ।
असक्तं सर्वभृच्चैव निर्गुणं गुणभोक्तृ च ॥ १५ ॥

16
बहिरन्तश्च भूतानामचरं चरमेव च ।
सूक्ष्मत्वात्तदविज्ञेयं दूरस्थं चान्तिके च तत् ॥ १६ ॥

17
अविभक्तं च भूतेषु विभक्तमिव च स्थितम् ।
भूतभर्तृ च तज्ज्ञेयं ग्रसिष्णु प्रभविष्णु च ॥ १७ ॥

18
ज्योतिषामपि तज्ज्योतिस्तमसः परमुच्यते ।
ज्ञानं ज्ञेयं ज्ञानगम्यं हृदि सर्वस्य धिष्ठितम् ॥ १८ ॥

19

इति क्षेत्रं तथा ज्ञानं ज्ञेयं चोक्तं समासतः ।
मद्भक्त एतद्विज्ञाय मद्भावायोपपद्यते ॥ १९ ॥

20

प्रकृतिं पुरुषं चैव विद्ध्यनादी उभावपि ।
विकारांश्च गुणांश्चैव विद्धि प्रकृतिसंभवान् ॥ २० ॥

21

कार्यकारणकर्तृत्वे हेतुः प्रकृतिरुच्यते ।
पुरुषः सुखदुःखानां भोक्तृत्वे हेतुरुच्यते ॥ २१ ॥

22

पुरुषः प्रकृतिस्थो हि भुङ्क्ते प्रकृतिजान्गुणान् ।
कारणं गुणसङ्गोऽस्य सदसद्योनिजन्मसु ॥ २२ ॥

23

उपद्रष्टाऽनुमन्ता च भर्ता भोक्ता महेश्वरः ।
परमात्मेति चाप्युक्तो देहेऽस्मिन्पुरुषः परः ॥ २३ ॥

24

य एवं वेत्ति पुरुषं प्रकृतिं च गुणैः सह ।
सर्वथा वर्तमानोऽपि न स भूयोऽभिजायते ॥ २४ ॥

25

ध्यानेनात्मनि पश्यन्ति केचिदात्मानमात्मना ।
अन्ये साङ्ख्येन योगेन कर्मयोगेन चापरे ॥ २५ ॥

26

अन्ये त्वेवमजानन्तः श्रुत्वाऽन्येभ्य उपासते ।
तेऽपि चातितरन्त्येव मृत्युं श्रुतिपरायणाः ॥ २६ ॥

27

यावत्सञ्जायते किञ्चित्सत्त्वं स्थावरजङ्गमम् ।
क्षेत्रक्षेत्रज्ञसंयोगात्तद्विद्धि भरतर्षभ ॥ २७ ॥

28

समं सर्वेषु भूतेषु तिष्ठन्तं परमेश्वरम् ।
विनश्यत्स्वविनश्यन्तं यः पश्यति स पश्यति ॥ २८ ॥

29

समं पश्यन्हि सर्वत्र समवस्थितमीश्वरम् ।
न हिनस्त्यात्मनाऽऽत्मानं ततो याति परां गतिम् ॥ २९ ॥

30

प्रकृत्यैव च कर्माणि क्रियमाणानि सर्वशः ।
यः पश्यति तथाऽऽत्मानमकर्तारं स पश्यति ॥ ३० ॥

31

यदा भूतपृथग्भावमेकस्थमनुपश्यति ।
तत एव च विस्तारं ब्रह्म संपद्यते तदा ॥ ३१ ॥

32

अनादित्वान्निर्गुणत्वात्परमात्माऽयमव्ययः ।
शरीरस्थोऽपि कौन्तेय न करोति न लिप्यते ॥ ३२ ॥

33

यथा सर्वगतं सौक्ष्म्यादाकाशं नोपलिप्यते ।
सर्वत्रावस्थितो देहे तथाऽऽमा नोपलिप्यते ॥ ३३ ॥

34

यथा प्रकाशयत्येकः कृत्स्नं लोकमिमं रविः ।
क्षेत्रं क्षेत्री तथा कृत्स्नं प्रकाशयति भारत ॥ ३४ ॥

35

क्षेत्रक्षेत्रज्ञयोरेवमन्तरं ज्ञानचक्षुषा ।
भूतप्रकृतिमोक्षं च ये विदुर्यान्ति ते परम् ॥ ३५ ॥

XIV

1

श्रीभगवानुवाच ।
परं भूयः प्रवक्ष्यामि ज्ञानानां ज्ञानमुत्तमम् ।
यज्ज्ञात्वा मुनयः सर्वे परां सिद्धिमितो गताः ॥ १ ॥

2

इदं ज्ञानमुपाश्रित्य मम साधर्म्यमागताः ।
सर्गेऽपि नोपजायन्ते प्रलये न व्यथन्ति च ॥ २ ॥

3

मम योनिर्महद्ब्रह्म तस्मिन् गर्भं दधाम्यहम् ।
सम्भवः सर्वभूतानां ततो भवति भारत ॥ ३ ॥

4

सर्वयोनिषु कौन्तेय मूर्तयः संभवन्ति याः ।
तासां ब्रह्म महद्योनिरहं बीजप्रदः पिता ॥ ४ ॥

5

सत्त्वं रजस्तम इति गुणाः प्रकृतिसंभवाः ।
निबध्नन्ति महाबाहो देहे देहिनमव्ययम् ॥ ५ ॥

6

तत्र सत्त्वं निर्मलत्वात्प्रकाशकमनामयम् ।
सुखसङ्गेन बध्नाति ज्ञानसङ्गेन चानघ ॥ ६ ॥

7

रजो रागात्मकं विद्धि तृष्णासङ्गसमुद्भवम् ।
तन्निबध्नाति कौन्तेय कर्मसङ्गेन देहिनम् ॥ ७ ॥

8

तमस्त्वज्ञानजं विद्धि मोहनं सर्वदेहिनाम् ।
प्रमादालस्यनिद्राभिस्तन्निबध्नाति भारत ॥ ८ ॥

9

सत्त्वं सुखे सञ्जयति रजः कर्मणि भारत ।
ज्ञानमावृत्य तु तमः प्रमादे सञ्जयत्युत ॥ ९ ॥

10

रजस्तमश्चाभिभूय सत्त्वं भवति भारत ।
रजः सत्त्वं तमश्चैव तमः सत्त्वं रजस्तथा ॥ १० ॥

11

सर्वद्वारेषु देहेऽस्मिन्प्रकाश उपजायते ।
ज्ञानं यदा तदा विद्याद्विवृद्धं सत्त्वमित्युत ॥ ११ ॥

12
लोभः प्रवृत्तिरारंभः कर्मणामशमः स्पृहा ।
रजस्येतानि जायन्ते विवृद्धे भरतर्षभ ॥ १२ ॥

13
अप्रकाशोऽप्रवृत्तिश्च प्रमादो मोह एव च ।
तमस्येतानि जायन्ते विवृद्धे कुरुनन्दन ॥ १३ ॥

14
यदा सत्त्वे प्रवृद्धे तु प्रलयं याति देहभृत् ।
तदोत्तमविदां लोकानमलान्प्रतिपद्यते ॥ १४ ॥

15
रजसि प्रलयं गत्वा कर्मसङ्गिषु जायते ।
तथा प्रलीनस्तमसि मूढयोनिषु जायते ॥ १५ ॥

16
कर्मणः सुकृतस्याहुः सात्त्विकं निर्मलं फलम् ।
रजसस्तु फलं दुःखमज्ञानं तमसः फलम् ॥ १६ ॥

17
सत्त्वात्सञ्जायते ज्ञानं रजसो लोभ एव च ।
प्रमादमोहौ तमसो भवतोऽज्ञानमेव च ॥ १७ ॥

18
ऊर्ध्वं गच्छन्ति सत्त्वस्था मध्ये तिष्ठन्ति राजसाः ।
जघन्यगुणवृत्तिस्था अधो गच्छन्ति तामसाः ॥ १८ ॥

19

नान्यं गुणेभ्यः कर्तारं यदा द्रष्टाऽनुपश्यति ।
गुणेभ्यश्च परं वेत्ति मद्भावं सोऽधिगच्छति ॥ १९ ॥

20

गुणानेतानतीत्य त्रीन्देही देहसमुद्भवान् ।
जन्ममृत्युजरादुःखैर्विमुक्तोऽमृतमश्नुते ॥ २० ॥

21

अर्जुन उवाच ।
कैर्लिङ्गैस्त्रीन्गुणानेतानतीतो भवति प्रभो ।
किमाचारः कथं चैतांस्त्रीन्गुणानतिवर्तते ॥ २१ ॥

22

श्रीभगवानुवाच ।
प्रकाशं च प्रवृत्तिं च मोहमेव च पाण्डव ।
न द्वेष्टि संप्रवृत्तानि न निवृत्तानि काङ्क्षति ॥ २२ ॥

23

उदासीनवदासीनो गुणैर्यो न विचाल्यते ।
गुणा वर्तन्त इत्येव योऽवतिष्ठति नेङ्गते ॥ २३ ॥

24

समदुःखसुखः स्वस्थः समलोष्टाश्मकाञ्चनः ।
तुल्यप्रियाप्रियो धीरस्तुल्यनिन्दात्मसंस्तुतिः ॥ २४ ॥

25

मानापमानयोस्तुल्यस्तुल्यो मित्रारिपक्षयोः ।
सर्वारंभपरित्यागी गुणातीतः स उच्यते ॥ २५ ॥

26

मां च योऽव्यभिचारेण भक्तियोगेन सेवते ।
स गुणान्समतीत्यैतान् ब्रह्मभूयाय कल्पते ॥ २६ ॥

27

ब्रह्मणो हि प्रतिष्ठाऽहममृतस्याव्ययस्य च ।
शाश्वतस्य च धर्मस्य सुखस्यैकान्तिकस्य च ॥ २७ ॥

XV

1
श्रीभगवानुवाच ।
ऊर्ध्वमूलमधःशाखमश्वत्थं प्राहुरव्ययम् ।
छन्दांसि यस्य पर्णानि यस्तं वेद स वेदवित् ॥ १ ॥

2
अधश्चोर्ध्वं प्रसृतास्तस्य शाखाः गुणप्रवृद्धा विषयप्रवालाः ।
अधश्च मूलान्यनुसन्ततानि कर्मानुबन्धीनि मनुष्यलोके ॥ २ ॥

3
न रूपमस्येह तथोपलभ्यते नान्तो न चादिर्न च संप्रतिष्ठा ।
अश्वत्थमेनं सुविरूढमूलमसङ्गशस्त्रेण दृढेन छित्त्वा ॥ ३ ॥

4
ततः पदं तत्परिमार्गितव्यम्
यस्मिन्गता न निवर्तन्ति भूयः ।
तमेव चाद्यं पुरुषं प्रपद्ये

यतः प्रवृत्तिः प्रसृता पुराणी ॥ ४ ॥

5

निर्मानमोहा जितसङ्गदोषाः
अध्यात्मनित्या विनिवृत्तकामाः ।
द्वन्द्वैर्विमुक्ताः सुखदुःखसंज्ञै-
र्गच्छन्त्यमूढाः पदमव्ययं तत् ॥ ५ ॥

6

न तद्भासयते सूर्यो न शशाङ्को न पावकः ।
यद्गत्वा न निवर्तन्ते तद्धाम परमं मम ॥ ६ ॥

7

ममैवांशो जीवलोके जीवभूतः सनातनः ।
मनःषष्ठानीन्द्रियाणि प्रकृतिस्थानि कर्षति ॥ ७ ॥

8

शरीरं यदवाप्नोति यच्चाप्युत्क्रामतीश्वरः ।
गृहित्वैतानि संयाति वायुर्गन्धानिवाशयात् ॥ ८ ॥

9

श्रोत्रं चक्षुः स्पर्शनं च रसनं घ्राणमेव च ।
अधिष्ठाय मनश्चायं विषयानुपसेवते ॥ ९ ॥

10

उत्क्रामन्तं स्थितं वापि भुञ्जानं वा गुणान्वितम् ।
विमूढा नानुपश्यन्ति पश्यन्ति ज्ञानचक्षुषः ॥ १० ॥

11

यतन्तो योगिनश्चैनं पश्यन्त्यात्मन्यवस्थितम् ।
यतन्तोऽप्यकृतात्मानो नैनं पश्यन्त्यचेतसः ॥ ११ ॥

12

यदादित्यगतं तेजो जगद्भासयतेऽखिलम् ।
यच्चन्द्रमसि यच्चाग्नौ तत्तेजो विद्धि मामकम् ॥ १२ ॥

13

गामाविश्य च भूतानि धारयाम्यहमोजसा ।
पुष्णामि चौषधीः सर्वाः सोमो भूत्वा रसात्मकः ॥ १३ ॥

14

अहं वैश्वानरो भूत्वा प्राणिनां देहमाश्रितः ।
प्राणापानसमायुक्तः पचाम्यन्नं चतुर्विधम् ॥ १४ ॥

15

सर्वस्य चाहं हृदि सन्निविष्टो मत्तः स्मृतिर्ज्ञानमपोहनं च ।
वेदैश्च सर्वैरहमेव वेद्यो वेदान्तकृद्वेदविदेव चाहम् ॥ १५ ॥

16

द्वाविमौ पुरुषौ लोके क्षरश्चाक्षर एव च ।
क्षरः सर्वाणि भूतानि कूटस्थोऽक्षर उच्यते ॥ १६ ॥

17

उत्तमः पुरुषस्त्वन्यः परमात्मेत्युदाहृतः ।
यो लोकत्रयमाविश्य बिभर्त्यव्यय ईश्वरः ॥ १७ ॥

18

यस्मात्क्षरमतीतोऽहमक्षरादपि चोत्तमः ।
अतोऽस्मि लोके वेदे च प्रथितः पुरुषोत्तमः ॥ १८ ॥

19

यो मामेवमसंमूढो जानाति पुरुषोत्तमम् ।
स सर्वविद्भजति मां सर्वभावेन भारत ॥ १९ ॥

20

इति गुह्यतमं शास्त्रमिदमुक्तं मयाऽनघ ।
एतद्बुध्वा बुद्धिमान् स्यात्कृतकृत्यश्च भारत ॥ २० ॥

XVI

1
श्रीभगवानुवाच ।
अभयं सत्त्वसंशुद्धिर्ज्ञानयोगव्यवस्थितिः ।
दानं दमश्च यज्ञश्च स्वाध्यायस्तप आर्जवम् ॥ १ ॥

2
अहिंसा सत्यमक्रोधस्त्यागः शान्तिरपैशुनम् ।
दया भूतेष्वलोलुप्त्वं मार्दवं ह्रीरचापलम् ॥ २ ॥

3
तेजः क्षमा धृतिः शौचमद्रोहो नातिमानिता ।
भवन्ति सम्पदं दैवीमभिजातस्य भारत ॥ ३ ॥

4
दम्भो दर्पोऽभिमानश्च क्रोधः पारुष्यमेव च ।
अज्ञानं चाभिजातस्य पार्थ सम्पदमासुरीम् ॥ ४ ॥

5
दैवी सम्पद्विमोक्षाय निबन्धायासुरी मता ।
मा शुचः सम्पदं दैवीमभिजातोऽसि पाण्डव ॥ ५ ॥

6
द्वौ भूतसर्गौ लोकेऽस्मिन्दैव आसुर एव च ।
दैवो विस्तरशः प्रोक्त आसुरं पार्थ मे शृणु ॥ ६ ॥

7
प्रवृत्तिं च निवृत्तिं च जना न विदुरासुराः ।
न शौचं नापि चाचारो न सत्यं तेषु विद्यते ॥ ७ ॥

8
असत्यमप्रतिष्ठं ते जगदाहुरनीश्वरम् ।
अपरस्परसंभूतं किमन्यत्कामहैतुकम् ॥ ८ ॥

9
एतव दृष्टिमवष्टभ्य नष्टात्मानोऽल्पबुद्धयः ।
प्रभवन्त्युग्रकर्माणः क्षयाय जगतोऽहिताः ॥ ९ ॥

10
काममाश्रित्य दुष्पूरं दम्भमानमदान्विताः ।
मोहादगृहीत्वाऽसदग्राहान्प्रवर्तन्तेऽशुचिव्रताः ॥ १० ॥

11
चिन्तामपरिमेयां च प्रलयान्तामुपाश्रिताः ।
कामोपभोगपरमा एतावदिति निश्चिताः ॥ ११ ॥

12
आशापाशशतैर्बद्धाः कामक्रोधपरायणाः ।
ईहन्ते कामभोगार्थमन्यायेनार्थसञ्चयान् ॥ १२ ॥

13
इदमद्य मया लब्धमिमं प्राप्स्ये मनोरथम् ।
इदमस्तीदमपि मे भविष्यति पुनर्धनम् ॥ १३ ॥

14
असौ मया हतः शत्रुर्हनिष्ये चापरानपि ।
ईश्वरोऽहमहं भोगी सिद्धोऽहं बलवान्सुखी ॥ १४ ॥

15
आढ्योऽभिजनवानस्मि कोऽन्योऽस्ति सदृशो मया ।
यक्ष्ये दास्यामि मोदिष्य इत्यज्ञानविमोहिताः ॥ १५ ॥

16
अनेकचित्तविभ्रान्ता मोहजालसमावृताः ।
प्रसक्ताः कामभोगेषु पतन्ति नरकेऽशुचौ ॥ १६ ॥

17
आत्मसंभाविताः स्तब्धा धनमानमदान्विताः ।
यजन्ते नामयज्ञैस्ते दम्भेनाविधिपूर्वकम् ॥ १७ ॥

18
अहङ्कारं बलं दर्पं कामं क्रोधं च संश्रिताः ।
मामात्मपरदेहेषु प्रद्विषन्तोऽभ्यसूयकाः ॥ १८ ॥

19

तानहं द्विषतः क्रूरान्संसारेषु नराधमान् ।
क्षिपाम्यजस्रमशुभानासुरीष्वेव योनिषु ॥ १९ ॥

20

आसुरीं योनिमापन्ना मूढा जन्मनि जन्मनि ।
मामप्राप्यैव कौन्तेय ततो यान्त्यधमां गतिम् ॥ २० ॥

21

त्रिविधं नरकस्येदं द्वारं नाशनमात्मनः ।
कामः क्रोधस्तथा लोभस्तस्मादेतत्त्रयं त्यजेत् ॥ २१ ॥

22

एतैर्विमुक्तः कौन्तेय तमोद्वारैस्त्रिभिर्नरः ।
आचरत्यात्मनः श्रेयस्ततो याति परां गतिम् ॥ २२ ॥

23

यः शास्त्रविधिमुत्सृज्य वर्तते कामकारतः ।
न स सिद्धिमवाप्नोति न सुखं न परां गतिम् ॥ २३ ॥

24

तस्माच्छास्त्रं प्रमाणं ते कार्याकार्यव्यवस्थितौ ।
ज्ञात्वा शास्त्रविधानोक्तं कर्म कर्तुमिहार्हसि ॥ २४ ॥

XVII

1
अर्जुन उवाच ।
ये शास्त्रविधिमुत्सृज्य यजन्ते श्रद्धयाऽन्विताः ।
तेषां निष्ठा तु का कृष्ण सत्त्वमाहो रजस्तमः ॥ १ ॥

2
श्रीभगवानुवाच ।
त्रिविधा भवति श्रद्धा देहिनां सा स्वभावजा ।
सात्त्विकी राजसी चैव तामसी चेति तां शृणु ॥ २ ॥

3
सत्त्वानुरूपा सर्वस्य श्रद्धा भवति भारत ।
श्रद्धामयोऽयं पुरुषो यो यच्छ्रद्धः स एव सः ॥ ३ ॥

4
यजन्ते सात्त्विका देवान्यक्षरक्षांसि राजसाः ।
प्रेतान्भूतगणांश्चान्ये यजन्ते तामसा जनाः ॥ ४ ॥

5

अशास्त्रविहितं घोरं तप्यन्ते ये तपो जनाः ।
दम्भाहङ्कारसंयुक्ताः कामरागबलान्विताः ॥ ५ ॥

6

कर्शयन्तः शरीरस्थं भूतग्राममचेतसः ।
मां चैवान्तःशरीरस्थं तान्विद्ध्यासुरनिश्चयान् ॥ ६ ॥

7

आहारस्त्ववपि सर्वस्य त्रिविधो भवति प्रियः ।
यज्ञस्तपस्तथा दानं तेषां भेदमिमं शृणु ॥ ७ ॥

8

आयुःसत्त्वबलारोग्यसुखप्रीतिविवर्धनाः ।
रस्याः स्निग्धाः स्थिरा हृद्या आहाराः सात्त्विकप्रियाः ॥ ८ ॥

9

कट्वम्ललवणात्युष्णतीक्ष्णरूक्षविदाहिनः ।
आहारा राजसस्येष्टा दुःखशोकामयप्रदाः ॥ ९ ॥

10

यातयामं गतरसं पूति पर्युषितं च यत् ।
उच्छिष्टमपि चामेध्यं भोजनं तामसप्रियम् ॥ १० ॥

11

अफलाकाङ्क्षिभिर्यज्ञो विधिदृष्टोय इज्यते ।
यष्टव्यमेवेति मनः समाधाय स सात्त्विकः ॥ ११ ॥

12

अभिसन्धाय तु फलं दम्भार्थमपि चैव यत् ।
इज्यते भरतश्रेष्ठ तं यज्ञं विद्धि राजसम् ॥ १२ ॥

13

विधिहीनमसृष्टान्नं मन्त्रहीनमदक्षिणम् ।
श्रद्धाविरहितं यज्ञं तामसं परिचक्षते ॥ १३ ॥

14

देवद्विजगुरुप्राज्ञपूजनं शौचमार्जवम् ।
ब्रह्मचर्यमहिंसा च शारीरं तप उच्यते ॥ १४ ॥

15

अनुद्वेगकरं वाक्यं सत्यं प्रियहितं च यत् ।
स्वाध्यायाभ्यसनं चैव वाङ्मयं तप उच्यते ॥ १५ ॥

16

मनःप्रसादः सौम्यत्वं मौनमात्मविनिग्रहः ।
भावसंशुद्धिरित्येतत्तपो मानसमुच्यते ॥ १६ ॥

17

श्रद्धया परया तप्तं तपस्तत्त्रिविधं नरैः ।
अफलाकाङ्क्षिभिर्युक्तैः सात्त्विकं परिचक्षते ॥ १७ ॥

18

सत्कारमानपूजार्थं तपो दम्भेन चैव यत् ।
क्रियते तदिह प्रोक्तं राजसं चलमध्रुवम् ॥ १८ ॥

19
मूढग्राहेणात्मनो यत्पीडया क्रियते तपः ।
परस्योत्सादनार्थं वा तत्तामसमुदाहृतम् ॥ १९ ॥

20
दातव्यमिति यद्दानं दीयतेऽनुपकारिणे ।
देशे काले च पात्रे च तद्दानं सात्त्विकं स्मृतम् ॥ २० ॥

21
यत्तु प्रत्युपकारार्थं फलमुद्दिश्य वा पुनः ।
दीयते च परिक्लिष्टं तद्दानं राजसं स्मृतम् ॥ २१ ॥

22
अदेशकाले यद्दानमपात्रेभ्यश्च दीयते ।
असत्कृतमवज्ञातं तत्तामसमुदाहृतम् ॥ २२ ॥

23
ओं तत्सदिति निर्देशो ब्रह्मणस्त्रिविधः स्मृतः ।
ब्राह्मणास्तेन वेदाश्च यज्ञाश्च विहिताः पुरा ॥ २३ ॥

24
तस्मादोमित्युदाहृत्य यज्ञदानतपःक्रियाः ।
प्रवर्तन्ते विधानोक्ताः सततं ब्रह्मवादिनाम् ॥ २४ ॥

25
तदित्यनभिसन्धाय फलं यज्ञतपःक्रियाः ।
दानक्रियाश्च विविधाः क्रियन्ते मोक्षकाङ्क्षिभिः ॥ २५ ॥

26
सद्भावे साधुभावे च सदित्येतत्प्रयुज्यते ।
प्रशस्ते कर्मणि तथा सच्छब्दः पार्थ युज्यते ॥ २६ ॥

27
यज्ञे तपसि दाने च स्थितिः सदिति चोच्यते ।
कर्म चैव तदर्थीयं सदित्येवाभिधीयते ॥ २७ ॥

28
अश्रद्धया हुतं दत्तं तपस्तप्तं कृतं च यत् ।
असदित्युच्यते पार्थ न च तत्प्रेत्य नो इह ॥ २८ ॥

XVIII

1

अर्जुन उवाच ।
संन्यासस्य महाबाहो तत्त्वमिच्छामि वेदितुम् ।
त्यागस्य च हृषीकेश पृथक्केशिनिषूदन ॥ १ ॥

2

श्रीभगवानुवाच ।
काम्यानां कर्मणां न्यासं संन्यासं कवयो विदुः ।
सर्वकर्मफलत्यागं प्राहुस्त्यागं विचक्षणाः ॥ २ ॥

3

त्याज्यं दोषवदित्येके कर्म प्राहुर्मनीषिणः ।
यज्ञदानतपः कर्म न त्याज्यमिति चापरे ॥ ३ ॥

4

निश्चयं शृणु मे तत्र त्यागे भरतसत्तम ।
त्यागो हि पुरुषव्याघ्र त्रिविधः सम्प्रकीर्तितः ॥ ४ ॥

5

यज्ञदानतपः कर्म न त्याज्यं कार्यमेव तत् ।
यज्ञो दानं तपश्चैव पावनानि मनीषिणाम् ॥ ५ ॥

6

एतान्यपि तु कर्माणि सङ्गं त्यक्त्वा फलानि च ।
कर्तव्यानीति मे पार्थ निश्चितं मतमुत्तमम् ॥ ६ ॥

7

नियतस्य तु संन्यासः कर्मणो नोपपद्यते ।
मोहात्तस्य परित्यागस्तामसः परिकीर्तितः ॥ ७ ॥

8

दुःखमित्येव यत्कर्म कायक्लेशभयात्त्यजेत् ।
स कृत्वा राजसं त्यागं नैव त्यागफलं लभेत् ॥ ८ ॥

9

कार्यमित्येव यत्कर्म नियतं क्रियतेऽर्जुन ।
सङ्गं त्यक्त्वा फलं चैव स त्यागः सात्त्विको मतः ॥ ९ ॥

10

न द्वेष्ट्यकुशलं कर्म कुशले नानुषज्जते ।
त्यागी सत्त्वसमाविष्टो मेधावी छिन्नसंशयः ॥ १० ॥

11

न हि देहभृता शक्यं त्यक्तुं कर्माण्यशेषतः ।
यस्तु कर्मफलत्यागी स त्यागीत्यभिधीयते ॥ ११ ॥

12
अनिष्टमिष्टं मिश्रं च त्रिविधं कर्मणः फलम् ।
भवत्यत्यागिनां प्रेत्य न तु संन्यासिनां क्वचित् ॥ १२ ॥

13
पञ्चैतानि महाबाहो कारणानि निबोध मे ।
साङ्ख्ये कृतान्ते प्रोक्तानि सिद्धये सर्वकर्मणाम् ॥ १३ ॥

14
अधिष्ठानं तथा कर्ता करणं च पृथग्विधम् ।
विविधाश्च पृथक्चेष्टा दैवं चैवात्र पञ्चमम् ॥ १४ ॥

15
शरीरवाङ्मनोभिर्यत्कर्म प्रारभते नरः ।
न्याय्यं वा विपरीतं वा पञ्चैते तस्य हेतवः ॥ १५ ॥

16
तत्रैवं सति कर्तारमात्मानं केवलं तु यः ।
पश्यत्यकृतबुद्धित्वान्न स पश्यति दुर्मतिः ॥ १६ ॥

17
यस्य नाहंकृतो भावो बुद्धिर्यस्य न लिप्यते ।
हत्वाऽपि स इमाँल्लोकान्न हन्ति न निबध्यते ॥ १७ ॥

18
ज्ञानं ज्ञेयं परिज्ञाता त्रिविधा कर्मचोदना ।
करणं कर्म कर्तेति त्रिविधः कर्मसङ्ग्रहः ॥ १८ ॥

19
ज्ञानं कर्म च कर्ता च त्रिधैव गुणभेदतः ।
प्रोच्यते गुणसङ्ख्याने यथावच्छृणु तान्यपि ॥ १९ ॥

20
सर्वभूतेषु येनैकं भावमव्ययमीक्षते ।
अविभक्तं विभक्तेषु तज्ज्ञानं विद्धि सात्त्विकम् ॥ २० ॥

21
पृथक्त्वेन तु यज्ज्ञानं नानाभावान्पृथग्विधान् ।
वेत्ति सर्वेषु भूतेषु तज्ज्ञानं विद्धि राजसम् ॥ २१ ॥

22
यत्तु कृत्स्नवदेकस्मिन् कार्ये सक्तमहैतुकम् ।
अतत्त्वार्थवदल्पं च तत्तामसमुदाहृतम् ॥ २२ ॥

23
नियतं सङ्गरहितमरागद्वेषतः कृतम् ।
अफलप्रेप्सुना कर्म यत्तत्सात्त्विकमुच्यते ॥ २३ ॥

24
यत्तु कामेप्सुना कर्म साहङ्कारेण वा पुनः ।
क्रियते बहुलायासं तद्राजसमुदाहृतम् ॥ २४ ॥

25
अनुबन्धं क्षयं हिंसामनपेक्ष्य च पौरुषम् ।
मोहादारभ्यते कर्म यत्तत्तामसमुच्यते ॥ २५ ॥

26
मुक्तसङ्गोऽनहंवादी धृत्युत्साहसमन्वितः ।
सिद्ध्यसिद्ध्योर्निर्विकारः कर्त्ता सात्त्विक उच्यते ॥ २६ ॥

27
रागी कर्मफलप्रेप्सुर्लुब्धो हिंसात्मकोऽशुचिः ।
हर्षशोकान्वितः कर्ता राजसः परिकीर्तितः ॥ २७ ॥

28
अयुक्तः प्राकृतः स्तब्धः शठो नैष्कृतिकोऽलसः ।
विषादी दीर्घसूत्री च कर्ता तामस उच्यते ॥ २८ ॥

29
बुद्धेर्भेदं धृतेश्चैव गुणतस्त्रिविधं शृणु ।
प्रोच्यमानमशेषेण पृथक्त्वेन धनञ्जय ॥ २९ ॥

30
प्रवृत्तिं च निवृत्तिं च कार्याकार्ये भयाभये ।
बन्धं मोक्षं च या वेत्ति बुद्धिः सा पार्थ सात्त्विकी ॥ ३० ॥

31
यया धर्ममधर्मं च कार्यं चाकार्यमेव च ।
अयथावत्प्रजानाति बुद्धिः सा पार्थ राजसी ॥ ३१ ॥

32
अधर्मं धर्ममिति या मन्यते तमसा वृता ।
सर्वार्थान् विपरीतांश्च बुद्धिः सा पार्थ तामसी ॥ ३२ ॥

33

धृत्या यया धारयते मनःप्राणेन्द्रियक्रियाः ।
योगेनाव्यभिचारिण्या धृतिः सा पार्थ सात्त्विकी ॥ ३३ ॥

34

यया तु धर्मकामार्थान् धृत्या धारयतेऽर्जुन ।
प्रसङ्गेन फलाकाङ्क्षी धृतिः सा पार्थ राजसी ॥ ३४ ॥

35

यया स्वप्नं भयं शोकं विषादं मदमेव च ।
न विमुञ्चति दुर्मेधा धृतिः सा पार्थ तामसी ॥ ३५ ॥

36

सुखं त्विदानीं त्रिविधं शृणु मे भरतर्षभ ।
अभ्यासाद्रमते यत्र दुःखान्तं च निगच्छति ॥ ३६ ॥

37

यत्तदग्रे विषमिव परिणामेऽमृतोपमम् ।
तत्सुखं सात्त्विकं प्रोक्तमात्मबुद्धिप्रसादजम् ॥ ३७ ॥

38

विषयेन्द्रियसंयोगाद्यत्तदग्रेऽमृतोपमम् ।
परिणामे विषमिव तत्सुखं राजसं स्मृतम् ॥ ३८ ॥

39

यदग्रे चानुबन्धे च सुखं मोहनमात्मनः ।
निद्रालस्यप्रमादोत्थं तत्तामसमुदाहृतम् ॥ ३९ ॥

40

न तदस्ति पृथिव्यां वा दिवि देवेषु वा पुनः ।
सत्त्वं प्रकृतिजैर्मुक्तं यदेभिः स्यात्त्रिभिर्गुणैः ॥ ४० ॥

41

ब्राह्मणक्षत्रियविशां शूद्राणां च परन्तप ।
कर्माणि प्रविभक्तानि स्वभावप्रभवैर्गुणैः ॥ ४१ ॥

42

शमो दमस्तपः शौचं क्षान्तिरार्जवमेव च ।
ज्ञानं विज्ञानमास्तिक्यं ब्रह्मकर्म स्वभावजम् ॥ ४२ ॥

43

शौर्यं तेजो धृतिर्दाक्ष्यं युद्धे चाप्यपलायनम् ।
दानमीश्वरभावश्च क्षात्रं कर्म स्वभावजम् ॥ ४३ ॥

44

कृषिगौरक्ष्यवाणिज्यं वैश्यकर्म स्वभावजम् ।
परिचर्यात्मकं कर्म शूद्रस्यापि स्वभावजम् ॥ ४४ ॥

45

स्वे स्वे कर्मण्यभिरतः संसिद्धिं लभते नरः ।
स्वकर्मनिरतः सिद्धिं यथा विन्दति तच्छृणु ॥ ४५ ॥

46

यतः प्रवृत्तिर्भूतानां येन सर्वमिदं ततम् ।
स्वकर्मणा तमभ्यर्च्य सिद्धिं विन्दति मानवः ॥ ४६ ॥

47

श्रेयान् स्वधर्मो विगुणः परधर्मात्स्वनुष्ठितात् ।
स्वभावनियतं कर्म कुर्वन्नाप्नोति किल्बिषम् ॥ ४७ ॥

48

सहजं कर्म कौन्तेय सदोषमपि न त्यजेत् ।
सर्वारम्भा हि दोषेण धूमेनाग्निरिवावृताः ॥ ४८ ॥

49

असक्तबुद्धिः सर्वत्र जितात्मा विगतस्पृहः ।
नैष्कर्म्यसिद्धिं परमां संन्यासेनाधिगच्छति ॥ ४९ ॥

50

सिद्धिं प्राप्तो यथा ब्रह्म तथाऽऽप्नोति निबोध मे ।
समासेनैव कौन्तेय निष्ठा ज्ञानस्य या परा ॥ ५० ॥

51

बुद्ध्या विशुद्धया युक्तो धृत्याऽऽत्मानं नियस्य च ।
शब्दादीन्विषयांस्त्रयक्त्वा रागद्वेषौ व्युदस्य च ॥ ५१ ॥

52

विविक्तसेवी लघ्वाशी यतवाक्कायमानसः ।
ध्यानयोगपरो नित्यं वैराग्यं समुपाश्रितः ॥ ५२ ॥

53

अहङ्कारं बलं दर्पं कामं क्रोधं परिग्रहम् ।
विमुच्य निर्ममः शान्तो ब्रह्मभूयाय कल्पते ॥ ५३ ॥

54

ब्रह्मभूतः प्रसन्नात्मा न शोचति न काङ्क्षति ।
समः सर्वेषु भूतेषु मद्भक्तिं लभते पराम् ॥ ५४ ॥

55

भक्त्या मामभिजानाति यावान्यश्चास्मि तत्त्वतः ।
ततो मां तत्त्वतो ज्ञात्वा विशते तदनन्तरम् ॥ ५५ ॥

56

सर्वकर्माण्यपि सदा कुर्वाणो मद्व्यपाश्रयः ।
मत्प्रसादादवाप्नोति शाश्वतं पदमव्ययम् ॥ ५६ ॥

57

चेतसा सर्वकर्माणि मयि संन्यस्य मत्परः ।
बुद्धियोगमुपाश्रित्य मच्चित्तः सततं भव ॥ ५७ ॥

58

मच्चित्तः सर्वदुर्गाणि मत्प्रसादात्तरिष्यसि ।
अथ चेत्त्वमहङ्कारान्न श्रोष्यसि विनङ्क्ष्यसि ॥ ५८ ॥

59

यदहङ्कारमाश्रित्य न योत्स्य इति मन्यसे ।
मिथ्यैष व्यवसायस्ते प्रकृतिस्त्वां नियोक्ष्यति ॥ ५९ ॥

60

स्वभावजेन कौन्तेय निबद्धः स्वेन कर्मणा ।
कर्तुं नेच्छसि यन्मोहात्करिष्यस्यवशोऽपि तत् ॥ ६० ॥

61

ईश्वरः सर्वभूतानां हृद्देशेऽर्जुन तिष्ठति ।
भ्रामयन्सर्वभूतानि यन्त्रारूढानि मायया ॥ ६१ ॥

62

तमेव शरणं गच्छ सर्वभावेन भारत ।
तत्प्रसादात्परां शान्तिं स्थानं प्राप्स्यसि शाश्वतम् ॥ ६२ ॥

63

इति ते ज्ञानमाख्यातं गुह्याद्गुह्यतरं मया ।
विमृश्यैतदशेषेण यथेच्छसि तथा कुरु ॥ ६३ ॥

64

सर्वगुह्यतमं भूयः शृणु मे परमं वचः ।
इष्टोऽसि मे दृढमिति ततो वक्ष्यामि ते हितम् ॥ ६४ ॥

65

मन्मना भव मद्भक्तो मद्याजी मां नमस्कुरु ।
मामेवैष्यसि सत्यं ते प्रतिजाने प्रियोऽसि मे ॥ ६५ ॥

66

सर्वधर्मान्परित्यज्य मामेकं शरणं व्रज ।
अहं त्वां सर्वपापेभ्यो मोक्षयिष्यामि मा शुचः ॥ ६६ ॥

67

इदं ते नातपस्काय नाभक्ताय कदाचन ।
न चाशुश्रूषवे वाच्यं न च मां योऽभ्यसूयति ॥ ६७ ॥

68

य इदं परमं गुह्यं मद्भक्तेष्वभिधास्यति ।
भक्तिं मयि परां कृत्वा मामेवैष्यत्यसंशयम् ॥ ६८ ॥

69

न च तस्मान्मनुष्येषु कश्चिन्मे प्रियकृत्तमः ।
भविता न च मे तस्मादन्यः प्रियतरो भुवि ॥ ६९ ॥

70

अध्येष्यते च य इमं धर्म्यं संवादमावयोः ।
ज्ञानयज्ञेन तेनाहमिष्टः स्यामिति मे मतिः ॥ ७० ॥

71

श्रद्धावाननसूयश्च शृणुयादपि यो नरः ।
सोऽपि मुक्तः शुभांल्लोकान्प्राप्नुयात्पुण्यकर्मणाम् ॥ ७१ ॥

72

कच्चिदेतच्छ्रुतं पार्थ त्वयैकाग्रेण चेतसा ।
कच्चिदज्ञानसम्मोहः प्रणष्टस्ते धनञ्जय ॥ ७२ ॥

73

अर्जुन उवाच ।
नष्टो मोहः स्मृतिर्लब्धा त्वत्प्रसादान्मयाऽच्युत ।
स्थितोऽस्मि गतसन्देहः करिष्ये वचनं तव ॥ ७३ ॥

74

सञ्जय उवाच ।
इत्यहं वासुदेवस्य पार्थस्य च महात्मनः ।
संवादमिममश्रौषमद्भुतं रोमहर्षणम् ॥ ७४ ॥

75

व्यासप्रसादाच्छ्रुतवानेतद् गुह्यमहं परम् ।
योगं योगेश्वरात्कृष्णात्साक्षात्कथयतः स्वयम् ॥ ७५ ॥

76

राजन्संस्मृत्य संस्मृत्य संवादमिममद्भुतम् ।
केशवार्जुनयोः पुण्यं हृष्यामि च मुहुर्मुहुः ॥ ७६ ॥

77

तच्च संस्मृत्य संस्मृत्य रूपमत्यद्भुतं हरेः ।
विस्मयो मे महान् राजन् हृष्यामि च पुनः पुनः ॥ ७७ ॥

78

यत्र योगेश्वरः कृष्णो यत्र पार्थो धनुर्धरः ।
तत्र श्रीर्विजयो भूतिर्ध्रुवा नीतिर्मतिर्मम ॥ ७८ ॥

ॐ